U0554407

权威·前沿·原创

皮书系列为
"十二五""十三五""十四五"时期国家重点出版物出版专项规划项目

BLUE BOOK

智 库 成 果 出 版 与 传 播 平 台

妇女教育蓝皮书
BLUE BOOK OF WOMEN'S EDUCATION

中国妇女教育发展报告
No.4

REPORT ON THE DEVELOPMENT OF WOMEN'S EDUCATION IN CHINA No.4

新时期女大学生的成长与发展

The Growth and Development of Female College Students in the New Period

主　编／刘利群
副主编／黄　河　周应江

社会科学文献出版社
SOCIAL SCIENCES ACADEMIC PRESS（CHINA）

图书在版编目（CIP）数据

中国妇女教育发展报告 . NO. 4，新时期女大学生的成
长与发展 / 刘利群主编；黄河，周应江副主编 .
北京：社会科学文献出版社，2025.4. --（妇女教育
蓝皮书）. --ISBN 978-7-5228-4834-1

Ⅰ . G776；G52

中国国家版本馆 CIP 数据核字第 2025MF5901 号

妇女教育蓝皮书
中国妇女教育发展报告 No.4
——新时期女大学生的成长与发展

主　　编 / 刘利群
副 主 编 / 黄　河　周应江

出 版 人 / 冀祥德
责任编辑 / 张建中
文稿编辑 / 张真真
责任印制 / 岳　阳

出　　版 / 社会科学文献出版社·文化传媒分社（010）59367156
　　　　　　地址：北京市北三环中路甲 29 号院华龙大厦　邮编：100029
　　　　　　网址：www. ssap. com. cn
发　　行 / 社会科学文献出版社（010）59367028
印　　装 / 三河市东方印刷有限公司

规　　格 / 开　本：787mm×1092mm　1/16
　　　　　　印　张：21.75　字　数：325 千字
版　　次 / 2025 年 4 月第 1 版　2025 年 4 月第 1 次印刷
书　　号 / ISBN 978-7-5228-4834-1
定　　价 / 159.00 元

读者服务电话：4008918866

版权所有 翻印必究

编委会

主　任　刘利群

副主任　周应江

委　员　刘利群　张李玺　周应江　黄　河　臧海群
　　　　叶　亮　陈　朋　何爱丽

主　编　刘利群

副主编　黄　河　周应江

撰稿人　（按姓氏拼音排序）
　　　　陈彬莉　黄　河　蒋　承　龙　耘　石　彤
　　　　史静寰　王献蜜　张敬婕

主编简介

刘利群　女，汉族，教授，新闻学博士，传播学博士生导师，中国妇女十一大执委，中华女子学院院长，兼任中国传媒大学媒介与女性研究中心主任。联合国教科文组织"媒介与女性教席"的教席主持人，全国妇联、中国妇女研究会"妇女/性别研究与培训基地"的负责人。出版了《媒介与女性蓝皮书：中国媒介与女性发展报告（2015~2016）》《媒体性别敏感指标》《联合国教科文组织新闻教育新课程纲要》《媒介与女性蓝皮书：中国媒介与女性发展报告（2013~2014）》《性别向度的美国社会观察：女性话题美国访谈录》《中美女性电视节目比较研究》《社会性别视野下的媒介研究》等多部优秀著作。曾获得过中国社会科学院皮书学术评审委员会第七届"优秀皮书报告奖"三等奖。

摘　要

　　党的十八大以来，中国特色社会主义进入新时代。十年砥砺奋进，党领导中国人民创造了新时代中国特色社会主义伟大成就，妇女发展事业取得了新成就。2022年，中国共产党第二十次全国代表大会胜利召开，吹响了迈上全面建设社会主义现代化国家新征程、向第二个百年奋斗目标进军的号角，为推动性别平等和妇女全面发展指明了前进方向。本报告以习近平新时代中国特色社会主义思想为指导，立足新时代新发展阶段，贯彻新发展理念，坚持男女平等基本国策，依据《中国妇女发展纲要（2021—2030年）》各领域主要目标和策略措施实施情况，探析社会性别视角下新时期女大学生的成长与发展。

　　本报告主要研究了社会性别视角下高校女大学生的发展理路与现状，将社会性别视角融入教育领域，以社会性别视角理念与方法论指导女大学生发展相关议题。在研究方法上，立足马克思主义妇女观，借鉴社会性别视角，采用问卷调查、定量和定性研究、案例分析等方法，对女大学生的学习体验与收获、领导力认知与运用、媒介素养、身心健康、社会性别观念与择业、就业质量以及低收入家庭女大学生发展等方面进行研究。

　　在对女大学生发展的研究中，首先梳理了社会性别视角下高校女大学生的发展理路与现状：女性高等教育入学机会增多和教育层次提升，但仍存在一些挑战。其次，报告还分析了新征程高校女大学生面临的现实状况，指出女大学生在接受高层次教育、入学机会城乡差异、学科专业选择、就业、媒介素养等不同方面仍面临一些挑战，需要从法律、决策、实践、研究、文化

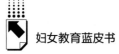

及个体等多个层面协同作用，共同推动女大学生的发展。

本报告由中华女子学院（全国妇联干部培训学院）科研处、全球女性发展研究院组织高校和科研院所的专家学者撰写。

关键词： 社会性别视角　女大学生　性别平等教育

目　录 ⟋⟍

I　总报告

II　专题报告

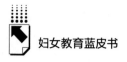

妇女教育蓝皮书

皮书数据库阅读**使用指南**

总 报 告
General Report

B.1
社会性别视角下的女大学生发展研究

黄 河*

摘 要： 随着女大学生接受高等教育的人数快速增多，这一群体的发展日益受到关注。社会性别视角融入教育领域及高等教育性别研究的兴起为探究女大学生发展提供了理念与方法论指导，社会性别视角成为女大学生发展相关议题研究的必要视角。我国一直高度重视女性教育，采取有效措施予以保障，有力地促进了女性高等教育入学机会的增多和教育层次的提升。但女大学生在接受高层次教育、入学机会城乡差异、学科专业选择、就业、媒介素养等不同方面仍面临一些挑战，需要从法律、决策、实践、研究、文化及个体等多个层面协同作用，共同推动女大学生的发展。

关键词： 女大学生　性别教育　高等教育

---

* 黄河，教育学博士，中华女子学院妇女与发展学院副教授，主要研究方向为妇女教育、女性领导力。

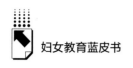

引　言

1995 年，第四次世界妇女大会在北京召开，会上通过的《行动纲领》列出了 12 个重大的关切领域，这些领域被认为是限制女性地位提升的主要障碍，其中，女性教育位列第二大领域。可以说，女性接受教育的价值与意义受到了全球普遍关注并达成了共识，女性接受高等教育是提高女性社会地位，实现平等、发展与和平的重要手段。

根据美国教育社会学家马丁·特罗的观点，当一个国家高等教育的毛入学率超过 50% 时，则被视为高等教育进入普及化阶段。《2019 年全国教育事业发展统计公报》显示，2019 年全国各类高等教育在学总规模为 4002 万人，高等教育毛入学率为 51.6%；《2020 年全国教育事业发展统计公报》显示，2020 年高等教育毛入学率达 54.4%。① 高等教育已由大众化阶段迈入普及化阶段。总体上看，高等教育的普及化极大促进了女性教育发展。伴随着我国社会的进步和高等教育的迅猛发展，越来越多的女性得以接受高等教育，2020 年普通本专科在校生中女生比例已达 50.96%，女研究生占在校研究生总数的比例为 50.94%。② 女生在各类高等教育中的占比已经超过男生，女性在高校中的地位与作用日益凸显，女大学生群体日益受到社会各界的关注与重视，她们享受到越来越平等的受教育权，获得了越来越多自我发展的机会。根据经合组织统计，包括中国在内的 30 多个成员国已出现高校"女多男少"的现象。

社会因素是影响人发展的重要因素，作为女性中的青年进步群体、具有较高文化素养的未来女性人才，女大学生的发展状态为我们了解当代社会发

---

① 《2019 年全国教育事业发展统计公报》《2020 年全国教育事业发展统计公报》，中华人民共和国教育部网站，http：//www.moe.gov.cn/jyb_ sjzl/sjzl_ fztjgb/202005/t20200520_ 456751.html，http：//www.moe.gov.cn/jyb_ sjzl/sjzl_ fztjgb/202108/t20210827_ 555004.html。

② 《2020 年教育统计数据》，中华人民共和国教育部网站，http：//www.moe.gov.cn/jyb_ sjzl/moe_ 560/2020/quanguo/。

展走向和妇女地位提供了重要的观察视角。

女大学生一般是指在高校注册入学和读书的女性群体，包括全日制和在职学习两类。本报告中的女大学生主要是指在校大学生，包括全日制本专科生、硕士和博士研究生群体中的女性。

本报告试图对我国女大学生的发展状况进行一次较为系统全面的梳理。

一　文献综述

（一）国外相关研究

教育与性别公平是国外女性高等教育研究的重点。研究者从教育机会获得、教育过程参与表现及教育结果等不同维度探究大学生的性别差异，反思女大学生的发展。

首先关注的是教育机会均等问题。从全球来看，随着许多国家的高等教育步入普及化阶段，越来越多的女大学生获得入学机会，缩小了与男生的受教育机会差距，甚至反超男生，出现了高等教育的"女性化"现象。如英国的高等教育，1993 年之后，女大学生的入学机会开始反超男生，并且这种机会优势持续保持。[①] 对美国四年制公立高校男女生入学率的统计显示，1980 年，男女生的入学率持平，均为 17.3%；1980 年之后，女生的入学率开始超过男生；2015 年，女生的入学率比男生高出 6.2 个百分点，优势开始显现。类似的现象也出现在美国四年制私立高校中。[②] 研究者对产生这种现象的原因进行了分析，认为 20 世纪 60 年代以来的女性主义运动及教育民主化运动、各国促进女性接受教育的法规政策的颁布、学校教育中显性性别歧视的弱化、家庭对女性教育的重视以及女性自身的积极进取是女大学生获得高等教育机会优势的重要推动力量。

---

① 数据来源于 Office for National Statistics，https：//www.ons.gov.uk/peoplepopulationandcommunity/populationandmigration/populationestimates/adhocs/004356ukpopulationestimates1851to2014。

② National Center for Education Statistics，*Digest of Education Statistics 2018*，2019，p. 230.

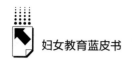

研究者并未仅仅停留于教育机会层面，他们还关注高校招生考试的性别差异问题。研究者对美国学术能力评估考试（SAT）、大学入学考试（ACT）、研究生入学考试等进行分析发现，美国高校招生考试存在明显低估女生学业能力的问题。如2001年的SAT，女生的数学平均成绩比男生低35分，但男女生在大学数学课程中的实际表现几乎没有差异。试题如果带有偏见，会影响女生的考试成绩。试题的编写者可以通过操纵题目的不同选项来造成性别差异。在SAT刚实行的几年里，男生在数学部分的得分高于女生，而在语言部分的得分低于女生。美国教育考试服务中心的决策者据此认为，需要"平衡"一下语言测试，以更加有利于男性，并在语言部分增加有关政治、商业和体育的问题。从此以后，男生在数学和语言部分的得分都比女生高。另外，女生在主观题上会有更好的表现，如果题型以客观题为主，而不是均衡主观题与客观题的比例，也容易对女生产生不利影响。

性别偏见往往阻碍女生获得高水平的教育。研究者深入教育过程和教育结果层面，从专业选择、专业学习、教育参与等不同维度探究女大学生的发展。教育类和人文类专业一直是英国女性占据优势的专业。随着女大学生在高校中人数的不断增多，其专业选择也更趋多元，攻读医学、生物学、经济学的人数逐渐增多。2003~2007年，女生一改在医学专业就读人数较少的状况，在该学科就读的人数大大超过了男生，且两者的人数差距还在逐渐扩大。[1] 除了医学，在牙医学、兽医学等非优势学科领域女生也后来居上，尽管在建筑学等传统男性优势学科领域她们与男生之间仍存在较大差距，但这种差距也在逐渐缩小。[2] 研究表明，在数学专业学习上女生正在遭遇困难。数学专业本科生在遭遇学习困难方面体现的男女差异非常明显，数学专业是差异最大的专业之一，女性放弃数学专业的比例要远高于男性。[3] 女生在理

---

① 程蓉：《英国女子高等教育发展研究》，硕士学位论文，安徽大学，2012，第20页。
② 向亚雯：《英国女子高等教育现状分析——考察女性就读学科与院校分布》，《煤炭高等教育》2010年第3期，第60页。
③ 〔美〕芭芭拉·J. 班克编著《社会性别与高等教育》，朱运致等译，江苏凤凰教育出版社，2015，第260~261页。

工科专业学习的过程中，在与教师的互动关系中，更容易遭受性别偏见和歧视，更缺少支持性的资源和环境，更难获取公正的评价，在专业归属感的培养方面也更容易遭受挫折。

通过对 2011 年全美大学生参与度调查数据的分析，研究者发现在合作学习、师生交流、支持性校园环境以及学业挑战水平方面，女生的认知水平均高于男生。在参加不同活动丰富教育经验方面，男女生存在不同的侧重点。男生在参加活动方面比较注重锻炼自己的管理能力、组织能力和跨学科能力；女生则较注重丰富自己的人生阅历，提高自己的交流能力和学业能力。在合作学习方面，不论是共同做课题，还是和课题组以外的同学合作，男生参与度均高于女生，男生更倾向于"外向型"发展，女生则有偏"内向型"发展的趋向。她们更倾向于和自己学科的同学围绕学科内容进行交流，与男生相比较，方式和内容过于单一。在师生交流方面，女生和教师交流更主动和活跃，但是交流的内容更多围绕学业、职业等方面，交流的方式也较为局限，多表现为课程中的交流。[①]

（二）国内相关研究

以中国知网为载体进行文献检索，截至 2021 年 4 月，以"女大学生"作为篇名共搜索到期刊论文 13541 篇，博硕士学位论文 1186 篇；以"大学女生"作为篇名搜索到期刊论文 775 篇，博硕士学位论文 64 篇；以"高校女生"作为篇名则搜索到期刊论文 2851 篇，博硕士学位论文 2851 篇；以"女大学生+性别"作为篇名搜索到期刊论文 449 篇，博硕士学位论文 66 篇。

以中国知网期刊论文为例，20 世纪 80 年代是女大学生发展研究的起步期，学者开始关注我国女大学生的发展问题，以"女大学生"作为篇名发表的论文数仅有 46 篇；90 年代进入快速发展期，以"女大学生"作为篇名发表的论文数增加至 339 篇；2000 年之后发表的论文数呈现爆发式增长，

---

① 杨振梅：《全美大学生参与度调查中的性别差异分析及启示》，《世界教育信息》2013 年第 2 期，第 40、42~43 页。

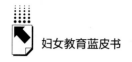
2000～2009 年合计发表论文 2420 篇，是 90 年代发表论文数的 7.14 倍；2010 年至 2022 年 11 月底，论文数合计为 4852 篇，女大学生相关研究进入稳定发展期。

国内学者对我国女大学生发展的相关研究主要围绕女大学生体育参与、心理健康、择业就业、专业选择与 STEM 领域学习、媒介形象与媒介素养、总体发展状况、性别观念与意识等几个领域。

女大学生体育参与的相关研究主要聚焦女大学生体育锻炼的动机、意识与行为，以及女大学生自我概念、身体机能、身体素质、性别角色等与体育锻炼之间的关系。学者通过实证研究达成的一个共识是，女大学生虽然具有一定的体育锻炼意识，但实际参加体育锻炼的人数较少，她们更多基于减肥瘦身、塑造理想形体而非强身健体的目的参与体育锻炼。与男生相比，她们参加体育锻炼的时间较短、频率较低、强度较小，体育项目选择较单一，她们感兴趣、参与较积极的体育项目也更多具有传统的女性色彩。参加体育锻炼并非源于健康、科学的本质功能，使得她们的锻炼动机呈现异化特点，这种异化受到了社会文化、商业媒体对女性身体审美期许的影响。张彤彤、刘训通过对 4 所高校 2201 名女大学生的实证调查发现，女大学生存在自我客体化现象，女大学生自我客体化影响体像烦恼的过程受到体育锻炼的调节。① 孔祥久通过实证调查研究全国五个城市女大学生性别角色与体育参与的关系，发现女大学生体育参与的认知态度较积极，但体育参与的运动量较小，参与易受主客观因素制约。不同性别角色类型显著影响其参与态度、时间、频率和强度，体育参与有利于促进其性别角色双性化发展。② 女大学生在体育认知与体育行为之间存在不一致，不良的外部客观因素和主观因素的交互作用是其行为弱化的关键所在。③

---

① 张彤彤、刘训：《女大学生自我客体化和体育锻炼与体像烦恼的关系》，《中国学校卫生》2019 年第 2 期，第 249 页。
② 孔祥久：《女大学生性别角色与体育参与的关系研究》，硕士学位论文，山东大学，2020，第 1 页。
③ 杨向明、吴爱兵：《女大学生体育心理行为分析》，《体育文化导刊》2009 年第 1 期，第 93 页。

随着高校中女大学生人数稳步增多，甚至超过男生，她们的健康人格塑造逐渐受到关注。学者在研究中发现女大学生的心理健康问题日益凸显。邓丽群认为，由于生理特点以及传统文化和社会偏见等的影响，女大学生在心理亚健康方面表现明显，焦虑、抑郁、无目标感、自卑、注意力不集中、嫉妒、孤独、多疑、偏执、易怒等十种情况是其主要表现。个体因素、自然因素、家庭因素、社会因素是她们心理亚健康的成因。[①] 贫困女大学生作为女大学生中的特殊群体，心理压力更大，主要面临经济压力、人际关系压力、环境压力、情绪压力和就业压力；存在更多的心理健康问题，主要表现为虚荣、自卑、抑郁、嫉妒、依赖、自我封闭、人际交往困难、恋爱困惑等。[②]除了低收入家庭女大学生，少数民族女大学生的心理健康问题也日益受到关注。多所民族高校对其在校少数民族女生的心理健康问题进行调查，发现她们面对压力更容易产生各种负面情绪，甚至可能精神抑郁、一蹶不振、悲观厌世，这些情绪影响了她们的学习效率和生活质量。她们的心理健康问题具有阶段性，不同年级的女生存在的心理健康问题有所差异。[③] 李苏建等对某校男女大学生心理健康状况的调查研究发现，女大学生的人际关系敏感、抑郁、焦虑、恐怖、精神病性各因子分均高于男大学生，男女生之间具有显著性或高度显著性差异。[④] 丁芳、贾文萍通过研究指出，性别角色刻板印象会影响女大学生的心理健康，主要表现在主体意识薄弱、情绪体验消极、自我归因不当。[⑤]

女大学生就业研究关注的焦点是女大学生就业难现象，女大学生更容易

---

① 邓丽群：《女大学生心理亚健康状况分析及干预对策》，《中华文化论坛》2009 年第 3 期，第 173~175 页。

② 杨珺：《贫困女大学生心理压力、应付方式与心理健康的研究》，《山东师范大学学报》（人文社会科学版）2006 年第 5 期，第 151 页。

③ 彭志红：《高校少数民族女大学生心理健康教育的有效途径》，《贵州民族研究》2015 年第 9 期，第 229 页。

④ 李苏建等：《某校理科与文科大学生心理健康状况比较》，《中国学校卫生》2000 年第 3 期，第 233 页。

⑤ 丁芳、贾文萍：《性别角色刻板印象对女大学生心理健康的影响及改善对策》，《当代教育科学》2009 年第 11 期，第 52 页。

遭受就业性别歧视，就业质量也更低。对全国 63 所大学的调查发现，就业性别差异明显存在，同等条件下，女大学生比男大学生更容易遭受就业歧视，其受到歧视的概率高于同类男生 20% 以上。[①] 通过在主流招聘网站上发布虚拟配对简历的方式对大学生在就业过程中遭受的性别歧视问题的研究指出，在使用同样简历的情况下，男大学生接到面试通知的次数比女大学生高 42%，学习成绩越好、学历水平越高的女大学生在求职过程中遭受的性别歧视越严重。[②] 就业难主要反映在毕业生的初职月薪、职业岗位等就业质量上。对全国高校毕业生就业状况进行调查发现，在就业起薪方面，男女高校毕业生存在显著的性别差异，虽然女性的条件和入职准备在进入职场前总体优于男性，但在就业起薪上显著低于男性。这一差异在西部地区、竞争性行业、私营企业的劳动者群体以及受教育程度为学术型硕士的劳动者群体中表现得更为显著。[③] 女大学生就业呈现低化趋势，就业岗位低，主要集中在科技含量不高、文化层次较低、职业地位不高的岗位上，劳动待遇也低。[④] 体制内就业的女毕业生易遭遇"玻璃门槛"，体制外就业的女毕业生则可能遭遇女性早退现象。[⑤] 理工科专业的毕业生就业结果的性别差异高于其他专业，贫困女大学生更易遭受就业歧视，性别歧视与地域歧视是理工科贫困女大学生遭受就业歧视的主要表现[⑥]，性别歧视导致少数民族女大学生就业处境更为艰难[⑦]。性别因素对大学生就业质量与其影响因素之间的关系具有重要的调节作

---

① 张抗私等：《女大学生就业为什么难？——基于全国 63 所大学的问卷调查》，《财经问题研究》2015 年第 3 期，第 113 页。

② 葛玉好等：《大学生就业存在性别歧视吗？——基于虚拟配对简历的方法》，《经济学》（季刊）2018 年第 4 期，第 1302 页。

③ 魏巍：《大学生就业起薪性别差异的实证分析》，《教育学术月刊》2018 年第 6 期，第 11 页。

④ 王丹丹：《论高校女大学生就业问题——基于社会性别主流化视角的考察》，《继续教育研究》2015 年第 10 期，第 82 页。

⑤ 李春玲：《"男孩危机""剩女现象"与"女大学生就业难"——教育领域性别比例逆转带来的社会性挑战》，《妇女研究论丛》2016 年第 2 期，第 35～37 页。

⑥ 李丽、张旭：《理工科贫困女大学生就业不平等问题与对策研究》，《思想政治教育研究》2015 年第 2 期，第 110 页。

⑦ 谭忠秀：《少数民族贫困女大学生就业困难原因及对策分析》，《中国成人教育》2015 年第 15 期，第 65 页。

用。在就业质量的影响因素方面，性别意识对女大学生的就业质量有显著的正向影响，性别意识越强，女大学生的就业质量越高。增强女大学生的性别职业自信有利于其就业质量的提升。[1] 家庭性别观念对女大学生就业质量也有重要影响，父亲的性别观念对女大学生就业质量的影响最大。

随着大学生学习与发展研究在全球日益受到关注，与女大学生学习与发展相关的研究也逐渐进入我国学者的视野。专业选择是学者探究的核心主题。他们认为，高等教育专业选择存在较明显的性别差异，男女生就读的专业具有传统性别特点，男女生对专业的选择往往符合传统观念对某一性别适合某类专业的期许。相比男生，女生选择专业更易受到家人和教师的影响。贺光烨基于"首都大学生成长追踪调查"数据分析发现，女生更多地集中在文学、历史、艺术等专业，而男生更多选择理工科专业。女性进入男性主导职业的概率更低。[2] 基于我国85所高校的调查研究显示，在控制了生理、能力、兴趣差异以及家庭因素影响后，男生更倾向于选择理工科专业，女生更倾向于就读人文社科专业，且在理工科专业中，男生更倾向于选择工科，女生更可能选择理科。[3] 与理科男生相比，理科女生不倾向于报考工程学专业，但倾向于报考经济学、物理科学与数学专业。[4]

由于高等教育阶段的专业学习领域与个人未来的职业选择以及劳动力市场中的薪酬水平密切相关，女大学生在 STEM（Science, Technology, Engineering & Mathematics）领域的学习与发展状况尤其引起学者的注意。基于北京五所重点大学的理工科专业女大学生的研究揭示，她们对所学专业的兴趣呈现下降的趋势，成绩上的优势并未给她们带来应有的自信，社会性别

---

① 王慧、叶文振：《性别意识与女大学生就业质量——基于福建省五所高校的调查》，《人口与发展》2016年第2期，第46~47页。
② 贺光烨：《专业选择与初职获得的性别差异：基于"首都大学生成长追踪调查"的发现》，《社会》2018年第2期，第213页。
③ 马莉萍等：《大学生专业选择的性别差异——基于全国85所高校的调查研究》，《高等教育研究》2016年第5期，第36页。
④ 李代、王一真：《科学专业中的女生：高等教育机会与专业选择的性别差异》，《社会发展研究》2019年第3期，第135页。

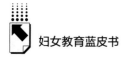

偏见压抑了她们的自我意识。① 对某理工科院校男女生的调查研究发现，工科专业女生在学习努力程度、课外拓展学习、学习意义感、学习动力及感知到的学术环境和人际关系等因素上均显著高于男生，但在师生交流互动、专业兴趣上显著低于男生，对自我学习收获的评价也相对较低。② 对工科女硕士生的研究则指出，她们普遍面临学业和职业发展的压力，担忧未来和专业发展是她们压力来源最突出的表现，成绩较差的女生和单身女生压力更大。她们的压力受到工科场域男性化、性别刻板印象和职业性别隔离等传统性别意识的影响。③

对女大学生媒介形象的探究主要围绕传统媒体与网络媒体两个层面展开，无论哪一类媒体所呈现的女大学生形象，均无法避免被刻板化、负面化描述，报道的同质化特征明显。相较于其他媒体，主流媒体将女大学生作为积极形象报道的概率更高。传统媒体的研究多聚焦于报纸，研究者对报纸媒体中呈现的女大学生形象进行研究，发现报纸媒体充斥着对女大学生的刻板认知，倾向于刻意报道女大学生的负面信息，过度关注女大学生的私生活，在关于女大学生的报道中聚焦于伤害与性两大主题。④ 根据学历层次、代际进行分类，重点聚焦于国内最具影响力的党报、都市报等媒体中 2010～2019年女博士的相关新闻报道，发现女博士形象呈现两极分化，被建构成婚育中的弱势群体、不幸遇难的受害者和违规犯错的越轨者三种负面形象，以及突破奉献的科研者、敬业奉献的劳模和开拓引领的创业者三种正面形象。⑤ 对"90后女研究生"的报刊媒介形象的研究则揭示出在不同的时段该群体的形

① 张莉莉、甄红慧：《理工科女大学生专业学习的困境及分析》，《清华大学教育研究》2011年第5期，第77页。
② 靳敏、胡寿平：《工科专业本科生学习性投入的性别差异分析》，《复旦教育论坛》2018年第5期，第61页。
③ 石艺：《社会性别视角下工科女硕士生的学业与职业发展压力因应研究——以H大学为例》，硕士学位论文，华中科技大学，2018，第1页。
④ 王婷：《女大学生媒介形象研究——以北京青年报（2005年—2014年）为例》，硕士学位论文，中国青年政治学院，2015，第1页。
⑤ 蔡婷婷：《报纸媒体中的女博士媒介形象建构研究（2010-2019）》，硕士学位论文，上海师范大学，2021，第1页。

象有所不同，2015 年之前表现为妖魔化和边缘化倾向，她们是迷惘的违法犯罪者、受到伤害的弱者和被忽视的群体；2015~2019 年，则显现出更加明显的两极分化趋势，要么是返乡创业的主力军，要么是知法犯法的被害者，家庭、生育和学业等私人领域的突出者和公共领域的隐身者。① 对网络媒体中女大学生形象的探究揭示出，新闻报道偏向于选择"受侵害、遭遇意外或被救助"等负面议题，在报道中女性常常处于被动的失语地位。在观念上，倾向于强调女大学生爱情观的扭曲、事业观的缺位及金钱观的错误；在行为特征上，通过对女大学生被害、被骗以及裸贷等事件的频繁报道，突出女大学生行为上的过分"弱势"和"幼稚"特点。② 对比商业网站、都市类报纸与主流报纸中女大学生的形象发现，主流报纸着力突出她们在就业创业方面积极乐观、勇于拼搏、自强不息、追求创新等正面形象，彰显她们蓬勃向上的精神风貌及在成长路上取得的成就和进步；而商业网站与都市类报纸则强化负面议题，塑造了她们性开放、弱智化、脆弱化、道德品质低下等消极形象。③

数字化时代，媒介素养已经成为女性的关键素养，女大学生的媒介素养尤其受到关注。已有文献对女大学生媒介素养的探究较为有限，更多聚焦于女大学生媒介素养现状及提升媒介素养的对策层面。在这些方面，李敏智及其团队的研究成果较为集中，他对广西 5 所高校女大学生媒介素养的研究发现，在媒介内容方面，女大学生更多关注娱乐和社会新闻，女性化特点突出，关注面较窄；具备一定的媒介批判能力，但能力自发、盲目；性别意识敏感度不足，对生活、媒介中的各类性别歧视无法有效察觉；对新兴媒介的参与率较高，但主动积极利用媒介的意识较弱。④ 李敏智等对国内 8 所高校

① 徐心：《框架理论下"90 后女研究生"报刊媒介形象研究》，硕士学位论文，郑州大学，2020，第 41~43 页。
② 朱敏：《从"腾讯新闻"看女大学生的负面媒介形象》，硕士学位论文，南京师范大学，2018，第 1 页。
③ 郝香：《女大学生媒介形象对比研究》，硕士学位论文，兰州大学，2011，第 41 页。
④ 李敏智：《广西高校女大学生媒介素养研究——基于广西区 5 所高校的调查与分析》，《广西师范大学学报》（哲学社会科学版）2014 年第 1 期，第 130~132 页。

女大学生的实证调查在很大程度上证明了上述结论，如女大学生对媒介的依赖性较强，较乐观地看待媒介产生的影响，具备一定的媒介信息辨识能力，但付诸行动的能力有待增强。她们较容易接受新媒介，但参与的广度和深度有待提升，参与行为多具有自发性、盲目性的特点。[①] 针对这些现状，李敏智等提出应从政府、高校、大众传媒、家庭及个人五个层面着力提升女大学生媒介素养能力，政府积极发挥政策导向作用，高校大力进行系统的宣传和教育，大众传媒努力完善相关机制做好舆论引导，家庭主动开展媒介教育发挥教育监督作用，女大学生个人调动主观能动性提升媒介素养的自我教育能力。[②]

　　女大学生的成长与发展不仅关系着她们的未来，而且与社会整体发展息息相关。对女大学生总体发展状况进行探究的既有文献数量较有限，邵振丽通过对当代女大学生群体特点的分析，指出她们在社会转型过程中容易陷入三种困境，即以传统观念为主要因素的角色困境、以情感问题为主要内容的心理困境以及以性别歧视为核心内容的就业困境，并从她们的实际需求出发，提出正确定位人生角色、充分发挥性别优势、合理规划职业生涯等有助于女大学生成才发展的路径。[③] 周小李从宏观层面探讨了女大学生作为受教育者、青年女性和即将步入职业领域的劳动者等不同身份所面临的诸多发展困境，如专业性别区隔、流失于科学"管道"、文凭弱势、"干得好不如嫁得好"观念的诱导、女性"被消费"的不利处境以及就业难、职场性别歧视等，提出了突破困境的有效途径是女大学生自身、学校、社会尤其是政府等方面形成作用合力。[④] 还有研究者从教育发展、职业准备、政治和社会参与、婚恋状况、身心健康、性别观念等诸多方面对我国高校女生人才发展的

---

① 李敏智等：《对我国女大学生媒介素养问题的调查与分析》，《学术论坛》2015年第11期，第150~151页。

② 李敏智等：《提高我国当代女大学生媒介素养能力的建议与对策》，《市场论坛》2015年第11期，第84~87页。

③ 邵振丽：《社会转型期女大学生生存困境与发展空间研究》，《现代教育科学》2008年第9期，第44~47页。

④ 周小李：《女大学生发展困境探析》，《山东女子学院学报》2013年第1期，第93页。

状况进行系统研究，把握这一群体的人才成长规律及其遇到的困境和问题。

　　社会性别观念是性别社会化的重要内容，其不仅影响个体自身的发展，也是衡量一个国家或地区文明程度的重要标志，因此，女大学生的性别观念是女大学生群体研究的重要组成部分。研究者从不同角度对女大学生的性别观念展开探究，达成的共识是其性别观念受到传统与现代因素交织作用的影响。王勤、梁丽从社会性别观、女性主体意识、婚恋观、就业观和人生价值观五个层面展开对女大学生价值观变迁的关注，发现其价值观呈现从单一转向多元、从社会本位转向个人本位、从理想主义转向现实主义、从颠覆传统转向传统观念与现代意识相融合的特点，并对引起价值观变迁的原因进行了分析。[1] 钱晓云对福州五所高校 1250 名学生的社会性别观进行的定量研究发现，女大学生的社会性别观随着时代的发展而进步，但也呈现传统与现代矛盾交织的两面性。[2] 孙懿对不同高校女生和男生的质性研究也指出，虽然女大学生的性别观念整体趋向于现代化，但传统性别刻板印象依然影响着她们，她们对男女平等的认知存在偏差，性别观念的态度与现实表现之间存在矛盾。[3] 李敏智将女大学生性别意识划分为平等意识、差异意识、协调意识三个维度，对其进行探究，结果表明，当代女大学生的平等意识总体状况不太理想，她们内心渴望与男性获得平等的发展机遇与待遇，但现实中认同和遵守传统性别观念；女大学生承认与男性存在不同的性别气质和性别角色定位，认可女性的传统角色，将自己的发展依附于男性，独立意识欠缺；女大学生的协调意识有待增强，在面对家庭与工作的两难选择时多倾向于家庭。[4] 在增强女大学生性别平等意识的途径方面，刘东英指出，培养少数民

① 王勤、梁丽：《改革开放以来女大学生价值观的变迁》，《中国青年研究》2011 年第 11 期，第 33~35 页。
② 钱晓云：《当代女大学生社会性别观的发展——以福州五所高校学生的调查分析为例》，硕士学位论文，福州大学，2010，第 60 页。
③ 孙懿：《高校女生性别观念培育研究》，硕士学位论文，广东外语外贸大学，2016，第 28~29 页。
④ 李敏智：《当代女大学生性别意识的迷乱与重构》，《学术论坛》2013 年第 3 期，第 211~212 页。

族女大学生社会性别平等意识的根本途径是家庭、学校与社会共同开展合力教育。其中家庭教育是基础，家长应避免性别刻板的教育模式；学校教育是主渠道，应系统开设性别平等教育课程、增强教师性别平等意识、营造性别平等校园文化；社会教育是环境保障，应增强大众传媒工作者的性别平等意识。① 窦艳秋建议通过设置性别意识课程、建立一支高素质的具有性别意识的教师队伍、摒弃传统文化中"男强女弱"的不良影响、培养女大学生正确的就业观和婚恋观、开展丰富多彩的具有先进性别意识的校园文化活动、加强"四自"精神教育等路径来培养女大学生的社会性别意识。②

综上所述，可以看到，国外女大学生发展研究对我国相关研究具有较好的启示作用，有力推动了我国女大学生发展研究取得积极的成果，这些成果不仅丰富了我国大学生群体的相关研究，也进一步凸显了女大学生群体的存在、意义与价值，引发了国内学术界对女大学生生存与发展特殊性的更多关注与反思。概括来说，国内既有研究具有以下几个特点。

第一，研究起步较晚，研究关注度逐渐提高，研究主题日趋丰富但呈现相对分散的态势。女大学生发展的相关研究始于20世纪80年代，90年代起才引起国内学者足够的重视。在女大学生发展研究的起步阶段，学者的研究主要关注女大学生的身体机能、素质与体育锻炼以及发展与成才的心理特点与思想状况等较为单一的范畴，教学尤其是体育教学方面的研究占主导地位。90年代以来，尤其是进入21世纪，女大学生议题日益引起学者广泛的关注，学业成就、就业创业、社会参与、媒介素养、休闲消费、审美与身体意象、生理与心理健康、人格与个性发展、主体意识、性别角色与性别观念、职业认知与规划、人际交往、领导力提升、安全教育等多元主题逐渐被纳入研究视野，研究范围不断扩展。虽然研究主题不断丰富，但也呈现相对

---

① 刘东英：《社会性别平等意识的培养与少数民族女大学生的成长发展——基于对新疆少数民族女大学生平等就业状况的问卷调查与个案访谈的分析研究》，《黑龙江高教研究》2008年第11期，第120~121页。

② 窦艳秋：《浅析高校女大学生的社会性别意识培养》，《中国成人教育》2015年第1期，第57页。

分散的态势，针对社会转型影响女大学生发展的一些迫切性、现实性的主题所开展的系统、可持续研究不足，影响了分析的深入，一些主题的研究甚至出现了低水平的重复。

第二，研究学科视域日渐广泛，但学科视角不平衡，研究深度有待提升。女大学生发展研究的学科视域涵盖了教育学、心理学、社会学、管理学、传播学、经济学、法学、哲学、体育学、图书馆学、医学、工学等诸多学科，学科视域较为广泛。但从研究文献的数量来看，大部分文献是从体育学、教育学、心理学、医学等几个有限的学科角度展开研究的，其他视角的研究有待进一步丰富。此外，研究深度有限，关于女大学生发展的理论研究较少，大多沿用国外学者的研究成果进行阐释，尚未建立起适切、有效指导女大学生现实发展问题的本土理论框架；相比当前女大学生群体规模不断扩大的态势，已有的研究成果在探讨层次、程度和创新性上仍有较大发展空间，知识生产作用有待进一步增强。

第三，研究的规范性逐渐增强，但在研究方法层面仍未摆脱个体主义与整体主义的二元框架。前期研究以哲学思辨和描述性研究为主，对女大学生发展现状的描述、存在问题的揭示、产生原因的分析、对策建议的提出更多从自己的主观经验与个人感受出发，规范性不足。研究进入快速发展期后，实证研究开始增多，定量研究、定性或质性研究被研究者采用，研究的规范性受到重视。但研究方法的多元性不足，定量与定性相结合的混合型研究方法明显欠缺，人类学田野调查、个案研究、叙事研究、网络分析等研究方法也并未更多地应用到女大学生相关研究中，无法应对处于社会转型快速发展、风险不断增加与不确定性日益增强背景下的女大学生生存与发展日趋复杂的局面。

第四，当下研究较多，研究的历史感与未来感有待强化，研究对象的内部差异性需要正视。既有研究的现实感强烈，更多关注女大学生当下的现实发展状况及其存在的问题，对于问题也较为注重诠释、分析而非提出行之有效的解决方案。历史性和前瞻性研究相对不足，较少将女大学生发展纳入社会和教育历史发展的脉络之中，从发生学角度深入探究女大学生发展的基本事实、过程、特点、线索、规律和问题，导致相关研究的理论思考受到束

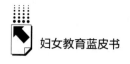

缚。同时，对女大学生发展问题的有效预测、发展效果的系统评估以及未来
发展的战略性分析等相关研究也较缺乏，使得许多研究成果无法有效纳入国
家政策视野。因此，亟待建立连贯过去与当下、面向未来的关于女大学生发
展的知识体系。此外，女大学生群体内部存在差异，她们的主观体验、认
知、情感与诉求也较为多元，城乡、地域、阶层、民族、文化等诸多社会因
素的相互交织作用导致女大学生面临的发展境遇也不同，研究需要深入展
现、诠释她们的差异性，以获得对女大学生群体更全面的认识。

第五，融入社会性别视角的研究逐渐增多，女大学生不再仅被视为研究
客体，但交叉性分析有待加强。前期研究主要将女大学生作为研究对象，从
女性视角探究她们在各领域的发展，分析其面临的挑战。这些研究虽然有助
于将女大学生从大学生群体中凸显出来，引发研究者对女大学生发展特殊性
的关注，清晰呈现曾经被忽视、熟视无睹的问题，但对问题的阐释更多地停
留在女性个体层面而非社会层面，主要原因是研究者缺乏社会性别视角，传
统性别观念导致研究者不能与时俱进地看待女大学生群体，在一定程度上造
成学术研究的局限。1995 年第四次世界妇女大会的召开，使得"社会性别"
概念作为妇女/性别研究的重要视角引入我国，我国妇女/性别研究开始迈入
快速发展期，妇女教育研究也逐渐融入社会性别视角，女大学生的主体意识
与作用受到一些研究者的重视，影响女大学生发展的社会因素也更多得以揭
示，但交叉性分析依然不足。交叉性分析通过将经验研究与理论研究相结合
的方式，注重探究性别、阶层、地域、民族等不同范畴与社会结构性要素在
具体的情境中如何关联并发生动态的相互作用，从而影响个体的社会生存与
发展。这种方法经过本土化的反思、借鉴与拓展，有助于揭示女大学生发展
研究的复杂性、增加研究的深度，但较为遗憾的是并未得以充分运用。

二 社会性别视角下的我国教育研究

（一）社会性别理论的形成及对西方教育的影响

社会性别概念形成于 20 世纪 60 年代末西方第二次女性主义浪潮，作为

一个分析类别，其在探讨妇女受压迫的根源、不平等的性别权力关系方面发挥了根本性的作用。70 年代，这一概念在西方女性主义学者中流行，被运用到不同的学科领域。从各个角度对社会性别进行的详尽阐释，促进了社会性别的理论化。如盖尔·卢宾提出的"性/社会性别制度"（the sex-gender system），它作为一整套特定社会的组织安排，将两性之间的性差异转化为社会差异，以此规范并维系不平等的两性关系；琼·斯科特从后结构主义视角对社会性别做了新的阐述，将社会性别视为有效的分析范畴，看作一种社会关系，与权力的观念和构成相联系。尽管不同流派的女性主义学者对社会性别的理解较为多样，但达成了一个基本共识：相对于生理性别而言，社会性别是后天建构的。作为社会文化的产物，社会性别并非一成不变的，而是会随着社会情境的变化而改变。无论社会性别是文化要素、社会关系还是权力体系，它都是探察社会现实、认识社会现象的有效工具。

随着社会性别理论的不断发展，社会性别逐渐得到西方研究者认可，被视为一种全新视角、分析框架，广泛应用到社会学、历史学、政治学、教育学、经济学、文学等不同学科领域，成为西方学术研究重要的切入点。曾经较长的一段时期，显性和隐性的性别刻板印象渗透于教育的各领域、全过程和不同的环节，女性教育的深层次问题被掩盖于这些性别偏见之下。几乎所有教育学以及与教育相关的学科都采取漠视或忽视的态度，并未将其视作需要引起重视和亟待解决的问题，反而"合理"淡化和消解现实中的性别不平等，"科学"地把性别不平等解释为自然的"性别差异"，引导着男女两性走向有区别的、分离的教育。在女性主义者的质疑、反思和批判下，社会性别视角开始越来越多地融入教育领域，教育性别研究也变得更加普遍，囊括了教育史、教育哲学、教育社会学、教育心理学、教育经济学等大多数教育分支方向，涵盖了教育实践层面的各级各类教育。自由主义女性主义、激进主义女性主义、马克思主义与社会主义女性主义、后现代女性主义等女性主义不同流派都认同提高女性的受教育水平、为女性提供平等的受教育机会和资源、提高女性的教育质量是改变社会层面性别不平等、促进女性发展的关键手段。学者把教育视作重要的领域，对教育提出了独特的观点与主张，教育性别公平成为他们关注的焦点，他们对教育的性别反思涉及教育目的、教育内容、教学手段与方法、师生关系等基本的教育要素，探究的主题也不限于教育起点，转向教育过程及教育结果，受教育机会、智力与非智力因素、学科与专业选择、师生互动关系、教育管理、就业机会的性别差异，教材文化、校园文化的性别分析，教师的性别角色与性别意识，女生的学业成绩、教育参与，女教师的专业发展等多样化的议题被纳入研究范畴，根据教育中存在的性别问题，研究者进一步提出了教育性别公平化的落实举措。

对教育全过程中性别偏见与歧视事实的揭露，对"以男性为中心"的传统知识体系、学术传统和理论规范的重新审视，对教育法律与政策性别平等的积极建议，无不彰显着西方教育研究中鲜明的性别视角，提醒着人们重视教育领域中曾被熟视无睹的性别不平等现象，反思以往教育研究的"盲点"，探究性别平等教育的理念、原则、模式及在复杂的教育实践中推进其实施的有效路径，从而促进教育性别公平目标的实现。可以说，社会性别理论对于西方教育具有重要的意义，在教育理论及实践层面产生了积极的影响，丰富和深化了教育研究并开拓了新的可能空间，推动着教育的改革与发展，并为女生的成长创造了良好的氛围和条件。

（二）我国"赋教育以社会性别"的推进及高等教育性别研究的兴起

无论从整体还是个体、从人类发生学还是社会发展进程考察，人的基本规定性都有以下三点：人是相对独立的生物个体；人是有性的；人是社会关系的产物。任何情况下，在人的意义上，这三个规定性总是并行存在、互相制约、同步发展的。[①] 作为一门以人为研究对象的学科，教育学主要探究教育与人发展的关系。在我国教育学发展的历史上，对"人"的重要发现有四次——人是教育对象、教育对象是人、教育对象是学习的主体、成人也是教育对象，每一次的发现都具有积极的意义，都能引发我国教育改革及研究

---

① 李小江：《女性/性别的学术问题》，山东人民出版社，2005，第35页。

的热潮，但无论哪一次，人作为性别的存在几乎都被忽略。以人为中心的现代教育理念无法改变教育研究中的"性别盲视"事实。性别差异等性别主题在既有的教育理论中极少涉及，也不可能作为专门章节出现在教育学教材及专著中，甚至只字不提。

直至 20 世纪 80 年代末，这种状况才有所改变。学者开始从教育心理学角度关注儿童及中小学生的性别差异，并提出了相应的教育对策。但此类论文寥寥无几。1995 年第四次世界妇女大会的召开，推动了社会性别概念和视角在政治和学术层面被接纳。社会性别进而受到了我国学者的广泛关注，并被运用到多维度的教育研究之中。2000 年，联合国首脑会议上签署的《联合国千年宣言》对千年发展目标做出承诺，其中明确规定了基础教育的目标，即"到 2005 年在小学教育和中学教育中消除两性差距，至迟于 2015 年在各级教育中消除此种差距"。该目标清晰勾画了世界多数国家共同发展促进教育领域性别平等的蓝图，但从千年发展目标来看，初等教育中的性别平等是其关注的重点，对高等教育中的性别平等鲜有提及。1995 年第四次世界妇女大会及联合国千年发展目标有力地推进了我国教育领域的性别平等，也进一步促进了相关研究发展。

"赋教育以社会性别"，从社会性别视角审思和批判教育、检视教育研究中的性别盲视成为我国研究者聚焦教育领域的一个新兴点和热点，儿童和中小学生的性别社会化与教育、认知因素的性别差异、性别心理差异的成因等一些研究主题在论文及著作方面都有了积极的研究发现。2000 年出版的《性别差异与教育》主要探讨了性别心理差异的起源、发展、影响因素、相关理论，性别角色刻板观念的形成、作用、维持、改变与消除，以及人格因素与女性成功的教育。2005 年出版的《性别与教育》，站在社会性别的立场上反思、梳理和呈现教育领域中的性别偏见，提升人们对教育领域性别议题的敏感度，帮助人们形成性别公平的教育理念。总体来说，这些成果在基础教育领域体现得较为明显，但在高等教育领域，标志性的成果产生于 2000 年之后。

从社会性别视角研究高等教育，是对传统高等教育研究的挑战。我国高等教育的认识层面存在鲜明的性别化特征，高等教育知识体系并非价值无涉，而是充斥着"以男性为中心"的思维模式，排斥女性的态度、认知与体验。高等教育标榜"性别中立"的知识立场对高等教育研究影响深远。传统高等教育的研究旨在发现、提出和解释高等教育的本质、规律并用之来指导高等教育的实践，把它们不分性别地应用于每一个人。[①] 因此，高等教育中所呈现的性别问题单纯是一个的"性别问题"，还是一个具体的"教育问题"和深刻的"认识论问题"，[②] 需要加以反思并着力改变。自 2000 年以来，高等教育的性别研究稳步开展，性别构成、入学机会的性别差异、女性/性别相关课程、性别与公平、女性与高等教育关系的演变、学科专业的性别隔离、学业与就业的性别差异等多元主题进入研究者的视野，《遮蔽与再现：学术职业中的性别政治》（2011 年）、《审思与重构：解读高等教育的性别符码》（2017 年）、《我国高等教育场域中的性别权力关系研究》（2019 年）、《高等教育入学机会性别差异的变化研究》（2022 年）等一系列著作也相继面世，引发了学界对高等教育性别议题的广泛关注和讨论。

高等教育性别研究的兴起，拓展了我国高等教育研究的新空间，使得高等教育中的性别差异与性别平等问题日益受到重视，为性别平等教育在高校的深入实施、女大学生的全面发展提供了理念与方法论的指导。

三 我国女大学生发展的基本状况

（一）我国女性高等教育的发展历程

女性高等教育作为高等教育的重要组成部分，始于 1905 年华北协和女子大学的设立。该校由外国教会创办，是一所教会女子大学，作为中国历史

---

① 王俊：《解读高等教育的性别符码——基于女性主义认识论的研究》，博士学位论文，华中科技大学，2005，第 2 页。

② 王俊：《社会性别视野中的高等教育研究》，《现代教育科学》2004 年第 3 期，第 41 页。

上最早建立的女子高等学府，该校培养了一批优秀的知识女性，在中国女性高等教育史上发挥着不可忽视的重要作用。此后，华南女子大学、金陵女子大学等各类教会女子大学相继成立。除了这些完全女子大学外，其他一些教会大学诸如燕京大学、齐鲁大学、金陵大学等实施男女同校，也招收女生，培养女性人才。

教会女子大学的设立、女性国外留学活动的发展，以及妇女解放运动的推动、男女平等意识的增强，极大地促进了我国女性高等教育的产生。1907年，清政府学部颁布《奏定女子小学堂章程》和《奏定女子师范学堂章程》，明确规定女性也可以接受教育，在法律层面赋予女性教育合法地位，正式将女性教育纳入学制。1912年，教育部颁布《师范教育令》，明确提出设立女子高等师范院校，"女子高等教育"议题正式列入政府规程。同年颁布《壬子癸卯学制》，该学制规定女子可获得初等、中等、高等各层次的教育，女子在法律上和制度上正式获得了享受高等教育的权利。[1] 1919年颁布的《女子高等师范学校规程》，将北京女子师范学校改为北京女子高等师范学校，该校成为我国第一所由政府主办、独立设置的中国女性高等学校。1920年，北京大学首开女禁，招收9名女生入学旁听，开创了中国高等教育男女同校的先例，各地高校纷纷效仿。1922年颁布"壬戌学制"（又称"六三三学制"），将男女分立的两性双轨制教育体系根本废除，规定各阶段的学校男女应绝对共学，放开招收女生，女性自此获得了与男性平等的受教育权。

1922年至新中国成立之前，女性接受高等教育的人数持续增多，女生占在校大学生总人数的比例也呈增长趋势，虽然相较于男生，女生的人数比例较低。这期间受政局的影响，经历了北洋政府与南京国民政府的更替，女性高等教育的发展不可谓不曲折，但仍积累了一些成功的经验，经过缓慢发展形成了初步规模。

新中国成立以来，党和政府高度重视女性高等教育工作，采取一系列措

---

[1] 许环环：《民国时期女子高等师范教育模式述评》，《大学教育》2013年第9期，第24页。

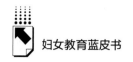

施鼓励女性参与高等教育，推动其快速发展。1977年全国高等院校统一招生考试的恢复，标志着高等教育秩序重新建立，女性可以与男性平等竞争。1983年，国务院批转教育部、国家计委《关于加速发展高等教育的报告》，明确"发展高等教育刻不容缓"。1985年，《中共中央关于教育体制改革的决定》的颁布，以教育体制改革为中心，揭开了我国高等教育改革的序幕。1992年，邓小平南方谈话提出要建立社会主义市场经济体制；党的十四大正式把建立社会主义市场经济体制确立为我国经济体制改革目标，改革开放步伐加快，为高等教育提供了新的发展契机。原有的单一办学体制逐步转向多种形式办学，高等学校的数量快速增长，涵盖了普通高等教育、成人高等教育、职业技术高等教育，民办高校等非公立学校也逐渐涌现，不仅促进了高等教育事业的发展，而且促进了女性高等教育的发展。为了满足社会对女性人才的迫切需要，20世纪80年代中期伊始，我国恢复单设女子高等学校，中华女子学院、湖南女子职业大学、福建华南女子职业学院、西安培华女子大学等各类型女子高校纷纷设立，推动了女性高等教育的发展。随着女性教育与研究的深入，普通高等教育系统内设的女子学院、女子职业技术学院、女子专修学院也应运而生，比如南京师范大学金陵女子学院、天津师范大学国际女子学院、同济大学女子学院等，成为新时期女性高等教育模式多元化的有益探索。多样化的女性高等教育体制为我国女性高等教育事业提供了更广阔的发展空间。

20世纪90年代以来，女性高等教育迎来了新的机遇。1995年，在北京召开的第四次世界妇女大会，通过了具有里程碑性质的《行动纲领》，将"妇女的教育和培训"列为12个重大的关切领域之一，通过战略目标和具体行动确保妇女平等的受教育机会，确认和消除妨碍妇女平等参与教育的一系列障碍。自此，各国对女性教育达成共识，积极采取各项措施推动女性教育的发展，中国女性高等教育的改革与发展也因此进入了一个新的发展阶段。可以说，第四次世界妇女大会所倡导的宗旨、宣示的精神极大地影响了我国，我国政府首次将男女平等确定为基本国策并在此次会议上正式提出，还将男女平等基本国策写入2005年修正的《中华人民共和国妇女权益保障法》、党的十八大和十九大报告，通过法律、制度、公共政策、政治纲领等多种方式为妇女的各项平等权利提供有力保障。

这一时期，我国对女性高等教育的高度重视，突出表现在通过制定并完善各项法律保障女性获得接受高等教育的权利。改革开放以来，国家先后颁布了《中华人民共和国妇女权益保障法》《中华人民共和国教育法》《中华人民共和国职业教育法》《中华人民共和国高等教育法》等一系列法律，对女性享有平等的受教育权加以确认和保护。如 1992 年通过的《中华人民共和国妇女权益保障法》在第三章"文化教育权益"部分专门提出了"国家保障妇女享有与男子平等的文化教育权利"，"学校和有关部门应当执行国家有关规定，保障妇女在入学、升学、毕业分配、授予学位、派出留学等方面享有与男子平等的权利"。该法于 2018 年第二次修正。

此外，国家通过组织制定各类政策以确保妇女的受教育权。2014 年，教育部召开普通高校招生录取工作视频会议，为高招工作划定"红线"。其中，针对高校的禁令多达 12 条，明确规定高校不得擅自规定男女生录取比例。2017 年，国务院印发的《国家教育事业发展"十三五"规划》，在主要目标的"教育发展成果更公平地惠及全民"部分提及"妇女儿童平等受教育权利得到更好保障"。

1995 年以来，国务院颁布的四期《中国妇女发展纲要》对"妇女教育"做出宏观规划，将性别平等意识纳入教育政策的制定与执行过程，为我国妇女教育规划了发展前景，指明了发展方向。如《中国妇女发展纲要（2011—2020 年）》在"妇女与教育"领域的主要目标中提出"高等教育毛入学率达到 40%，女性平等接受高等教育，高等学校在校生中男女比例保持均衡"，在策略措施中明确"提高女性接受高等教育的水平。采取积极措施，保障女性平等接受高等教育，提高女性主要劳动年龄人口中受过高等教育的比例"；《中国妇女发展纲要（2021—2030 年）》在"妇女与教育"领域的主要目标中提出"高校在校生中男女比例保持均衡，高等教育学科专业的性别结构逐步趋于平衡"，在策略措施中明确"保障女性平等接受高

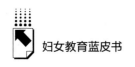

等教育的权利和机会","采取激励措施，提高女性在科学、技术、工程、数学等学科学生中的比例"。

（二）普通高校女大学生的发展

从我国女性高等教育的发展历程可以看到，党和政府一直高度重视教育事业的发展，努力推进教育公平，采取有效措施加强女性教育。随着男女平等基本国策的深入贯彻和持续推进，女性接受教育的状况得到较大程度改善，女大学生获得了长足发展，主要表现在入学机会的增多和教育层次的提升上。1947年我国女大学生的数量仅有2.76万人，占大学生总人数的17.8%。[①] 1977年，女大学生人数为18.16万人，占在校生总人数的29%；1995年，女大学生人数为102.93万人，占在校生总人数的35.4%；而到了2020年，女大学生人数为167.42万人，占在校生总人数的50.96%。[②]

受教育机会是衡量教育领域性别平等的首要指标。无论男女都应享有平等的受教育机会，这是实现教育平等的基础。教育的机会平等，以女性接受各级各类教育的数量指标的变化来反映。70年代后期，随着高考招生制度的恢复，在校女生占在校生总数的比例有一定程度的下降。80年代中期，由于国家采取了一系列积极措施加快高等教育改革的步伐，人们对接受高等教育的认识逐渐改观，激发了女性参与高等教育的积极性，在校女生人数有了较明显的增加。总体而言，自改革开放以来，我国女性接受高等教育的人数稳步增加，增长速度较快，两性接受高等教育的差距逐渐缩小。普通高校在校女大学生的数量，1995年比1978年增加了82.28万人，占在校生总数的比例增长了11.3个百分点。1999年实行大学扩招政策之后，女生在教育领域的领先优势越发明显。扩招之后，女生比例几乎每年增长一个百分点，

---

① 郑新蓉、武晓伟、林思涵：《妇女与教育——我国教育性别平等的进程与反思》，《山东女子学院学报》2020年第6期，第5页。

② 《各级各类学校女学生数》，中华人民共和国教育部网站，http://www.moe.gov.cn/jyb_sjzl/moe_560/2022/。

到 2009 年女生比例（50.48%）超过男生。[①]

教育层次是反映教育性别平等的又一重要指标，高等教育层次的提升彰显了女性高等教育的发展，主要体现在研究生教育阶段。虽然我国女博士和女硕士的发展增速不同，但女研究生人数占在校研究生总数的比例保持着持续增长的态势。2016 年，女研究生比例增长到 50.64%，女硕士比例增长到 53.14%。自 2011 年以来，男女硕士比例一直保持女性反超态势。尽管从目前来看，女博士比例仍低于男博士，但是其增长速度相对较快。在 2005～2010 年、2010～2015 年、2015～2019 年三个阶段，女博士增长速度高于男博士，增长速度分别为 47.49%、34.57%、41.73%。

（三）当前女大学生发展存在的问题

根据瑞典教育学家托尔斯顿·胡森（Torsten Husen）的观点，教育平等主要包括起点平等、过程平等和结果平等。起点平等强调受教育权利的平等，即入学机会的平等，法律保障每个人都有不受任何歧视接受教育的机会；过程平等强调每个人在教育过程中都受到平等对待，无论其性别、民族、家庭状况、宗教信仰等；结果平等则是关注每个人在学业成就机会和就业机会上的平等。从女大学生的发展来看，在我国高等教育进入普及化阶段的背景下，女性参与高等教育取得了可喜的进展和成绩，但在可观察的数据背后，仍潜藏着一些隐性困境，既反映在入学机会上，又体现在教育过程和教育结果层面。

1. 女性接受高层次高等教育的比例有待提升

教育统计数据显示，女性接受低层次高等教育的人数最多，随着教育层次的提高，女性占在校生总人数的比例逐渐降低，博士研究生阶段性别分布不均衡现象依旧存在。尽管 2009 年至今，女博士的比例稳步增长，但与男博士相比，仍存在一定的差距，女生的读博机会整体上少于男生（见表1）。

---

① 李春玲：《"男孩危机""剩女现象"与"女大学生就业难"——教育领域性别比例逆转带来的社会性挑战》，《妇女研究论丛》2016 年第 2 期，第 34 页。

表1　2009~2020年我国普通高校各级学位女生比例

单位：%

年份	学士	硕士	博士
2009	48.89	49.63	34.86
2010	49.68	50.36	35.48
2011	50.40	50.89	36.13
2012	51.03	51.46	36.45
2013	51.78	51.38	36.90
2014	52.46	51.65	36.93
2015	53.08	52.15	37.85
2016	53.44	53.14	38.63
2017	53.74	49.88	39.27
2018	53.99	51.18	40.37
2019	53.90	52.17	41.32
2020	53.70	52.53	41.87

资料来源：教育统计数据，教育部官网，http://www.moe.gov.cn/jyb_ sjzl/moe_ 560/2022。

2. 女性接受高等教育的城乡差异较为显著

值得关注的是，高等教育机会的城乡差异并未随着改革开放进程的加快而迅速缩小，优质高等教育机会的城乡差异愈加明显。相比城镇学生，农村学生在高等教育的入学机会上处于劣势，具体到性别而言，农村女生则是劣势中的劣势。根据李春玲的研究，家庭背景因素对女性教育地位获得的影响明显大于对男性的影响，女性的受教育机会更易受到家庭背景的影响，最突出的表现是农村女性在大学生中的比例明显低于其他群体。[①] 杨倩、王伟宜对来自上海、江西、福建、四川和陕西五省市18所高校的36874名学生的高等教育入学机会展开定量研究，发现高等教育机会的性别不平等呈现城乡分化，农村性别不平等程度更甚于城镇。女性高等教育入学机会存在城乡差异，农村女生在重点本科高校的入学机会上一直远低于城镇女生，在优质高

---

① 李春玲：《教育地位获得的性别差异——家庭背景对男性和女性教育地位获得的影响》，《妇女研究论丛》2009年第1期，第16、18页。

等教育机会获得上弱势地位突出。[1]

3.高等教育学科专业的性别结构仍存在不均衡现象

学科和专业是个人未来职业选择和发展前景的基础，能否适应社会发展的需求，能否充分发挥个人的个性、特长，学科和专业的选择至关重要。从学科专业的性别结构来看，在高等教育中，不同性别多集中于不同的学科专业，男生多选择科学、技术、工程和数学（STEM）等自然科学领域进行学习，女生则倾向于就读文学、艺术、语言、教育、护理、社会工作等人文社会科学领域的专业，从而形成学科专业分布的不均衡状态。

基于我国 85 所高校的调查研究显示，在控制了可能的生理差异、能力差异、兴趣差异以及家庭因素的影响后，男生更倾向于选择理工科专业，女生更倾向于选择人文社科专业，且在理科和工科专业中，男生更倾向于选择工科，女生更可能选择理科。[2] 针对 2017 年全国高校毕业生就业状况调查数据的分析发现，专业选择存在显著的性别偏好，男性多学工科，女性多学文科。[3] 贺光烨基于"首都大学生成长追踪调查"数据，从大学专业隔离的角度入手，分析发现首都高校存在明显的专业性别隔离：女生更多地集中在文学、历史、艺术等专业，而男生更多地集中在理工科专业。大学专业对毕业后个体能否进入男性主导职业具有显著影响。相较于男性，女性进入男性主导职业的概率更低。[4]

学者基于"中国高等教育研究数据库"中 2007 级大一新生 47170 个样本的调查数据发现，女生正在突破传统专业限制，就读的专业领域逐渐拓宽，在数学和化学专业就读方面男女生总体持平，并不存在明显的性别差异。在生物科学专业的入学选择上甚至出现了女性相对集中的现象，男生就

---

① 杨倩、王伟宜：《高等教育机会性别不平等的城乡差异及其变化研究》，《福建师范大学学报》（哲学社会科学版）2019 年第 6 期，第 151、156 页。
② 马莉萍等：《大学生专业选择的性别差异——基于全国 85 所高校的调查研究》，《高等教育研究》2016 年第 5 期，第 36 页。
③ 魏巍：《专业选择与毕业去向的性别差异分析》，《教育学术月刊》2020 年第 4 期，第 66 页。
④ 贺光烨：《专业选择与初职获得的性别差异：基于"首都大学生成长追踪调查"的发现》，《社会》2018 年第 2 期，第 213 页。

读生物科学专业的概率是女生的 0.69 倍。与此同时，女生已经突破传统占优势的人文、教育、语言等专业领域，进入社会科学领域中的人数日益增多，就读于经济学、法学、工商管理等热门专业领域的人数明显多于男生。[①] 虽然女生在学科专业中的分布由集中转向扁平，并开始进入传统男生占优势的领域，但在物理学、电子信息科学、材料科学、矿业工程、测绘、机械设计制造、工程力学等诸多自然科学专业选择上仍处于明显劣势，依旧未能根本改变高校学科专业分布的性别不均衡现象。

4. 女大学生更易遭遇就业不公平对待

女大学生就业既是一个复合性的社会问题，也是一个具有公共性的政策问题。相比男生，女生在就业方面更易遭遇不公平对待，这正是女性高等教育结果不平等的主要体现。

近年来，我国高度关注女大学生就业问题，采取各项措施致力于推动和促进女大学生就业，针对女大学生就业的政策扶持力度也越来越大。然而，面对毕业生规模再创历史新高、三孩政策落地以及女性三期使用人单位成本增加等各种原因，女大学生就业仍面临较严峻的形势。北京师范大学劳动力市场研究中心发布的《2021 中国劳动力市场发展报告》显示，仅在大学生初次就业率上，近两年男大学生比女大学生要高 10 个百分点。根据麦可思研究院主编的《2021 年中国本科生就业报告》（就业蓝皮书）的研究数据，在考公考研大军中，女性应届毕业生占主流。正在脱产备考公务员的和在国内读研的 2021 届毕业生中，女生占比为 55%；在考公应届毕业生人群中，女生占比为 63%，均远高于男生，这反映出目前女生面临的就业压力相对较大，择业求稳心态更甚。[②]

就业性别歧视是指在就业过程中基于性别所做的任何区别、排斥或限制行为，其后果是取消或损害某一性别在就业方面的机会与待遇平等。对湖北

---

① 樊明成：《当前我国大学生选择专业的性别差异分析》，《现代教育科学》2011 年第 3 期，第 58 页。

② 麦可思研究院主编《2021 年中国本科生就业报告》（就业蓝皮书），社会科学文献出版社，2021。

省 7 所高校的大学毕业生就业状况的实证研究显示，女大学生就业性别歧视普遍存在，在求职中遭受过性别歧视的女生占 45.86%，而男生仅占 3.6%。女生主要在录用歧视、录用薪资歧视和职业层次歧视三个层面遭遇性别歧视。调查发现，女大学生面试机会明显少于男生，就业机会被剥夺；在招聘过程中，招聘单位通过招聘材料直接或间接写明"限招男生""男生优先"或对女生年龄、婚育、外貌等方面额外提出特殊要求而抬高女大学生录用标准；即使从事同类或相同工作，部分用人单位提供给女生的薪资也低于男生，致使女生遭遇同工不同酬的不公平待遇；女生的职业层次普遍低于男生，在职业类型方面也主要集中在服务性和辅助性的薪资较低的职业，较少进入管理层。①

5. 女大学生的媒介素养有待提高

当代社会，大众传媒尤其是网络媒介，对大学生产生了极大影响，构成了他们成长的重要客观环境，形塑着他们的人生观、价值观、世界观和生活方式。身处多元复杂的网络环境，面对海量的网络信息以及各种各样的网络舆论，如何获取、解读、批判和使用这些信息，如何利用这些信息服务自身及社会发展无疑是媒介素养关注的核心。媒介素养在女大学生成长和发展中的作用不可替代。

对我国 8 所高校的 800 名女大学生的问卷调查发现，女生通过微信、微博、论坛等方式参与媒介信息的传播和互动，对新媒介表现出较强的接受能力和主动性，但参与的广度和深度不足，参与行为具有自发性、无意识性和盲目性。女生虽然对媒介的依赖性强，但主要将媒介作为休闲娱乐的工具，并未充分利用媒介的资源和作用，媒介信息辨识能力也有待提高。② 为数较少的女大学生媒介素养研究也辅证了这些结论，认为女大学生对媒介素养教育的重要性认识不够，对新媒介的积极利用率低下，对网络新媒介信息的辨

---

① 郭梦珂:《两岸大学生就业性别差异的比较研究——基于大陆 7 所 211 高校与台湾 10 所高校的调查》，硕士学位论文，华中师范大学，2015，第 32~33 页。

② 李敏智等:《对我国女大学生媒介素养问题的调查与分析》，《学术论坛》2015 年第 11 期，第 150 页。

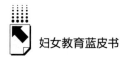
识能力弱，对自身媒介行为自控能力弱，较易沉迷于低俗文化、追星热和网购热当中。① 此外，女大学生还遭遇网络暴力等网络安全问题，这些网络暴力具有较明显的性别特点，主要包括针对女性青年的网络霸凌、羞辱、骚扰、跟踪、威胁、搜索、发布私密照片和视频等，污名化女性形象、传播对女性的偏见歧视等符号暴力也囊括其中。通常，女大学生往往无力抵制与应对这些不良影响和伤害。同时，男女两性在媒介信息的有效获取、高效使用及信息技能强弱等方面存在较明显的差异，暗示了女性从数字信息技术发展中获益更少，在媒介参与上处于弱势地位，这无疑对女大学生媒介素养的提升造成了负面影响。

（四）对策建议

1.制定性别平等教育法

自新中国成立以来，我国一直努力完善维护妇女权利的各项法律法规，促进女性在社会各个领域的平等发展，女性的受教育权利是其中重要的组成部分。1995 年颁布的《中华人民共和国教育法》具有统领作用，其中，第九条规定："中华人民共和国公民有受教育的权利和义务。公民不分民族、种族、性别、职业、财产状况、宗教信仰等，依法享有平等的受教育机会。"第三十六条规定："受教育者在入学、升学、就业等方面依法享有平等权利。学校和有关行政部门应当按照国家有关规定，保障女子在入学、升学、就业、授予学位、派出留学等方面享有同男子平等的权利。"1999 年实施的《中华人民共和国高等教育法》第九条规定："公民依法享有接受高等教育的权利。"1992 年施行、经过 2005 年和 2018 年两次修正的《中华人民共和国妇女权益保障法》，其第十五条规定："国家保障妇女享有与男子平等的文化教育权利。"第十六条规定："学校和有关部门应当执行国家有关规定，保障妇女在入学、升学、毕业分配、授予学位、派出留学等方面享有

① 秦燕等：《媒介素养教育与我国当代女大学生的成长》，《广西师范大学学报》（哲学社会科学版）2015 年第 6 期，第 146 页。

与男子平等的权利。学校在录取学生时，除特殊专业外，不得以性别为由拒绝录取女性或者提高对女性的录取标准。"可以说，这些法律明确保障女性享有与男性平等的受教育权，有助于推动教育领域的性别平等。

随着我国经济、文化的快速发展，女性接受高等教育的需求日益增加，社会的变革进步也对女性人才提出了新的要求。与此同时，女性在教育领域仍存在诸多问题，教育中的性别偏见以更为隐蔽的方式散落于整个教育系统，更易被忽视，进而掩盖了对女性教育高质量、深层次发展的反思。针对我国女性教育的现实状况，已有的法律只是在极少数条款中涉及对女性受教育权利的规定，尚未出台一部有关性别平等教育的专门法，而这却是我国高等教育发展与女性更平等、全面、深入地参与教育，获取发展的必需。制定性别平等教育法是贯彻落实我国男女平等基本国策的有力体现，一方面，可以增进社会大众对男女平等、性别平等的认知，减少性别刻板印象和性别歧视，为女生平等参与教育竞争提供有利的舆论氛围；另一方面，各地高校也可以根据此法律进一步制定促进性别平等教育的实施细则，明确性别平等教育的发展目标和推进方向，统筹整合教育资源，采取必要和有效的措施消除学校中存在的性别不平等，为男女生提供平等的教育机会、教育条件和教育环境，增强女生参与社会公共生活的自信心、意愿和能力。

2. 将性别平等意识纳入教育决策主流

我国现行的多数教育决策未考虑社会性别视角。在教育行政部门组织或参与制定的规章方面，无论是《中国教育改革和发展纲要》《国务院关于〈中国教育改革和发展纲要〉的实施意见》《面向21世纪教育振兴行动计划》《国家中长期教育改革和发展规划纲要（2010—2020年）》，还是《国家教育事业发展第十二个五年规划》和《国家教育事业发展"十三五"规划》，这些关涉教育事业发展规划的具有代表性的决策文本，并未将教育性别平等明确纳入表述内容，即使《国家教育事业发展"十三五"规划》主要目标中提及"妇女儿童平等受教育权利得到更好保障"，也未进一步指出如何更好地保障妇女的受教育权。《中国妇女发展纲要

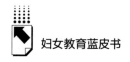

（2001—2010 年）》提出"将妇女教育的主要目标纳入国家的教育发展规划"，但是，这一涉及国家宏观政策的策略措施在由教育行政部门制定的若干次教育发展规划中并未得以体现。

对教育性别平等强调最多的一类政策性文件，其主要代表是由国务院妇女儿童工作委员会牵头制定的四期《中国妇女发展纲要》以及全国妇联组织制定的《全国妇女教育培训体系建设纲要》等。而这类文件的真正落地实施尚需与教育行政部门协调协同，依靠教育行政部门的高度重视与自觉推进才能顺利达成教育性别平等的目标。

教育性别平等虽然在我国一系列法律中得以提及，但国家法律只是统领，法律层面的女性受教育权的保障需要通过相关行政部门的法规政策进一步落地。从目前来看，各法规政策之间的协调衔接仍有较大的完善空间。教育行政部门和其他行政部门出台的有关教育性别平等的政策往往是各自表述，缺乏统筹。[①] 对教育性别平等的表述也更多地聚焦于两性平等的受教育机会层面，停留于宏观的目标与方向上，较为宏观、笼统和模糊，对微观层面具体行动策略的规定较少，在这些法规政策文本中，只有《中国妇女发展纲要》对如何促进妇女教育发展、推动教育性别平等做出了更多具体规划。

女性教育与整体教育同步发展。教育性别平等的实质性推动，要求将社会性别纳入教育决策主流。第一，建立促进性别平等的教育决策支持系统。应增强政府各行政部门之间的分工协作，以教育行政部门为主导，负责保障和促进学校教育阶段的性别平等，妇联、人社、卫健等多个行政部门协同配合，分别从宣扬、协调和监督落实教育工作性别平等，关注和解决劳动力市场中的性别歧视，制定和实施妇女生育决策等不同方面推进教育过程及教育结果性别平等。在各省教育厅建立负责教育性别平等的统筹管理机构，提高教育决策层的女性参与比例，确保女性的声音和需求可以发出，让更多的女

---

① 郑磊、李静：《中国教育性别平等政策回顾与评价》，《国家教育行政学院学报》2012 年第 10 期，第 44 页。

性平等地参与教育行政工作以及教育政策的制定和实施。第二，对我国既定的各项教育法规政策进行性别分析，对其中可能存在的性别歧视和性别盲点进行审视、清理和修订。教育法规政策调整和完善的根本目的是让女性成为政策的受益者、参与者和推动者，而非利益无关者甚或利益牺牲者，因此，在原则上应确定公平取向。第三，应使各项教育法规政策具体化和可操作化。法规政策的切实可行，要求建立一套较为完善的教育管理机制，既要有具体的实施细则，也要有负责落实和监督执行的相关机构。确保教育性别平等的实施者和推动者，即教育决策者、教育管理者和广大教育工作者，能将性别平等贯彻落实到人才培养、教育内容、教学过程、学校管理等教育的各个领域和环节，增强法规政策执行的性别敏感性。为了更好地解决女性教育中出现的问题，必要时应制定特别扶持政策，如通过设置项目、提供支持性的学习环境等，鼓励女性进入 STEM 领域学习；专门出台导向性或激励性政策，促进女大学生就业等。第四，建立教育领域性别平等指标监测和评估系统。注重收集和整理教育领域有关性别的各类数据和指标，根据需要调整扩充女性教育的相关统计指标，建立一整套较为规范、完善的教育性别统计监测指标体系，对女性参与教育的状况和效果进行科学评估。

3. 在高校中全面推进性别平等教育

性别平等教育即性别敏感教育，指教育要体现性别平等理念，承担起性别启蒙的责任与使命。具体表现在个体在接受教育的全过程中，在教育各个领域和环节均享有平等的机会、资源和权利，均能充分发展其特长，发挥其潜能，不因其性别而受到限制。作为《中国妇女发展纲要（2021—2030年）》中"妇女与教育"领域的主要目标之一，在高校中全面推进性别平等教育既是教育工作全面贯彻男女平等基本国策的核心体现，也是将社会性别意识纳入教育决策主流的具体行动。

第一，它要求运用科学合理的评估指标和标准，对高等教育的起点、过程及结果三个环节的性别平等状况进行全面检视，找出制约女大学生发展的瓶颈，着力消除其不良影响，提供更多积极措施将阻力转变为动力。

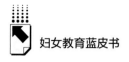

第二，有条件的高校设立性别平等教育委员会，从行政管理人员、教师和学生中遴选具有性别平等意识的代表作为委员，尤其是女性代表不低于二分之一。委员会负责将性别平等教育纳入学校发展规划、监督性别平等教育在学校教育全过程及各个环节的推进和落实，并提供相关的咨询建议，对校园中发生的性别歧视事件做出处理。

第三，将性别平等教育纳入教育系统领导干部培训体系、教师继续教育体系和新入职教师培训体系，重点对高校领导和一线教师开展性别平等意识培训。作为学校管理的主要决策者，校领导对学校教育改革与发展的方向具有决定性的作用。他们是否具有性别平等意识，将影响学校的人才培养、科学研究、文化传承、社会服务等各个方面。因此，中共中央组织部、教育部可以将性别平等教育纳入高校党委书记/校长培训规划，通过相关课程和讲座增强高校领导的性别平等意识。由于教师和学生在日常教学、实践活动和校园生活中经常发生互动，教师的观念会潜移默化地影响学生，教师的性别平等意识对学生性别平等意识与态度的形成具有示范引领的作用。学校应该将性别平等意识培训作为新进教师岗前培训的必修课并融入教师继续教育培训课程，借此增强教师的性别敏感性，使其在各类课程教学中、在与学生的日常交往中有意识地渗透性别平等理念。

第四，在人才培养方案中增加性别平等教育的知识体系。性别平等意识作为现代意识中的一种，是高素质人才所必须具备的文化素养。推进性别平等教育既是立德树人的根本任务，也是实现高校内涵式发展的基本要求。在高校人才培养方案中增加性别平等教育的相关内容，是高校深化改革的必然选择，有助于培养学生的性别平等观念。具体做法是在学校通识课程、博雅课程、公共必修课程以及各专业的特色课程中融入性别平等相关的理念知识，开发性别平等专题课程，将性别平等教育作为不可缺少的重要组成部分整合进高校课程体系，注重相关课程的常态化与规范化开设。

在课程建设中，尤其要注重将性别平等教育融入思想政治课程。思想政治教育的根本目的是注重人的思想道德提升，实现人的自由全面发展。人的全面发展包含了人能具备性别平等观念，正确对待和处理性别关系。因此，性别平等教育是思想政治教育应涵盖的内容。性别平等与社会主义核心价值观有着必然的内在联系，高校作为培育和践行社会主义核心价值观的重要教育基地，把性别平等教育融入现有的思想政治理论课教学之中，以马克思主义妇女观作为理论指导，结合具体的性别分析方法，注重人性培养①，既是贯彻落实男女平等基本国策的基本要求，提升大学生思想道德素养、塑造其完整人格的必要手段，也能进一步推动思想政治教育的发展和创新。

在教材建设中融入性别平等意识。教材是教师组织教学活动的依据，也是学生学习的载体，教师通过教材向学生传递学科知识的同时，更传播社会价值观念。教材中如果存在性别偏见或歧视，将歪曲学生对现实世界中性别角色和性别关系的认知。《中国妇女发展纲要（2021—2030年）》提出"加强对教材编制、课程设置、教学过程的性别平等评估"。因此，应对既有教材进行性别视角的审视，对插图、表格、正文内容、练习等不同部分的性别表现进行检测，重点对教材语言的表述进行评估，避免出现性别偏见。在教材的设计与编写上，也应注重性别平等原则的运用，真实呈现女性多元化的角色及两性平等的互动关系，在非传统领域尽可能多地提供女性榜样，展示女性风采。

在教学过程中运用性别平等的策略。教师潜在的性别偏见不仅影响自己的教学期望、态度和行为，也影响到学生的学习态度、学业表现以及学业表现的自我评价。在与学生的具体互动过程中教师应努力避免性别刻板，这些互动包括对男女学生的期望、提问、指导与评价。尤其是在STEM领域的教学中，应提供给女生平等的学习机会和资源，注重培养她们的学习兴趣，鼓励她们积极参与课堂讨论、问题的回答和经验的分享。

第五，营造性别平等的校园文化与环境。重视女生的需求，倾听她们的声音，关注她们的经验，调动她们的主体性，通过开展诸如社团活动、学术活动等体现性别平等、形式多样的校园实践活动，鼓励她们敢于挑战自我，

---

① 肖巍：《性别平等教育融入高校思想政治理论课的意义》，《高校马克思主义理论研究》2017年第3期，第63~64页。

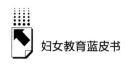

激发她们参与的自信心，充分发挥她们自身的潜能，为她们的发展创造更广阔的空间。注重运用校园建筑、宣传栏、广播站、网站等多种渠道传播性别平等相关理念，增强学生的性别平等意识。在体育器材、运动设施、校园空间的使用上确保性别平等，符合男女学生的使用需求与使用偏好。创造一个安全的校园环境，避免学生遭受基于性别的暴力。

4. 加强女性教育研究，为女大学生的发展提供理论指导

自第四次世界妇女大会召开以来，国内妇女/性别研究逐渐受到关注，研究领域不断拓展，研究队伍不断壮大，诸多学者从不同学科角度针对妇女生存与发展的各领域展开研究，或将社会性别视角融入各个学科领域，其中也包括教育领域。但对女性教育的研究更多沿用西方女性主义的理论与方法，本土化的理论基础与方法论都较为薄弱，尚未构建起能客观反映我国女性教育现实的理论体系与方法体系。随着社会转型，科技快速发展，全球化在政治、经济、文化等各个领域的影响扩张，女性教育面临新的挑战与问题，女性群体内部以及不同类型、层次的女性教育存在诸多差异，许多问题往往很难在教育学单一学科内得到解决，需要多学科的研究与跨学科的整合，这些都要求进一步深化女性教育研究，推进女性教育的理论建设，以本土化理论来指导多样化的女性教育实践。

加强女性教育研究的一个有效途径是在高校中设置有关女性教育的专门的研究机构。20 世纪 90 年代以来，我国高校中的妇女研究中心纷纷设立，如北京大学中外妇女问题研究中心（1990 年）、武汉大学妇女与性别研究中心（1993 年）、东北师范大学女性研究中心（1993 年）、南开大学妇女与发展研究中心（1994 年）、复旦大学妇女研究中心（1994 年）、中山大学妇女与性别研究中心（2000 年）等，这些研究中心推动了妇女研究的发展，获得了良好的社会影响。但这些中心大多属于"三无"状态的非实体研究机构，无编制、无经费、无专职人员，往往挂靠在高校的其他院系，处于边缘地位。即使少数中心关注女性教育，女性教育也只是其所关注的主题之一。2006 年，全国妇联、中国妇女研究会与北京大学、南开大学、厦门大学、武汉大学、东北师范大学、中华女子学院、湖南女子职业大学、南京师范大

学金陵女子学院、中央民族大学、云南民族大学等我国十余所高校合作共建"全国妇女/性别研究与培训基地",旨在共同推进妇女/性别研究和学科建设的主流化进程。在这些基地中,女性教育也只是研究开展的一个领域或方向。这就导致这些中心和基地无法系统、全面、深入地推动女性教育的相关研究。随着女大学生高等教育入学人数优势的日益突出以及她们在教育全过程中面临的显性和隐性问题日益增多,迫切需要高校成立女性教育的专门研究机构,有条件的高校可以设置相关的实体科研机构,配备多学科研究人员,进行资金投入,综合运用多种研究方法对女性教育的各层面、各环节进行深入探究,摸索规律,建构理论,为女大学生的成长与发展实践提供切实有效的理论指导。

5. 构建先进性别文化,为女大学生发展创造良好氛围

将女大学生的发展纳入性别平等教育框架既是教育社会性别主流化的基本诉求,也是女大学生实现全面、可持续发展的重要保障。性别平等教育的推进是一个系统工程,仅靠高校内部无法完成,还需外部社会文化的有力支持。区别于充满偏见与歧视的落后的性别文化,以男女平等为核心的先进性别文化是社会主义文化和社会主义精神文明的重要组成部分,它以尊重两性独立的人格、尊严和价值为基础,客观公正地评价两性对家庭生活与社会生活所做出的贡献,既重视两性在社会参与方面的权利平等和机会平等,也关注其参与的过程平等和结果平等,最终的目标是在平等、公正的前提下促进两性和谐发展。

虽然我国提出男女平等基本国策已经近 30 年,也已制定了相关法律,但现实生活中男女不平等的问题依然存在,这在很大程度上受到落后性别文化观念的影响。"重男轻女""男尊女卑""男强女弱"等性别歧视和性别偏见的存在,制约着社会对女性角色、行为、能力和价值的期待与评价,也导致部分女性将这种观念内化并自我认同,最终丧失进取意识和主体性。这些充满传统意识的落后性别文化,不利于整体社会主义文化的发展,需要加以抵制,更需要积极建设先进的性别文化,在中国共产党的全面领导下,以中国特色社会主义妇女理论为指导,立足女性群体的特殊利益与现实需要,

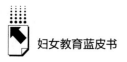

激发女性的社会责任感，着眼于推动女性平等、主动参与经济社会发展，推动先进性别文化的发展与创新，加强先进性别文化的倡导与宣传，在决策体系中融入先进性别文化，强化社会舆论监督，对贬低、损害女性形象的文化现象进行批判、抵制与曝光，为女大学生的发展提供良好的外部氛围。

6. 增强女大学生的性别平等意识，为其发展提供内在动力

性别意识作为个体在性别维度上的自我意识与反思，既包含了对自我的认知，也包含了对另一性别、性别关系及社会环境的认知。性别意识是否具有平等性是个体主体性的显著标志，也影响着个体的人生观、价值观以及行为的选择。性别平等意识对女大学生的意义尤为重要。大学是女性性别平等意识形成的重要阶段，她们只有学会审视和反省当下社会的性别规范、性别角色、性别分工以及自身的性别观念，学会辨别和分析现实生活中存在的性别不平等现象，才能更积极地争取自身的发展和女性群体的权利。性别平等意识涵盖了对男女生理差异的正视和承认，对性别偏见和性别歧视现象的敏感和抵制，对平等获取机会、条件、资源的渴望与呼吁，以及对平等享有法定权利的诉求与争取。

增强性别平等意识，首先要求女大学生增强"四自"（自尊、自信、自立、自强）精神。"四自"作为一种精神，自 1983 年中国妇女第五次全国代表大会上提出，迄今已有 40 余年。作为反映新时代女性精神特质的标志，它彰显女性的主体性与独立性，为女性发展提供前进的动力。女大学生应将"四自"精神内化于心，作为自身的价值追求。其次，强化公共参与意识与社会责任感是增强性别平等意识的关键途径。在公共领域中，性别平等意识首先表现为在态度上重视和认可两性平等地参与社会公共活动。对女大学生而言，当她们具备较强的社会责任感和使命感，主动运用社会性别视角高度关注社会公共事务并产生积极参与公共事务、维护公共利益的意愿时，性别平等意识才能不断增强。

专题报告
Special Reports

B.2

高等教育普及化阶段中国女大学生的
学习体验与收获

史静寰 曹雪萌 周璐 谢婉怡 巴音*

摘 要： 中国于 2019 年实现高等教育普及化，高等教育公平与质量问题受到更多关注。落实高等教育性别公平工作在取得卓著成效的同时，仍存在值得讨论的具体问题和需要完善的制度政策。本报告基于清华大学"中国大学生学习与发展追踪研究"（CCSS）项目多年累积数据，分析发现：样本院校整体上男女比例趋于均衡，但双一流大学中的女生、理工科女生、农业户口女生在全体学生样本中占比较低；在五大综合诊断指标上，女生除在"生师互动水平"上平均得分显著低于男生外，其他四项指标得分均高于男生；女生的课程学习投入更多，但高阶认知行为与多元学习不足；女生对在校满意度的诸多方面评价低于男生，自我汇

---

* 史静寰，教育学博士，清华大学教育研究院常务副院长、教授、博士生导师，主要研究方向为高等教育学、教育史、国际与比较教育、教师教育等；项目组成员：曹雪萌、周璐、谢婉怡、巴音，曹雪萌为主要执笔人。

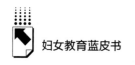
报的教育收获也明显低于男生，且比男生面临更大的就业压力。
建议重视女性群体内部教育不公平问题，加大对农村女性的教育
支持力度；鼓励并支持女性在理工学科的发展，重视女大学生的
科学素质培养；进一步推进性别平等教育，增强高校教师和学生
的男女平等意识；优化教学过程质量，培养女大学生学习主体
性，提高女大学生就学满意度；加强针对女大学生的就业指导，
促进平等就业，消除就业性别歧视。

关键词： 女大学生　学习体验　学习收获　高等教育普及化　CCSS

一　背景：高等教育普及化、教育公平与性别平等

21世纪以来，全球高等教育逐步进入普及化发展阶段。以数量衡量，
学界将高等教育毛入学率，即高等教育在学人口与适龄（18～22周岁）人
口的比值，超过50%作为普及化的标准。联合国教科文组织统计研究所
（UIS）在2020年1月发布的数据显示，全球已有76个国家和地区进入了高
等教育普及化阶段，其中29个国家和地区已达到普及化中级阶段水平（毛
入学率在65%~80%），26个国家和地区已达到普及化高级阶段水平（毛入
学率在80%及以上）。[①] 相较于20世纪末全球高等教育毛入学率超过50%的
国家只有20个的状况而言，这一变化充分显示了最近20年高等教育在全球
范围内的迅猛发展。在我国，1949年新中国成立之初，高等教育毛入学率
只有0.26%，到1999年施行高等教育扩张政策之前，毛入学率一直在10%
以下，2002年第一次超过15%进入高等教育大众化阶段[②]，2019年达到

---

① 别敦荣、易梦春：《高等教育普及化发展标准、进程预测与路径选择》，《教育研究》2021
　年第2期，第63~79页。
② 中华人民共和国教育部发展规划司编《中国教育统计年鉴（2002）》，人民教育出版社，
　2003。

51.6% 进入高等教育普及化初级阶段①。随着社会经济的不断发展，人民对高等教育的需求持续增长，考虑到国家高等教育未来发展方向和适龄人口数量的变化，专家预测我国有望在未来 10 年左右进入高等教育普及化中级阶段，在未来 20~25 年进入高等教育普及化高级阶段。②

以毛入学率作为衡量高等教育普及化水平的标准能够直观地反映世界各国各地区高等教育规模的变化情况，但仅从数量一个维度并不能全面评估全球高等教育的综合发展。另一个至关重要的维度是教育公平，也就是高等教育在多大范围、多大程度上惠及了以阶层、性别等所体现的弱势群体。高等教育扩张是否有利于促进阶级层面的社会公平在学界已有诸多讨论，其中最具代表性的理论之一是拉夫特里和豪特提出的"最大化维续不平等"理论（Maximally Maintained Inequality，MMI），他们认为教育扩张未必会带来教育公平，因为教育供给增值的首要受益者是上层阶级，如果上层阶级的教育需求没有达到完全饱和，教育机会就难以惠及下层阶级，从而导致教育不公平以最大化的形式持续存在。③ 这一理论在很多国家的高等教育发展经验中得到了验证，但基于瑞典、荷兰等国的实证研究结果显示，高等教育规模的扩大确实促进了这些国家不同阶层的教育机会公平，对此，MMI 理论无法给出科学合理的解释。④ 因而有关学者进一步思考，教育公平问题除体现在入口端（就学机会）之外，是否也贯穿于教育过程之中，并对出口端（教育收获）产生更大的影响。卢卡斯在修正 MMI 理论的基础上，提出了"有效维续不平等"理论（Effective Maintained Inequality，EMI），主张从数量和质量两个方面来探讨教育公平，指出即使存在于教育机会方面的不公平得到缓解甚至

---

① 中华人民共和国教育部发展规划司编《中国教育统计年鉴（2019）》，中国统计出版社，2020。

② 别敦荣、易梦春：《高等教育普及化发展标准、进程预测与路径选择》，《教育研究》2021年第 2 期，第 63~79 页。

③ A. E. Raftery & M. Hout, "Maximally Maintained Inequality: Expansion, Reform, and Opportunity in Irish Education, 1921-75," *Sociology of Education*, 1993: 41-62.

④ Y. Luo, F. Guo, & R. Li, "Gender Equality and Expansion of Higher Education: Testing Effectively Maintained Inequality Theory Against the Case of China," *International Journal of Educational Research*, 2021, 110: 101855.

是解决，教育不公平仍会以质量差异的方式有效存续，也就是说，更深层次的教育不公平是由于上层阶级比下层阶级更容易获取优质的教育资源，积累更多的教育收获，享受更丰厚的教育红利。[①] 这些论断在英美等国的高等教育发展历程中得到了充分验证。[②] 不少研究者也依据 MMI 理论和 EMI 理论对中国高等教育公平问题进行了实证调研，其结果存在一定的争议。既有研究肯定了高等教育扩张在入学机会层面对我国教育公平的促进作用[③]，也有学者发现高等教育扩张反而使得最优势阶层和最弱势阶层在教育机会和资源上的差距越拉越大[④]。这样矛盾的研究结果体现了我国高等教育扩张与教育公平之间的复杂关联，社会阶层的单一视角不足以对其进行解释和评判。

探讨教育公平问题的另一个重要视角是性别。性别公平是一个世界性的议题，大量女性和女性主义的拥趸为争取女性权益不断奔走呼号。在女性主义所涉猎的众多领域中，与教育相关的探讨是重要的内容之一。最早的女性主义理论——自由主义女性主义将为妇女争取与男性平等的受教育权作为其主要奋斗目标之一（另外还有选举权、就业权等），强调造成两性理性能力差异的根本原因是受教育机会的不平等，而教育能帮助女性挖掘自身潜能，使其实现个体独立及社会参与。[⑤] 自由主义女性主义强调女性应与男性享有均等的受教育机会，呼吁破除教育环境中对女性的刻板印象以及消除教师对学生的性别歧视行为。[⑥] 在此基础上，激进主义女性主义对教育领域两性不

① S. R. Lucas, "Effectively Maintained Inequality: Education Transitions, Track Mobility, and Social Background Effects," *American Journal of Sociology*, 2001, 106 (6): 1642-1690.

② Y. Luo, F. Guo, & R. Li, "Gender Equality and Expansion of Higher Education: Testing Effectively Maintained Inequality Theory Against the Case of China," *International Journal of Educational Research*, 2021, 110: 101855.

③ 刘精明：《高等教育扩展与入学机会差异：1978~2003》，《社会》2006 年第 3 期，第 158~179 页。

④ D. Ou & Y. Hou, "Bigger Pie, Bigger Slice? The Impact of Higher Education Expansion on Educational Opportunity in China," *Research in Higher Education*, 2019, 60 (3): 358-391.

⑤ M. Wollstonecraft & D. M. G. Fawcett, *A Vindication of the Rights of Woman: With Strictures on Political and Moral Subjects*, http://www.kaley-bradley.com/McDaniel/courses/spring_2009/GW2/TheRightsofWoman.pdf.

⑥ 杨艳梅：《论西方女性主义理论的教育观》，《连云港师范高等专科学校学报》2010 年第 1 期，第 42~45 页。

平等的原因进行了进一步的探究，认为包括受教育在内的女性在现实生活中遭遇的一系列不平等问题实质上都是政治问题，这是由父权制所构建的"男性主导、女性从属"的性别角色导致的，因此激进主义女性主义者在知识生产层面批判男性垄断及其对女性的文化压迫，在学校教育层面反对不合理的性别权力关系，即教师对女学生的歧视性（如更少关注）甚至是伤害性（如性骚扰）行为。[①] 此外，女性主义在教育公平问题上的投射还关乎教育与社会、家庭之间的关联，这是社会主义女性主义所探讨的重要课题之一。社会主义女性主义认为两性不平等从根本上说是由物质经济地位的差距造成的，想要弥合这种差距就要赋予女性与男性平等的就业权，实现男女同工同酬。然而当时的学校教育落于性别刻板印象的窠臼，对男女实行区别培养（男性学习更高级的科学、管理技术等，女性学习基础工作技能），这进一步固化了男性在劳动力市场的优势及其在家庭中的主导地位。[②] 从上述主要的女性主义理论中可以看出，教育始终与女性发展密切相连，教育一方面成就女性的自我认知和理性力量，另一方面给予女性广泛参与社会生活的意志和能力。这些理论的侧重点虽有所不同，但它们共同指向了对女性个体及群体价值的再解读与再评估，同时也启发我们深入思考如何让教育惠及更多的女性，启迪她们的自我认知，挖掘她们的内在潜能，为女性营造更加公平的社会环境，使女性力量在私人和公共生活领域都得到更有效、更充分的施展。

女性主义虽在西方话语体系中得到了更广泛深入的讨论，但性别问题绝非西方所独有，其在中国及中国高等教育发展的背景下具有独特性。和许多西方国家一样，中国经历了漫长的父系男权社会，儒家思想对女性的贬损与禁锢使女性长期处于男性的从属地位。儒学经典《周易》以"阴阳"描绘男女的生理特征，男为阳，女为阴，阳为刚，阴为柔；又以"天地"喻指男女的地位差异，男为天，女为地，天为尊，地为卑。中国古代女性的思想

---

① 杨艳梅：《论西方女性主义理论的教育观》，《连云港师范高等专科学校学报》2010 年第 1 期，第 42~45 页。

② 陈雨亭、黄志成：《西方主要女性主义理论派别的教育思想概论》，《江西教育科研》2007 年第 10 期，第 12~16 页。

妇女教育蓝皮书

囿于三纲五常、三从四德的伦理准绳，其身体受到缠足等不良习俗的戕害，心理和生理的双重压迫造成了女性主体意识的丧失，也将她们隔绝于一切社会公共活动之外，而受教育更是专属于男性的特权。直至近代，鸦片战争后，西方人开始在华办学传教，开设了教会女子学校，其中部分发展为后来的女子大学，这标志着中国正规女子高等教育的开端。随着西方文化的传播，受到西学东渐、洋务运动、明治维新、五四运动等的推动，越来越多的进步人士认识到女性教育的重要性。1912 年，中华民国政府颁布壬子癸丑学制，女性的高等教育权正式在法律和制度上得到认可；1919 年，中国近代第一所公立女子高等教育机构——北京女子高等师范学校成立，并于1920 年开始正式招生。[1] 到 1949 年新中国成立，女性已经占到了大学生群体总数的 19.8%。[2]

随着新中国社会主义制度的建立，高等教育规模不断扩大，尤其是来自工农阶级家庭大学生的比例从 1950 年的 19.1% 猛升至 1965 年的 64.6%，这在很大程度上体现了社会主义制度在阶级层面对教育公平所起的推动作用；但与此同时，制度的优越性并没有在性别层面有所体现，女大学生的比例在这一时段基本稳定在 20%~30%。[3] 反而到了"文化大革命"时期，虽然高等教育发展总体处于停滞状态，但在"男女平等""女人能顶半边天"等观念的推动下，女大学生的比例呈现了增长趋势，到 1976 年已达 33.0%。[4] "文化大革命"结束后，百废待兴，人才大量短缺，我国通过发展民办高校、增收学费等方式不断推动高等教育的发展，并于 1999 年正式推行大学扩招计划，这不仅使来自不同家庭背景的数百万学子得以接受高等教育，更

① 李攀科：《我国女性高等教育的发展历程——从文化变迁的视角》，《文教资料》2006 年第 18 期，第 17~18 页。
② Y. Luo, F. Guo, & R. Li, "Gender Equality and Expansion of Higher Education: Testing Effectively Maintained Inequality Theory Against the Case of China," *International Journal of Educational Research*, 2021, 110: 101855.
③ Y. Luo, F. Guo, & R. Li, "Gender Equality and Expansion of Higher Education: Testing Effectively Maintained Inequality Theory Against the Case of China," *International Journal of Educational Research*, 2021, 110: 101855.
④ 《1976 教育统计年鉴》，http://lib.jssnu.edu.cn/2019/0613/c2860a26373/page.htm。

044

有效促进了入学机会层面的男女平等。2009 年，我国女大学生比例第一次超过男性，达到 50.48%[1]；2010 年，全国女硕士研究生比例第一次超过男性，达到 50.36%[2]；女博士研究生的比例虽然始终低于男性，但已从 2008 年的 34.7%[3]上升至 2020 年的 43.23%[4]。除了数量上的增长，女性在学业表现上也越发强劲：根据《校友会 2017 中国高考状元调查报告》，1977～2016 年所有的高考状元中，男性占 56.22%，女性占 43.78%；但值得注意的是，2007～2016 年的数据显示，女状元比例上升至 53.41%，男状元占46.59%。[5] 按文理分科来看，文科状元中女性比例始终高于男性，且优势越来越明显，2007 年文科女状元的数量已超过男状元的三倍；而在所谓男生更占优势的理科，1999 年男状元以 86.11%处于绝对的领先地位，但到 2007 年已下降至 53.06%。[6] 另外，在被誉为"全球本科生诺贝尔奖"的罗德奖学金评选中，中国的女性获奖者为 7 人，男性为 5 人；而在很多大学的校级奖学金评选和研究生推免中，女生的表现也优于男生。[7] 女性在高等教育中规模的扩大和优秀的表现无疑体现了我国两性愈加平等的发展趋势，标志着社会的进步。同时，我们更要看到这一进步背后的政策力量，女性发展离不开国家给予的重视、支持和引导，性别公平在中国不仅仅是一个社会问题，也是文化问题、政策问题。

然而，在看到成就的同时，也要意识到我国仍存在许多与高等教育相关的性别不公平问题值得重视和反思，其中最重要的是毕业生就业问题。一项 2018 年的毕业生调查显示，女大学生比男大学生面临更大的求职困难：从求

① 中华人民共和国教育部发展规划司编《中国教育统计年鉴（2009）》，人民教育出版社，2010。
② 中华人民共和国教育部发展规划司编《中国教育统计年鉴（2010）》，人民教育出版社，2011。
③ 中华人民共和国教育部发展规划司编《中国教育统计年鉴（2008）》，人民教育出版社，2009。
④ 中华人民共和国教育部发展规划司编《中国教育统计年鉴（2020）》，中国统计出版社，2021。
⑤ 《中国文理科状元性别构成一览表》，http://edu.sina.com.cn/gaokao/2008-06-05/0104 143723.shtml，2008 年 6 月 5 日。
⑥ 《中国文理科状元性别构成一览表》，http://edu.sina.com.cn/gaokao/2008-06-05/0104 143723.shtml，2008 年 6 月 5 日。
⑦ 中国青年报：《女大学生群体"学术崛起"背后是平等的学术氛围》，https://m.gmw.cn/baijia/2018-04/09/28254340.html#verision=b400967d，2018 年 4 月 9 日。

职时间来看，有 43.25% 的男生在 1 个月内找到了工作，而女生的比例只有 23.65%，女生的求职时间远高于男生；从平均薪资来看，本科学历男生平均薪资为 5289 元/月，女生为 4978 元/月，硕士研究生中男生平均薪资为 7483 元/月，女生为 6987 元/月，博士研究生中男生平均薪资为 12089 元/月，女生为 10085 元/月，呈现学历越高薪资性别差异越明显的状况；从毕业走向来看，选择考研的女生的比例（36.71%）高出男生（26.34%）10.37 个百分点，考公务员或事业单位的女生的比例（14.85%）高出男生（8.28%）6.57 个百分点，而选择创业的男生（6.34%）远多于女生（1.35%），毕业走向也反映出男女面临择业时着重考虑的不同因素，男生更看重薪酬福利，而女生更看重晋升空间，男生更青睐有趣味、高挑战的工作，而女生更追求工作的稳定性。[①] 女性在职场中的不利处境一方面敦促国家在法律法规层面保护女性的合法权益，在政策层面调节婚育等家庭责任对女性职业发展的冲击，另一方面也启示我们再度追溯和审视高等教育领域两性公平所取得的进步是否具有绝对意义，高学历女性群体规模的扩张究竟是女性追求自我提升的理智之选还是迫于就业压力的缓兵之计？在我国，关于女性高层次人才的讨论已逾十年，2009 年时任全国妇联主席陈至立主持召开座谈会深入探讨了"5%"现象，即在我国各类杰出人才（院士、社会科学家、企业家、政治家等）中，女性的比例均不到 5%，可见虽然我国女性人才队伍在不断发展壮大，但是在杰出人才队伍中男性仍占据绝对优势。对此，国家出台了一系列支持女性高层次人才成长的政策，涵盖建设女性科技人才队伍、扶植女性科研人员、培养中央企业女性领导、提高女性国家和社会事务管理与决策参与度等多个方面。然而，根据 2019 年底世界经济论坛发布的《2020 全球性别差异报告》，中国虽然在"健康与生存"和"受教育程度"方面基本实现了男女平等，但在"经济参与和机会"以及"政治赋权"两个指标上分别显现出较为明显和极度明显的男性优势，而且中国在这两方面的排名分别从 2006 年

---

① 梧桐果校园招聘：《2018 毕业生男女就业现状分析：学历越高性别薪资差异越明显》，https：//baijiahao.baidu.com/s? id=1606315566290267276&wfr=spider&for=pc，2018 年 7 月 18 日。

的世界第 53 名和 52 名下降到了 2019 年的第 91 名和 95 名。[①] 可见，女性受教育程度的提高在很大程度上未能有效弥补其在社会政治经济生活参与中的劣势，这启发我们进一步深入探究中国进入高等教育普及化阶段后女大学生真实的学习经历和结果，思考如何帮助她们实现教育收获的最大化。

在中国学界，针对女大学生的研究已经取得了不少成果。已有研究的关注点主要集中于两个方面：一是高等教育的入口端，即从入学机会公平的角度探讨接受高等教育人群的性别差异，对不同类型高校女大学生入学机会进行分析和比较[②]，对女大学生高等教育层次和专业领域开展多维分析[③]，并进一步细化女大学生群体的内部异质性，从社会学的视角阐释高等教育扩张对农村女性入学机会的影响等[④]；二是高等教育的出口端，即聚焦女大学生的就业选择与职业发展困境，研究女大学生的就业倾向和影响因素[⑤]，对性别、家庭出身等先赋因素对大学生就业的影响进行效应检验等[⑥]。另外，近年来性别差异对大学生学业表现的影响也成为学术研究的重点，而相关研究的发现呈现多样化趋势。既有研究表明，男女大学生在学习成绩上没有明显差异[⑦]；也有学者认为，不同性别大学生的学业表现受到家庭背景、年级等因素的综合影响，农村男性在高年级时往往展示出较大的后发优势[⑧]。此

---

① 《采访 | 〈2020 全球性别差异报告〉发布，职场性别差距在扩大，女性该如何破局?》，https：//www.sohu.com/a/361762089_ 120052166，2019 年 12 月 20 日。

② 谢作栩、王蔚虹、陈小伟：《我国女性高等教育入学机会的城乡差异研究——基于不同类型高校的分析》，《中国地质大学学报》（社会科学版）2008 年第 6 期，第 78~82 页。

③ 王伟宜、李洁：《高等教育入学机会性别差异的多维分析》，《教育研究》2015 年第 8 期，第 54~60 页。

④ 李春玲：《高等教育扩张与教育机会不平等——高校扩招的平等化效应考查》，《社会学研究》2010 年第 3 期，第 82~113 页。

⑤ 郑育琛、武毅英：《农村女大学生就业选择中的精英情结与社会排斥——一个典型的个案研究》，《教育学术月刊》2015 年第 5 期，第 70~74 页。

⑥ X. Tong & Y. Su, "Gender Segregation in the Process of College Student Job Seeking," *Chinese Education & Society*, 2010, 43 (5): 90~107.

⑦ 文东茅：《我国高等教育机会、学业及就业的性别比较》，《清华大学教育研究》2005 年第 5 期，第 16~21 页。

⑧ 梁耀明、何勤英：《大学生学业表现性别差异研究》，《中国成人教育》2017 年第 6 期，第 55~59 页。

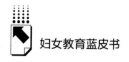
外，已有研究还从内在因素（如行为习惯、教育动机等）和外在因素（如家庭资源、教师性别、刻板印象等）等层面分析了不同性别学生学业表现差异的原因。

既有研究成果一方面从教育起点和终点两个端口呈现了我国女大学生接受高等教育的情况，另一方面为解读性别等先赋因素对教育收获的影响带来启示，但这一研究领域仍有很大的继续深入探索的空间。首先，对女大学生的研究忽略了教育过程这一重要环节，未能具体描绘女大学生多维度的学习经历；其次，在对教育收获的测量上，以往测量工具大多比较单一，以学业表现为主，且多为社会背景类的普查问卷，缺乏有严谨结构和验证的分析框架。为弥补既有研究的不足，本报告运用清华大学"中国大学生学习与发展追踪研究"（CCSS）项目多年来对全国大学生进行学情调查的累积数据，借助项目所构建的综合诊断、教育过程诊断、学习诊断体系中的重要指标具体描述女大学生的学习经历及其自我汇报的教育收获，在进行男女对比和女大学生群体内部异质性挖掘的基础上，对所凸显问题的相关原因和影响因素进行分析，并针对问题提出改进建议。

二 现状：我国高校女大学生在校学习体验与收获状况

探究男女大学生的总体规模和分布情况，我们对比了 CCSS 2011 年、2015 年和 2019 年的数据，发现参与院校整体上男女比例逐渐趋于均衡，国家双一流大学建设高校中的女生、理工科女生、农业户口女生在全体学生样本中的占比仍然较低。

针对学习过程，我们基于 CCSS 2019 年的数据，从学业成绩（GPA）、五大综合诊断指标、教育过程诊断指标和学习诊断指标等多个层面分析了当代女大学生的特点。其中，五大综合诊断指标包含学业挑战度、主动合作学习水平、生师互动水平、教育经验丰富度、校园环境支持度（指标含义详见表1）五个维度。在 CCSS 调查问卷中，这五大综合诊断指标反映了学生在学期间与老师、同学、院校资源等多方主体的互动，从而基于整体情况来衡量大学生在学期间的学习性投入。教育过程诊断指标涉及学生自我汇报的课内/课外学习行为、自我汇报的教育收获、在校满意度等方面表现。学习诊断指标则更具体地反映学生在高阶认知行为、学习策略与多元学习等方面的情况。

据此，我们发现，在五大综合诊断指标上，女生除了"生师互动水平"方面平均得分显著低于男生以外，在其他四个指标上平均得分均高于男生。男女生在教育过程诊断指标上的平均得分显示，女大学生对在校满意度的诸多方面评价比男生低，自我汇报的教育收获也明显低于男生。在学习诊断指标方面，女大学生的课程学习投入更多，但高阶认知行为与多元学习不足。此外，我们还发现女大学生比男大学生面临更大的就业压力，农村女大学生的成长与发展需要得到更多的关注与支持。

表 1　本报告涉及的指标及其含义

指标类型	指标名称	指标含义
学业成绩	学业成绩	填写问卷时的上一学期,学生的平均 GPA(满分为 4.0)
五大综合诊断指标	学业挑战度	大学通过要求学生努力学习并对其学业成绩给予较高期待来提高其学习投入水平的程度
	主动合作学习水平	学生主动参与学习并对其所学进行思考,积极与他人合作解决问题或一起学习艰深内容的程度
	生师互动水平	学生在课堂内外与教师交流学业和个人发展情况,与教师一起参与科研、社团活动等的频率
	教育经验丰富度	与正式课程相互补充、多元化的、能够促进学生学习和发展的课堂外学习机会的丰富程度
	校园环境支持度	学生所感受到的学校为帮助其成功而营造的积极校园环境及所提供的物质和精神方面的支持和帮助程度
教育过程诊断指标	课程学习行为	学生在课程学习中的行为表现和投入程度
	课程外拓展性学习行为	学生投入课程外学习活动的程度
	支持性环境	学生所感受到的学校对其自我发展以及在学业和就业方面取得成功所提供的支持性政策和措施

续表

指标类型	指标名称	指标含义
教育过程诊断指标	自我汇报的教育收获	学生自我感知到的在知识、能力、价值观等方面的提升程度
	就业力	个体经过学习而具备的获得工作、保持工作以及职业成功的能力
	在校满意度	学生对其就读经历(如校园硬件环境、校园氛围和就读经验等)的满意程度
学习诊断指标	高阶学习	学生运用高层次认知能力进行学习的行为
	信息分析	学生根据特定问题的需要,对信息进行甄别、分析和运用,并对其正确性以及根据该信息所得结论的有效性进行评价的学习行为
	接受式学习	学生对现成且具有定论性的学习内容,通过认真听课、记笔记、课后复习等方式进行学习的行为
	探究式学习	学生对未直接呈现的学习内容,通过独立自主的探索和积极主动的思考,发现并形成自己的结论的行为
	反思性学习	学生通过对自身学习活动过程的反思来建构自己的学习内容和策略的行为
	整合性学习	学生对不同学科或课程的内容、生活经验、实际问题等进行融会贯通的学习方式
	合作性学习	学生与不同学习主体共同建构学习内容的活动或过程
	跨文化学习	学生与不同背景人群的互动学习
	在线学习	学生通过互联网在虚拟环境中学习的方式

1. 男女生规模总体趋于平衡,高水平院校女生、理工科女生、农村户口女生占比低

党的十八大以来,以习近平同志为核心的党中央将"坚持男女平等基本国策,保障妇女儿童合法权益"写入党的施政纲领,如前文所述,我国大学生群体的性别比例已趋于平衡,2009年后,女大学生数量已超过男大学生,这一趋势也在CCSS项目参与院校中有所体现。如图1所示,整体来看,项目参与院校的女生比例在2011年、2015年和2019年逐渐增大;到2019年已达52.73%。这说明我国高等教育扩招政策给予了更多女性接受高等教育的机会。

从不同院校类型来看,在国家一流大学建设高校中女生数量依旧少于男

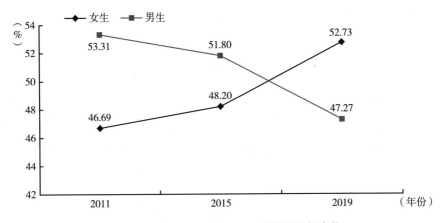

图 1　2011 年、2015 年、2019 年性别比例变化

资料来源：CCSS 2019 年数据，下同。

生，国家一流学科建设高校中男女比例基本持平，其他院校中女生占比达 57%（见图 2）。这表明虽然近年来女大学生群体规模在扩大，但相较于男生，女生进入高水平大学的概率依旧较低。

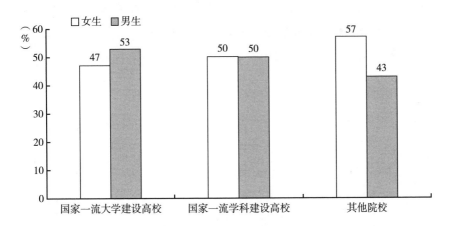

图 2　2019 年各类型院校中男女生比例

从城乡分布来看，农业户口女生占总参与院校学生人数的比例从 2011 年的 21.42% 上涨到 2019 年的 23.84%，涨幅为 11.3%；而非农业户口女生的比例则从 25.27% 上涨到 28.87%，涨幅为 14.2%（见图 3）。可以看出，

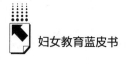

虽然农业户口女生在全体学生中占比有所上涨，但其涨幅低于非农业户口女生。

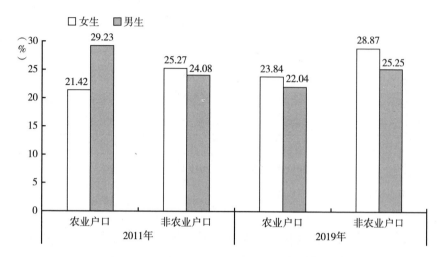

图3 2011年和2019年农业户口与非农业户口大学生中的男女比例

在专业选择方面，选择理工科，尤其是工科的女生数量较少。如图4所示，CCSS 2019的数据显示，虽然在所有参与院校中，有53.95%的学生选择了理工科专业，但从性别结构来看，男生依旧是选择理科和工科专业的主

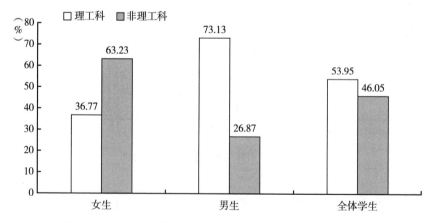

图4 2019年理工科学生在女生、男生和全体学生当中的比例

体。具体而言，理工科专业女生只占全部女生样本的36.77%；而理工科专业男生却占到了总体男生样本的73.13%。同时，如图5所示，在除工学外的所有其他学科中，女生占比均高于男生。

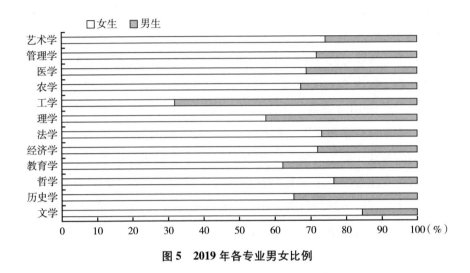

图5　2019年各专业男女比例

从2011年、2015年、2019年三年的变化情况来看，理工科女生的比例始终低于40%，且未显示出上升趋势（见图6）。对女生而言，比起理科和工科，她们更青睐文学、法学、艺术学、哲学等人文社科专业。

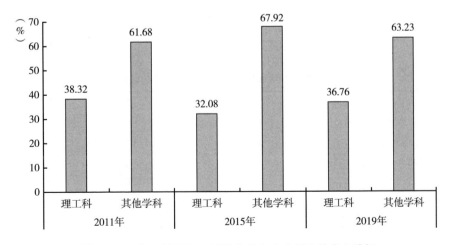

图6　2011年、2015年、2019年三年女大学生的专业选择

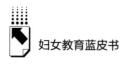

国务院印发的《中国妇女发展纲要（2021—2030年）》中"妇女与教育"的主要目标提出了"高校在校生中男女比例保持均衡，高等教育学科专业的性别结构逐步趋于平衡""大力培养女性科技人才，男女两性的科学素质水平差距不断缩小"的要求，以上数据佐证了这一发展目标的必要性。

2. 女生总体学习情况优于男生，但生师互动水平方面表现较弱

从学业成绩来看，在控制了院校类型、专业类型、户口和年级的情况下，女生的平均GPA要高于男生。从五大综合诊断指标来看，女生在学业挑战度、主动合作学习水平、教育经验丰富度和校园环境支持度上自我汇报结果的均值都高于男生，但在生师互动水平方面则显现出不足（见表2）。具体而言，女生更少与任课教师在课外讨论课程、作业、职业计划和人生观，更少参与任课教师的科研工作，而女生比男生更关注教师对考试和作业情况的及时反馈（见表3）。

表2　2019年五大综合诊断指标均值的性别差异

五大综合诊断指标	女生	男生	差异
生师互动水平	35.60	37.63	-2.03
学业挑战度	51.03	50.05	0.98
主动合作学习水平	53.93	53.32	0.61
教育经验丰富度	37.88	35.28	2.60
校园环境支持度	73.30	72.50	0.80

表3　2019年生师互动水平具体指标均值的性别差异

生师互动水平	女生	男生	差异
课外和任课教师讨论课程	38.29	40.37	-2.08
和任课教师讨论作业	38.32	38.88	-0.56
和任课教师讨论职业计划	34.67	37.07	-2.40
和任课教师讨论人生观	27.07	30.19	-3.12
和任课教师参与工作	30.37	32.44	-2.07
教师及时反馈考试和作业情况	75.15	74.65	0.50

这意味着 2019 年 CCSS 参与院校中的女生在总体学习性投入方面优于男生，但由于 CCSS 所建构的五大综合诊断指标较为宏观，关于女大学生具体学习表现的分析将在下面文本中呈现。

3. 女生课程学习投入高，高阶认知行为与多元学习不足

CCSS 2019 的数据显示，女生在课程学习行为这一指标上的平均得分比男生高 1.13，表明总体上女生在课程学习中的投入程度要高于男生。然而，深入具体的学习行为中，我们发现：比起男生，女生的课程学习行为集中于认真上课、做笔记、写作业、复习预习等学习行为上，而在向同学请教、与老师讨论、质疑老师的观点等行为上，女生则要弱于男生。

女生在学习策略和多元学习相关题项上的得分也呈现类似的情况：女生在接受式学习、探究式学习和合作性学习方面的平均得分均高于男生；在高阶认知能力-信息分析、反思性学习、整合性学习、跨文化学习方面得分更低（见表 4）。

同时，如上文所述，女生在"合作性学习"的综合指标上得分高于男生。然而分析具体题项可知：女生在"与其他同学合作完成任务"等层面平均得分显著优于男生，在"就课程内容向其他同学请教""帮助其他同学理解课程内容"等方面，女生弱于男生（见表 5）。

表 4　2019 年在学习诊断指标上均值的性别差异

学习诊断指标	女生	男生	差异
高阶认知能力-信息分析	47.49	50.66	-3.17
接受式学习	63.95	59.53	4.42
探究式学习	62.81	60.87	1.94
反思性学习	61.00	61.09	-0.09
整合性学习	56.62	56.63	-0.01
合作性学习	59.74	59.07	0.67
跨文化学习	41.34	42.97	-1.63

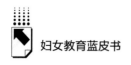

表5　2019年课程学习行为题项均值的性别差异

课程学习行为	女生	男生	差异
课堂上主动提问或参与讨论	41.94	42.18	-0.24
课堂上积极回答/思考	53.00	55.38	-2.38
在课堂上就研究主题做报告	42.67	41.54	1.13
与其他同学合作完成任务	68.66	64.44	4.22
就课程内容向其他同学请教	63.28	63.79	-0.51
帮助其他同学理解课程内容	52.33	53.48	-1.15
课前完成规定作业或阅读	67.68	65.63	2.05
课堂上质疑老师提出的观点	32.98	35.86	-2.88
课堂上有侧重地做笔记	68.75	58.55	10.20
课堂上专心致志听老师讲解	70.44	66.63	3.81
课后和同学讨论课程内容	54.67	54.56	0.11

由此可见，女大学生自我汇报的在老师所授课程内容上的学习投入要高于男生，但高阶认知能力和多元学习方面还有所不足。女大学生的学习优势更多地集中在课堂内容学习和完成老师布置的课堂学习任务上，她们擅长对知识进行深入学习，也能够针对课堂内容独立提出研究问题、广泛搜集并深入引证文献和数据，还能清晰地表达自己的看法；但是女大学生对自身学习过程的反思、对不同学科知识融会贯通、运用知识解决实际问题、与不同背景人群互动学习的能力还有所欠缺。

4.女大学生多项在校满意度具体指标低于男生，自我汇报的教育收获低

总体上，男女生在校满意度并无显著差异。具体来看，女大学生在就读期间对学习风气和学习氛围以及奖、助学金和助学贷款方面的满意度显著高于男生；在所学专业能帮助我过上满意生活、学习硬件和求职就业创业指导和支持上的平均得分显著低于男生（见表6）。这体现出院校营造了良好学习氛围，提供的各项奖学金、助学金和助学贷款在一定程度上满足了女大学生的切实需求，但在具体专业教育、学习硬件提供、求职就业指导方面给予女大学生的支持有所不足。

表6 2019年在校满意度具体指标的性别差异

在校满意度	女生	男生	差异
学习风气和学习氛围	66.40	64.24	2.16
奖、助学金和助学贷款	67.98	67.36	0.62
所学专业能帮助我过上满意生活	59.12	60.81	-1.69
学习硬件	66.18	66.99	-0.81
求职就业创业指导和支持	63.07	63.71	-0.64

同时，如表7所示，女生在自我汇报的教育收获各具体指标上都显著低于男生，具体包括广泛涉猎各个知识领域、深厚的专业知识与技能、良好的口头表达能力、良好的书面表达能力、熟练运用信息技术的能力、数字统计信息分析能力、批判性思维等各项能力，以及明晰个人人生观价值观、明确自己未来的发展规划（见表7）。

表7 2019年自我汇报的教育收获具体指标的性别差异

自我汇报的教育收获	女生	男生	差异
广泛涉猎各个知识领域	57.13	62.67	-5.54
深厚的专业知识与技能	57.82	61.33	-3.51
良好的口头表达能力	54.74	56.65	-1.91
良好的书面表达能力	53.58	54.99	-1.41
熟练运用信息技术的能力	56.96	62.21	-5.25
数字统计信息分析能力	52.47	59.11	-6.64
与他人有效合作	63.99	64.78	-0.79
灵活应变能力	61.14	64.35	-3.21
批判性思维	58.96	63.11	-4.15
解决现实中的复杂问题	56.78	60.36	-3.58
运用创新观点解决问题	55.22	59.64	-4.42
好奇心与想象力	58.91	61.95	-3.04
明晰个人人生观价值观	63.18	64.58	-1.40
明确自己未来的发展规划	60.43	61.39	-0.96

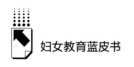

5.女大学生面临更大就业压力

尽管 CCSS 2019 的数据显示女大学生在学业成绩和学习过程的许多方面表现优于男生，但不少数据也反映出女生比男生面临更大的就业压力。

首先，女大学生投入课程外学习活动的程度显著高于男生，她们在课堂之外投入了大量的精力来从事与就业密切相关的活动。如表 8 所示，在实习、社区服务或志愿者、课程要求以外的语言学习、报考专业资格证书技能等级证书、辅修第二学位/专业和校内外兼职/打工等拓展性教育活动中，女生的参与比例都显著高于男生。但在与就业不直接相关的诸如向专业学术期刊/学术会议等投稿、和任课教师一起做研究等方面，女生的参与比例则低于男生。这体现出女生对于就业怀有更强烈的焦虑感，促使她们从事更多有助于丰富其履历的活动来向雇主证明自己的职业胜任力，而这也进一步反映出女性在劳动力市场中的弱势地位。

表8　2019 年参与拓展性教育活动的男女比例差异

拓展性教育活动	女生（%）	男生（%）	差异（个百分点）
实习	30.60	27.70	2.90
社会实践或调查	53.20	45.90	7.30
社区服务或志愿者	62.50	49.80	12.70
向专业学术期刊/学术会议等投稿	5.70	5.90	-0.20
参加学习社团	48.10	38.70	9.40
和任课教师一起做研究	18.60	18.70	-0.10
课程要求以外的语言学习	18.50	13.50	5.00
海外学习（短期或长期）	4.60	4.00	0.60
参加学术专业、创业或设计竞赛	24.01	23.01	1.00
报考专业资格证书技能等级证书	41.30	32.70	8.60
辅修第二学位/专业	6.80	4.70	2.10
校内外兼职/打工	42.50	33.40	9.10

此外，更加积极、多元的就业相关活动参与投入未能有效增强女大学生的就业信心。CCSS 2019 的数据显示：女生虽然比男生更加认可学习专业课

程有助于职业胜任力的提升，但她们对自我就业力的看法比男生消极。另外，女生更不认可院校为她们的就业所提供的指导与帮助，对求职就业、创业指导和支持的满意度更低（见表9）。但这有可能是因为当前就业市场中女性的弱势地位。在自我评估就业力时，虽然女生认可专业课程学习的价值，但是她们对于自己的就业前景缺乏信心，这可能是因为女生意识到其就业结果不完全由自身能力决定，而是会受到外部诸多复杂因素的影响。

表 9　2019 年就业相关题项均值的性别差异

就业相关题项	女生	男生	差异
院校注意为就业提供指导与帮助	74.48	74.65	−0.17
对求职就业、创业指导和支持的满意度	63.07	63.71	−0.64
专业课程提升职业胜任力	63.30	62.04	1.26
对自我就业力的看法	53.97	58.48	−4.51

就毕业意向而言，根据 CCSS 2015 和 CCSS 2019 的数据，在 2015 年，有 67.59% 的女生和 71.94% 的男生表示自己毕业后想直接就业或创业，而到了 2019 年，只剩 41.99% 的女生和 45.41% 的男生有此意向（见图7）。可见总体上本科生毕业后直接进入职场的意愿下降，但男生比例依旧高于女生。这一方面反映了近年来我国劳动力市场发生的变化使大学生就业难问题日益突出；另一方面也体现出更多女大学生本科毕业后希望选择继续读书、深造可能并非完全出于对学术的追求，而是由于就业市场对女性更加不友好，使得她们需要通过获得更高的学历、发展更多的能力来弥补自己在就业市场中的弱势。

国务院印发的《中国妇女发展纲要（2021—2030 年）》中"妇女与经济"部分提出：要进一步"促进女大学生就业创业，加强职业生涯规划指导服务，引导女大学生树立正确的择业就业观，提升就业能力"。上述数据体现出的女大学生面临的就业压力以及院校对她们就业能力提升方面帮助与支持的不足也进一步佐证了该措施的必要性和紧迫性。

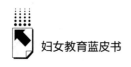

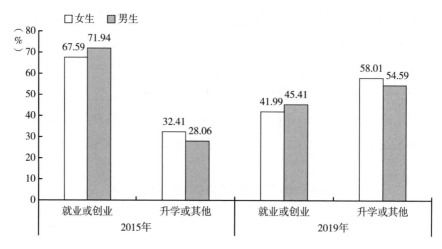

图 7　2015 年和 2019 年学生毕业意向及性别差异

6. 农业户口女大学生的成长与发展相对弱势

2021 年国务院印发的《中国妇女发展纲要（2021—2030 年）》指出：要"统筹推进城乡、区域、群体之间妇女的均衡发展，协调推进妇女在各领域的全面发展"。因此，本报告还关注到了女大学生内部不同群体之间的差异。CCSS 2019 的数据表明，农业户口的女大学生在多项指标上表现不尽如人意。

首先，如图 8 所示，从农业户口女大学生的分布来看：进入国家一流大学建设高校的农业户口女大学生仅占所有农业户口女大学生的 7.13%，在国家一流学科建设高校中占比为 38.65%，而在其他院校中占比为 54.22%。相较于非农业户口女生，农业户口女生进入高水平大学的比例更低。同时，图 9 展现了不同户口女生中家庭第一代大学生（以下简称"第一代大学生"）的分布比例。如图 9 所示，在所有农业户口女生中，第一代大学生占比高达 93.21%，而非农业户口女生中第一代大学生仅占 42.57%。这些数据都进一步体现了城乡差异所导致的女性群体内部发展不均衡的问题。

从五大综合诊断指标来看，农业户口女大学生除了在"校园环境支持度"上并未和非农业户口女大学生的得分产生显著差异，在其他四项指标

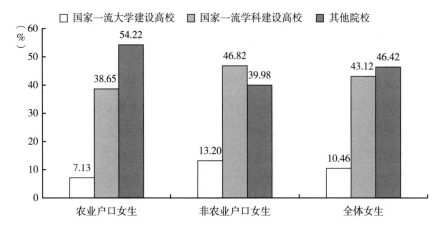

图 8　2019 年不同户口女大学生进入各类型院校的分布比例

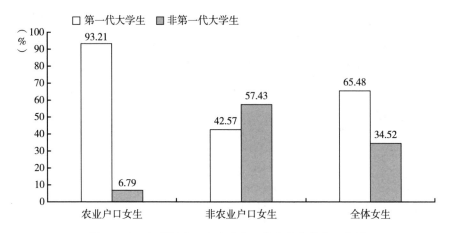

图 9　2019 年不同户口女生中第一代大学生的分布比例

上平均得分均显著低于非农业户口女大学生。在教育过程诊断指标、学习诊断指标所呈现的整体情况方面，农业户口女大学生也表现出了显著的弱势。然而，值得一提的是农业户口女大学生也并非在所有题项上的得分均低于非农业户口女大学生：在"支持性环境"和"教师反馈"方面，她们的得分反而显著更高——比起非农业户口女大学生，农业户口女大学生更强烈地感受到了学校和老师为其发展所提供的支持（见表 10）。

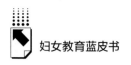

表10　2019年不同户口女大学生在部分重要指标均值上的差异

指标	农业户口女大学生	非农业户口女大学生	差异
学业挑战度	50.32	51.63	-1.31
主动合作学习水平	52.14	55.43	-3.29
生师互动水平	34.82	36.26	-1.44
教育经验丰富度	36.59	38.95	-2.36
支持性环境	74.50	73.95	0.55
教师反馈	64.48	63.97	0.51

最后，从毕业意向来看，农业户口女大学生的升学意愿低于非农业户口女大学生。如图10所示，在2019年参与CCSS调查的女生中，农业户口女大学生愿意毕业后继续读书的比例为41.23%，要低于非农业户口女大学生的58.83%。结合前文所述，农业户口女大学生的低升学意向可能是由于她们就学期间学业表现相对较弱，使得她们在升学方面处于劣势，只能直接进入劳动力市场。CCSS的数据并未追踪学生毕业后的就业结果，但农业户口女大学生实际的就业情况和职业发展值得进一步关注。

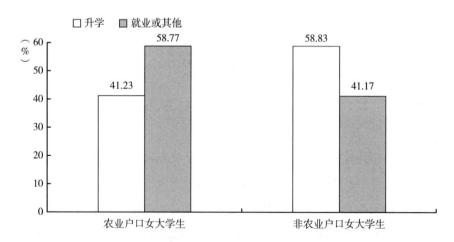

图10　2019年不同户口女大学生的毕业意向

三 究因：影响女大学生学习与发展相关因素分析

上一部分通过 CCSS 调查数据展示了参与院校男女生总体规模的变化，具体描述了基于城乡、院校类型、专业等的男女分布变化情况，深入分析了女大学生在接受高等教育过程中的学习特点及其自我汇报的教育收获。本部分将基于国内外已有相关研究发现和我国特有环境对本研究涉及问题进行究因分析。

1.适应考评规则、谨慎选择学习路径、积极应对困难造就女大学生学业成绩优势

根据前文数据分析结果，女生在学业成绩上显著优于男生，而在生师互动水平得分上显著低于男生。我们进一步对女生群体内部展开分析，发现城镇与农村女生学业成绩均显著优于男生，国家一流大学建设高校、国家一流学科建设高校和地方本科院校也普遍存在女生学业成绩显著优于男生的情况（见表 11）。

大量国内实证研究同样表明，女生的学业成绩普遍好于男生。[①] 已有文献主要从两方面对这一现象进行解释，一方面是女生对环境的适应能力更强，而学校授予的知识是社会意识的产物，考核拥有相对清晰稳定的标准，女生在这种标准化考试中适应良好。[②] 这一观点也被用来解释女生在中小学考试和公务员考试等职业考试中的较优表现。另一方面是女生相较于男生更加"稳重周全"，在选课、学习、作业、考试等各环节都更加谨慎细致，尽量避免出现挂科等"极端不利"的情况。与此并存的是女生面对高挑战性学习活动同样偏于谨慎保守，她们更少选择竞赛、科研等不确定性强的活动，而把主要精力放在争取稳定而有竞争力的课程成绩上，从而在现有的评

---

① 文东茅：《我国高等教育机会、学业及就业的性别比较》，《清华大学教育研究》2005 年第 5 期，第 16~21 页。

② 蔡蔚萍：《女性教育优势能否延续到劳动力市场——基于高考成绩、本科学业表现和就业情况的分析》，《当代青年研究》2016 年第 6 期，第 52~58 页。

价规则内为自己规划出一条比较平稳的发展路径。① 亦有部分实证研究提出，男女大学生在遇到学业困难时可能会有不同的应对方式。学业遇到困难的女生倾向于倾诉困难并求助他人，尝试逐步改进学习方法；男生则更有可能因心理压力而消极应对（如沉迷游戏），导致成绩进一步下滑，较难走出学业落后的困境，② 因而男生面临严重学业问题（如挂科、退学等）的人数更多，这使得男生整体的学业成绩落后于女生。

表 11　学业成绩的性别差异

变量	(1)	(2)	(3)
	GPA	GPA	GPA
国家一流学科建设高校(参照:国家一流大学建设高校)	-0.552 ***	-0.552 ***	-0.501 ***
	(-4.81)	(-4.81)	(-3.19)
地方本科院校	-2.750 ***	-2.752 ***	-2.617 ***
	(-23.46)	(-23.48)	(-16.18)
城镇(参照:农村)	0.223 ***	0.335 ***	0.221 ***
	(3.26)	(3.42)	(3.23)
女(参照:男)	3.006 ***		
	(40.63)		
男×农村		0.000	
		(.)	
男×城镇		0.000	
		(.)	
女×农村		3.124 ***	
		(29.98)	
女×城镇		2.907 ***	
		(30.04)	
男×国家一流大学建设高校			0.000
			(.)

---

① 丁洁琼、谢心怡：《遵从与突围：女性在精英大学的学业表现与教育经历》，《中华女子学院学报》2020 年第 1 期，第 52~59 页。

② 樊晓翠：《大连市高校男生网络沉迷者体质健康的调查分析》，硕士学位论文，辽宁师范大学，2014。

续表

变量	(1)	(2)	(3)
	GPA	GPA	GPA
男×国家一流学科建设高校			0.000
			(.)
男×地方本科院校			0.000
			(.)
女×国家一流大学建设高校			3.172 ***
			(15.32)
女×国家一流学科建设高校			3.058 ***
			(29.21)
女×地方本科院校			2.906 ***
			(26.82)
其他控制变量	Yes	Yes	Yes
常数项	79.933 ***	79.873 ***	79.860 ***
	(411.00)	(403.75)	(373.64)
样本量	67602	67602	67602
R^2	0.064	0.064	0.064

*** $p<0.01$。

2. 隐性性别歧视、异性生师避嫌、情感表达式沟通习惯、劣势家庭文化资本阻碍女大学生生师互动

对生师互动水平得分进行女性群体内部异质性分析，我们发现城镇与农村女生生师互动水平得分均显著低于男生，其中农村女生劣势尤为明显。国家一流大学建设高校、国家一流学科建设高校和地方本科院校中女生生师互动水平得分均显著低于男生，其中地方本科院校女生相较于其他两类院校性别劣势更明显（见表12）。

根据国内外相关研究，生师互动显著影响学生的学业成就，既包括学业表现、知识获得等短期学业成就，也包括学术动机、职业准备等长期学业成就。[1]

---

[1] Y. K. Kim & L. J. Sax, "Student-faculty Interaction in Research Universities: Differences by Student Gender, Race, Social Class, and First-generation Status," *Research in Higher Education*, 2009, 50 (5): 437–459.

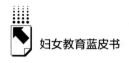

国外相关学者研究表明，课堂外的生师互动有利于培养男生的认知技能和女生的人际交往能力。生师互动发生在教师和学生之间，内容经常是学术讨论、职业计划、生活情况等，交流方式更严肃。国内外都有相关实证研究得出类似发现，认为男生生师互动频率高于女生[①]，国外的相关研究将其归因为隐性性别歧视。Hall 和 Sandler 提出了教育中的"寒冷环境"（chilly climate）概念以指代教育中的性别歧视，包括生师互动中老师与男生有更多眼神接触、给男生更多回答问题时间、贬低女生智力和专业成就等。[②] 另一种可能的解释是大学中男性学者的人数远多于女性，而男性教师倾向于与男学生进行非正式的生师互动，甚至会与女生在课堂外保持一定距离，这种倾向也导致了女生与教师互动的频率较低。此外，亦有研究认为人际交流内容存在性别差异。男性由于其工具性特质，在人际交流中倾向于谈论具体事务，在生师互动中可能表现为谈论具体学习问题、交流职业计划等；而女性则由于其表达性特质，在人际交流中倾向于交流情绪感受而非具体事务，这种沟通往往发生在生生互动而非生师互动之中（女生尤其较少与异性教师谈论感受类话题）。[③] 尽管生师互动的频率较低，但相当多研究表明女生对同龄朋友的情感依赖更深。[④] 女生与同龄朋友的人际和谐性和交往互助性高于男生，呈现"亲密但多冲突"的特点。

此外，家庭文化资本雄厚的学生对生师互动的意义价值有更明确的认知，并在交流中倾向于与教师探讨价值观和职业计划等更广泛的话题，也能更自信地与教师平等互信地交流。相较而言，家庭文化背景处于弱势的学生缺乏与上位者平等对话的经验，与教师互动频率更低，互动内容也更

① 徐丹、戴文静、刘声涛：《不同类型生师互动及其对本科生学习效果的影响研究》，《重庆高教研究》2021 年第 5 期，第 82~94 页。
② R. M. Hall, & B. R. Sandler, "The Classroom Climate: A Chilly One for Women?" Project on the Status and Education of Women. Washington, DC: Association of American Colleges. 1982.
③ 刘电芝、黄会欣、贾凤芹、龚茜、黄顾、李霞：《新编大学生性别角色量表揭示性别角色变迁》，《心理学报》2011 年第 6 期，第 639~649 页。
④ 张艳梅：《女大学生宿舍人际关系冲突研究——基于对 15 名大学生的深度访谈》，硕士学位论文，中国青年政治学院，2012。

多围绕具体的知识性内容展开，这一现象在家庭背景处于弱势的女生身上更明显。① 国内亦有相关研究指出，尽管在参与频率上显著较低，农村大学生从生师互动中获益要显著高于城镇大学生，生师互动带来的收益在一定程度上弥补了农村大学生原生文化资本和社会资本的不足。②

表 12　生师互动水平得分的性别差异

变量	（1）生师互动水平	（2）生师互动水平	（3）生师互动水平
国家一流学科建设高校（参照：国家一流大学建设高校）	-0.579 ** (-2.34)	-0.573 ** (-2.32)	-0.234 (-0.69)
地方本科院校	1.480 *** (5.87)	1.499 *** (5.94)	2.405 *** (6.88)
城镇（参照:农村）	1.369 *** (9.08)	0.798 *** (3.70)	1.354 *** (8.97)
女（参照:男）	-2.211 *** (-13.56)		
男×农村		0.000 (.)	
男×城镇		0.000 (.)	
女×农村		-2.813 *** (-12.25)	
女×城镇		-1.708 *** (-8.01)	
男×国家一流大学建设高校			0.000 (.)
男×国家一流学科建设高校			0.000 (.)
男×地方本科院校			0.000 (.)

① E. D. Cohen, "Gendered Styles of Student-faculty Interaction Among College Students," *Social Science Research*, 2018, 75: 117-129.
② 徐丹、戴文静、刘声涛：《研究型大学生师互动对学业成就的影响：是否因学生背景特征而异》，《大学教育科学》2020年第2期，第119~127页。

续表

变量	(1) 生师互动水平	(2) 生师互动水平	(3) 生师互动水平
女×国家一流大学建设高校			-1.087^{**}
			(-2.46)
女×国家一流学科建设高校			-1.838^{***}
			(-7.94)
女×地方本科院校			-2.926^{***}
			(-12.22)
其他控制变量	Yes	Yes	Yes
常数项	32.888^{***}	33.187^{***}	32.393^{***}
	(77.54)	(76.89)	(69.64)
样本量	68211	68211	68211
R^2	0.091	0.091	0.091

$^{***}p<0.01$, $^{**}p<0.05$。

3. 传统性别气质、父母教养理念及方式影响女大学生课堂学习行为

我们对表 5 中课程学习行为的性别差异做进一步探究。对表 10 中女生得分较低的题项进行女性群体内部异质性分析，结果如表 13 所示。在课堂上主动提问或参与讨论、课堂上积极回答/思考、就课程内容向其他同学请教、帮助其他同学理解课程内容、课堂上质疑老师提出的观点 5 个题项上，家庭第一代女大学生与非第一代女大学生得分均显著低于男生。

部分国内研究将此解释为社会文化影响下女性的心理特征。受到传统性别观念的影响，一部分女性在人际交往中力图避免直接冲突，尤其对权威更可能表现出服从认可的态度。部分关于性别气质的心理学研究量表将"乐于冒险的""乐于表明立场的""攻击性的""好竞争的"等特质归为男性化特质，而将"温顺的""屈从的""富有同情心的"等特质归为女性化特质。① 尽管现代青年学生中具有双性化性别特质的学生数量相当可观，仍有

---

① 钱铭怡、张光健、罗珊红、张莘：《大学生性别角色量表（CSRI）的编制》，《心理学报》2000 年第 1 期，第 99~104 页。

不少大学生保留了较强的传统性别气质（国内实证研究的估算在 20%～30%）。具有传统性别气质的女生会倾向于选择保守沉默的课堂行为，尤其避免对老师、同学的直接挑战。家庭第一代女大学生面临性别和家庭文化资本的双重劣势，更加不愿冒险尝试主动性的课堂行为。国内部分关于家庭第一代女大学生的质性研究提及，第一代女大学生的家庭给予较少的具体行为指导，对女儿的要求经常是"听话就好"；她们在中学阶段也较多受到中年女性教师的影响，性格偏向沉稳踏实，对于主动打破常规、提出质疑等行为缺乏实际经验。①

如表 13 所示，在主动合作学习行为中非第一代大学生有显著优势。家庭的经济资本、文化资本、社会资本都会在一定程度上影响大学生的学习表现，这种影响可能是显性的、即时生效的（如帮助学生选择专业与课程、给予就业升学指导帮助等），也可能是隐性的、潜移默化的（如影响学生的学习行为、职业自我效能等）。关于父母受教育程度对女生教育经历与学习行为的影响机制，国内外已有相当丰富的研究成果。首先，父母受教育程度主要会影响父母对子女（尤其是女儿）的学习行为支持。受教育程度相对较高的父母普遍对子女有更高的学历要求，在子女青少年阶段会投入更多精力陪伴学习、投入更多金钱和时间进行课外拓展性学习发展。相较而言，受教育程度较低的父母中则有相当一部分选择"放养"，由于自身教育经历相对匮乏，对子女的学习行为给予的直接指导和间接支持相对较少。其次，受教育程度相对较高的父母对女儿的教育期望更高。接受高等教育的女性对性别平等的认同感更高，并更有可能在教育子女的过程中将性别平等的观念代际传递，从而鼓励女儿主动学习、自由探索学业和职业发展。② 此外，国外研究者还发现了家庭教育中的"同性别效应"，即父亲对儿子、母亲对女儿的影响程度较高，同时具有指导者和榜样的双重身份。母亲对于女儿来说是

---

① 张巧：《农村家庭第一代女大学生教育经历的叙事研究》，硕士学位论文，华中师范大学，2020。

② 黄超、吴愈晓：《中学生教育期望的性别差异：表现与成因》，《江苏社会科学》2016 年第 4 期，第 121～132 页。

最重要的人生榜样之一，受教育程度较高的母亲可能对女儿接受高等教育并主动学习以获得较好的学业表现有榜样作用。①

表13 课程学习行为的性别差异

变量	（1）课堂上主动提问或参与讨论	（2）课堂上积极回答/思考	（3）就课程内容向其他同学请教	（4）帮助其他同学理解课程内容	（5）课堂上质疑老师提出的观点
非第一代大学生	2.546 ***	2.290 ***	3.004 ***	2.771 ***	2.074 ***
	(8.89)	(7.97)	(10.05)	(9.08)	(6.99)
女×第一代大学生	−0.929 ***	−2.917 ***	−0.846 ***	−1.998 ***	−3.727 ***
	(−4.07)	(−12.75)	(−3.55)	(−8.23)	(−15.78)
女×非第一代大学生	−1.345 ***	−2.646 ***	−0.602 *	−1.004 ***	−2.928 ***
	(−4.20)	(−8.23)	(−1.80)	(−2.94)	(−8.82)
院校类型	2.088 ***	0.306 ***	−0.047	1.380 ***	0.907 ***
	(14.93)	(2.18)	(−0.32)	(9.26)	(6.26)
常数项	33.551 ***	52.973 ***	59.898 ***	44.164 ***	30.080 ***
	(66.23)	(104.22)	(113.28)	(81.83)	(57.30)
其他控制变量	Yes	Yes	Yes	Yes	Yes
样本量	67957	67837	67796	67779	67795
R^2	0.011	0.007	0.005	0.009	0.013

注：数字后 *** 代表 $p<0.01$，** 代表 $p<0.05$，括号内数字代表系数标准误。

4. 职场性别歧视造成女大学生就业困境，理工科女生处境尤为艰难

与女大学生优异的学业表现形成对比的是，在就业市场上"女大学生就业难"的困境依然存在，在理工科尤为严重。表14对比了各学科男女大学生的毕业计划，其中理工科女生选择直接工作的比例最低，选择国内、国外升学的比例均为四类学生中最高。非理工科女生选择国内工作的比例为43.0%，高于理工科女生的34.1%。因此，这种主动选择升学的行为不能仅仅解释为女生在考研等应试教育活动中的优势，而是与就业市场对女性的性

① M. C. Pizzorno, A. Benozzo, A. Fina, S. Sabato, & M. Scopesi, "Parent-child Career Construction: A Narrative Study from a Gender Perspective," *Journal of Vocational Behavior*, 2014, 84 (3): 420-430.

别歧视密切相关。在传统性别文化的影响下，雇主可能在直接与间接的互动交往中自动识别出对不同性别的不同职业期望。理工科本身具有实践性强、操作性强的特点，在性别刻板印象中更适合男性。此外，许多理工科专业对应的技术性岗位对工作年限的连续性要求较高，而女性因家庭因素（生育、哺乳等）暂时中断工作的可能性较高，因此雇主在招聘理工科学生时倾向于招收男生。这种就业市场上客观存在的性别歧视可能会影响理工科女大学生的职业规划。

表14　各学科男女大学生毕业计划比较

单位：%

学生类型	国内工作	国外工作	国内升学	国外升学	创业	尚无明确计划
理工科男生	39.8	1.1	42.8	5.4	2.4	8.4
理工科女生	34.1	0.6	49.6	7.7	1.0	7.0
非理工科男生	49.7	1.1	31.4	5.6	4.1	8.1
非理工科女生	43.0	0.9	39.6	7.6	1.7	7.2

目前国内教育学、社会学学者对女性就业问题开展的许多研究表明，女大学生就业难不是难在就业率等"数量"指标上，而是难在就业岗位、就业薪酬等"质量"指标上。[①] 在竞争重点本科毕业生所青睐的就业岗位时，女性毕业生的竞争力明显低于男性毕业生。根据多项毕业生起薪相关的实证研究结果，女性毕业生平均起薪普遍低于男性毕业生，在地方本科院校毕业生中这一现象尤为明显。[②] 劳动力市场上客观存在的性别歧视现象与女性更优的应试教育能力共同推动了女性更努力地追求更高的学历和名牌大学的文凭，以在和同龄男性的竞争中摆脱不利地位。

理工科女生尤其面临较严重的就业困境。一方面，理工科在传统性别观念中被认为是典型的"男性领域"，在理工科表现突出的女孩会被认为与其

---

① 余秀兰：《认同与容忍：女大学生就业歧视的再生与强化》，《高等教育研究》2011年第9期，第76~84页。

② 岳昌君：《高等教育与就业的性别比较》，《清华大学教育研究》2010年第6期，第74~81页。

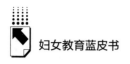
性别角色期待相冲突；另一方面，就职于体制外的女性经常因为生育而面临"女性早退现象"。企业老板为规避法律风险不会直接解雇孕期女员工，但会通过不利于怀孕生育的工作强度、工作时间迫使女员工主动辞职。完成生育后的女性尽管拥有高等教育经历和优秀的工作履历，在重返劳动力市场时却因为职业生涯中断而面临多重阻力。根据中国社会科学院的相关调查，大约有5000万已婚育龄女性处于无业状态，她们中有9.4%拥有大学文凭。企业对女性职业发展的不友好迫使相当一部分理工科女生放弃本专业的体制外就业机会，转而选择进入党政机关、事业单位、国有企业等就业保障和生育福利更完善的体制内单位从事与本专业无关的工作。[①] 由于体制内单位对高学历人才和名校毕业生有一定程度的偏好，理工科女生在本科毕业后倾向于通过保研、考研等进入名校读研读博，以增强自己进入体制内工作的竞争力。

表15比较了各类院校理工科男女大学生的毕业计划。国家一流大学建设高校与国家一流学科建设高校理工科男生的毕业后选择相对接近，国家一流大学建设高校选择升学的男生略多于国家一流学科建设高校。然而国家一流大学建设高校与国家一流学科建设高校理工科女生的毕业计划差异极大，国家一流大学建设高校理工科女生中仅有19.8%选择国内工作，而国家一流学科建设高校有28.2%；国家一流大学建设高校有14.2%的理工科女生选择国外升学，而国家一流学科建设高校仅8.7%。这可能与国家一流大学建设高校与国家一流学科建设高校的导向有关。国家一流大学建设高校作为研究型大学以科研导向为主，学生选择国内外深造的比例较高；而国家一流学科建设高校中相当一部分是行业特色型高校，就业引导工作更到位，学生更倾向于毕业后直接进入劳动力市场。理工科较强的实践性进一步增加了两类院校学生毕业走向的性别差异：国家一流学科建设高校对实用技能、实践应用能力的要求较高，学生能在毕业后顺利过渡到职场；而国家一流大学建

---

① 李春玲：《"男孩危机""剩女现象"与"女大学生就业难"——教育领域性别比例逆转带来的社会性挑战》，《妇女研究论丛》2016年第2期，第33~39页。

设高校强调对学生研究能力的培养，学生倾向于从事学术相关工作或在深造后做好就学与就业的衔接，而国家一流大学建设高校女生由于相对保守的学习策略——重成绩而轻实践，需要更多深造时间来完成对实用性知识和技能的积累。此外，国家一流大学建设高校女生中独生女占 56.9%，高于国家一流学科建设高校的 51.4% 和地方本科院校的 42.1%，独生女在家庭资源上相比非独生女的优势可以在一定程度上解释国家一流大学建设高校女生国外深造比例高的现象。地方本科院校的理工科男女生在工作、升学等选择上性别差异相对前两类院校较小。

表 15　各类院校理工科男女大学生毕业计划比较

单位：%

院校类型	学生类型	国内工作	国外工作	国内升学	国外升学	创业	尚无明确计划
国家一流大学建设高校	理工科男生	29.0	0.9	49.8	9.2	1.2	9.9
	理工科女生	19.8	0.5	57.0	14.2	0.5	8.0
国家一流学科建设高校	理工科男生	35.4	1.0	48.2	5.8	2.0	7.5
	理工科女生	28.2	0.6	55.6	8.7	0.7	6.3
地方本科院校	理工科男生	50.9	1.3	32.0	3.3	3.4	9.1
	理工科女生	46.6	0.6	39.5	4.3	1.6	7.5

四　改进：提升高校女大学生学习与发展水平的政策建议

综上所述，进入高等教育普及化阶段，我国已基本实现了总体入学机会上的男女平等，但学校类型、学科专业等方面的男女比例不均问题仍然存在，城乡女性教育不平等问题也需进一步解决。当代女大学生在学习方式、策略、体验等方面具有鲜明特点，她们对教育收获和就业力的自我评估较低，面临更加严峻的就业挑战，更倾向于通过进一步深造来提升自己未来在职场中的竞争力。这些现象与女大学生自身的性格品质及教育环境、市场环

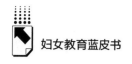

境中尚存的两性不平等问题密切相关。针对这些发现及其原因探析，本报告提出以下改进措施及政策建议。

（一）重视女性群体内部教育不公平问题，加大对农村女性的教育支持力度

我国女性发展不平衡不充分的问题仍然突出，城乡女性的高等教育参与存在差距，欠发达地区女性获得的高等教育机会和资源还较为有限。国家要进一步统筹和推进城乡、区域之间女性的均衡发展，在资金投入、教育宣传、政策扶植等环节向农村和欠发达地区倾斜，增加这些更加弱势的女性群体接受高等教育的机会。

同时，高校要对来自农村和欠发达地区女大学生接受高等教育的过程给予更多关注，了解她们特殊的教育需求，发现她们在学习中遇到的具体问题和困难，觉察她们的心理状态和变化，给予这些学生切实有效的学业帮助和细致周到的人文关怀。

（二）鼓励并支持女性在理工学科的发展，重视女大学生的科学素质培养

目前男女大学生在理工学科的比例仍不均衡，且女生选择理工科专业的意愿表现出进一步降低的倾向，也有实证研究发现部分理工科专业（如机械、工程等）在研究生阶段男女失衡情况比本科阶段更加严重，还有相当数量理工科专业的女生因就业环境和政策不友好而在毕业后并未从事与本专业对口的工作。国家和院校应采取一定的激励措施，支持有意愿的女生报考理工类院校，关注其学业和职业发展，加强对基础学科拔尖女生和女性科技人才的培养，优化理工科女大学生的就业渠道，引导和支持女性投身于科学和技术相关工作。

与此同时，针对整个女大学生群体，高校要加强对其科学素质的培养，增设优质科学类选修课，鼓励女大学生参与科研项目、科技创新、科学竞赛等活动，在实践中培养女大学生的科学精神和创新能力。

（三）进一步推进性别平等教育，增强高校教师和学生的男女平等意识

我国在倡导先进性别文化、树立男女平等的社会风气、普及性别平等观念等方面已经取得了很大的成效，但高校在进一步推进性别平等教育工作上仍然大有可为。高校应将性别平等教育融入育人的全过程之中，开设性别平等相关课程，在有条件的高校开展和扩充性别研究；在教师培训中加入性别专题，引导教师一视同仁地对待学生，在教学过程中避免性别刻板印象，运用适当的方式与学生进行沟通；设计和组织以性别平等为主题的社团活动和社会实践活动，在具体场景中培养师生的男女平等意识，将性别平等融入校园风气与文化。

（四）优化教学过程质量，培养女大学生学习主体性，提高女大学生就学满意度

针对研究所发现的女大学生的学习行为和心理特点，教师应积极尝试不同的教学方法，引导女生多与老师进行沟通和互动，积极参与与同学的讨论和合作，在认可她们积极的学习态度和行为的同时，培养她们反思性学习、整合性学习、跨文化学习等高阶认知能力和多元学习策略。教师也要善于发现学业有困难、心理有压力的同学，为她们提供有针对性的帮助和疏导，提高女大学生的就学满意度。

女大学生自身也要增强自信心，在个人学习和发展过程中充分发挥主体性和能动性，勇于尝试不同的学习方法和策略，加强与老师、同学的联系和互动，积极参加丰富多元的课程和活动，洞察自己的心理状态，树立正确的自我认知和自我评价。

（五）加强针对女大学生的就业指导，促进平等就业，消除就业性别歧视

面对日趋激烈的就业竞争以及女性在劳动力市场上的弱势地位，高校应

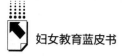

为女大学生开展有针对性的职业生涯规划指导，引导其树立正确的择业就业观，提高其判断力和自主选择能力，也要为其提供更多的职业技能培训、实习实践机会以及创业指导服务，对具有创业理想、能力和条件的女大学生给予经济和资源上的支持。高校还应努力打造包容的文化环境，鼓励女大学生个性化、多元化发展，为其打通多种成才路径，拓宽其就业渠道。

国家要从法律和制度层面着力消除就业性别歧视，出台具有可操作性的法律法规并严格监督执行，保障就业机会公平，缩小两性收入差距，实现男女同工同酬，创造性别公平的就业机制和市场环境。国家还要建立和完善保护女性权益的法律制度和社会保障制度，尤其是要对女性婚育等家庭责任与其职业发展之间的矛盾进行调控，消除女性的后顾之忧，为实现女性平等就业权利和家庭事业平衡提供必要的保障与支持。

B.3
女大学生领导力认知与运用现状、特征及问题

张敬婕*

摘　要： 提升女性领导力水平是联合国教科文组织积极倡导的行动目标之一，也是党和国家高度重视的内容之一。本报告对全国161所高校的在读女生展开调查，发现受访者对担任领导职务普遍抱有积极态度，并且非常认可女性担任领导职务在贯彻性别平等国策中的突出意义，"高意愿、积极付出"是此次调研的一个显性结论。同时，受访者普遍认为女性领导能力不弱于男性；"解决问题的能力"是领导力内涵中最重要的指标。尽管受访者对于在高校中建立规范的领导力培养和提升模块具有较为强烈的需求，但是现有的制度性、观念性和结构性壁垒的压力，也使受访者出现了怀疑和退缩的心态。总体而言，受访者认为当前女性所获得的机会和资源与其能力水平之间存在较大差距，而以往的领导经验尚不足以使其获得更多机会和资源，迫切需要学校、社会构建更多平台和机制来提升女性的领导力。除了课程建设之外，实践性的项目培训更受受访者的青睐。

关键词： 女大学生　领导力　认知与运用

---

* 张敬婕，中国传媒大学国家传播创新研究中心副研究员，硕士生导师，主要研究方向为性别传播、跨文化传播与国际传播等。

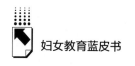

一　研究背景

女性领导力的研究是国际社会高度关注的主题之一。联合国教科文组织的研究指出：女性在全世界政治领导层中的代表性仍然严重不足，需要在最高政治级别做出全球承诺以改善这种状况。全世界女性的政治参与和领导不仅是一个目标，而且也是促进性别变革和在生活的所有其他领域实现两性平等的必要先决条件。① 但是，无论是研究者还是普通公众，对"女性领导力"的内涵都存在认知上的差异②，导致无论是公共政策、学术研究还是各类 NGO 组织所倡导的行动，尽管都是出于推动女性领导力发展的目的，但是从效果上看并不能形成有效的合力。

比如阿拉伯联合酋长国联邦国民议会议长 Amal Abdullah Al Qubaisi 博士就发表公开言论称："我们女性不需要任何人赋予我们行使我们固有领导权的权利……事实上，历史见证了无数女性先驱者，她们独自掌权，改变了世界。最重要的是，它将要求女性以母亲的身份来实现领导权的获得，女性通过做只有女性才能做得特别好的事情来领导生活的方方面面——通过宽容和节制改变世界；通过爱和理解改变世界；通过说服和影响改变世界；通过最强大的软实力改变世界。"③ 毫无疑问，与 Amal Abdullah Al Qubaisi 博士类似的"意见领袖"们所传达的虽然是倡导提升女性领导力的理念，但无形之中她们所强化的是性别隔离、性别刻板印象。

由此可见，尽管"性别刻板印象"早已成为家喻户晓的名词，但其在女性领导力研究和实践过程中仍然发挥着重要作用，人们对各种形式的、显性的和隐性的性别刻板印象，仍需保持高度的警惕，并需要开展专门的研

---

① United Nations Educational, Scientific and Cultural Organization, "Women in Politics," In *UNESCO's Soft Power Today: Fostering Women's Empowerment and Leadership*, 2017, p. 79.
② 张敬婕：《女性领导力研究的差异性取向及四种认识论》，《领导科学》2016 年第 6 期。
③ Amal Abdullah Al Qubaisi, "Empowering Women, Empowering Society," In *UNESCO's Soft Power Today: Fostering Women's Empowerment and Leadership*, 2017, p. 13.

究、出台专门的政策以消除其影响。尤其需要引起重视的是，性别刻板印象造成了一种敌对的环境，从而使女性更难参与领导过程并产生相应的影响：性别刻板印象对女性是否选择"更进一步"以及她们是否被选为决策角色具有影响。为了使女性充分参与领导生活，为了使已经实行的领导者性别配额成为现实，需要系统地开展工作，全面建设女性的政治领导能力。

通过教育、文化、科学和媒体，联合国教科文组织努力使数百万女性领袖的声音得到倾听，并激励全世界的下一代女孩接纳自己在任何领域对领导地位的美好展望。[1] 领导有多种形式，联合国教科文组织提倡女性在内部以及在其所有伙伴和受益者中积极参与；增强女性担任民选官员、公共行政人员和民间社会组织代表的能力；以及在世界各地的政治界、学术界和私营部门促进与一些最杰出和最有影响力的女性的合作。[2]

促进女性在领导力提升方面的充分参与，应该开始于青少年时期，因为性别刻板印象在这个时期已经开始发挥作用，并会持续对其日后的职业抱负产生影响。一些部门，特别是 STEM/STEAM（Science 科学，Technology 技术，Engineering 工程，Arts 艺术，Maths 数学）这些领域，常常被视为"男性领域"，这阻碍了女性在这些部门就业。年轻的女孩必须能够和男孩一样，轻松地把自己想象成在这些领域中游刃有余并享受其中的参与者以及领导者。

---

① 联合国教科文组织通过教育、文化、科学和媒体，努力使世界各地数百万女性领袖的声音得到倾听，并激励下一代的女孩接受自己在任何部门或领域的领导愿景。一些例子如下。工作场所两性平等培训计划，土耳其（2015年）。数字鸿沟工作组（2016年）：自2016年3月以来，联合国教科文组织与宽带委员会共同主持了这一工作组。它旨在支持可持续发展目标5，促进互联网和宽带接入方面的性别平等，并将此作为赋予女性权利的载体。其工作包括提出基于证据的建议，以缩小性别差距，并分享最佳做法。该工作组成员已承诺通过其中一些建议的行动。例如，VimpelCom 正在将性别观点纳入其计划和方案，并将女性作为阿尔及利亚、吉尔吉斯斯坦和塔吉克斯坦金融服务的目标群体。全球女性领袖论坛，保加利亚（2016）：这次高级别会议汇集了来自世界各地的女性领导人，分享她们在最高领导层促进两性平等的经验和最佳做法。它产生了《索非亚宣言》，以促进女性在所有领域的领导地位，以及激励后代。

② United Nations Educational, Scientific and Cultural Organization, "Women in Politics," In *UNESCO's Soft Power Today: Fostering Women's Empowerment and Leadership*, 2017, p. 79.

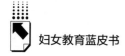

　　大量研究表明，基于性别的劳动分工仍然是阻碍女性参与特别是担任领导职务的一个主要障碍：除了构成精神障碍之外，在父权社会中占主导地位的基于性别的劳动分工实际上也阻碍了对女性的赋权和其领导能力的提升。即使在有受过教育和符合条件的女性的地方，晋升到最高决策级别的女性也常常是凤毛麟角，其中的部分原因是她们难以兼顾职业生活和家庭生活。①因此，有利于两性平等和赋予女性权利的法律框架和政策至关重要。与此同时，要使两性平等成为现实，就必须确保执行和落实：需要开展更深入的工作，消除妨碍这些法律和政策转化为实际行动和成果的社会规范和定型观念。

　　美国社会学家 Burns、Schlozman 和 Verba 的研究发现，正式教育对政治参与有一系列直接和间接影响。其中，间接影响是多方面的，包括可以促进学生自愿参与学校政府组织、社团、体育活动等；而这些为年轻人提供了一个早期的政治学习场所，在这里他们可以锻炼领导力，发展合作和谈判的公民技能，并获得对政治活动有用的领导能力和组织技能。②

　　党和国家历来高度重视青年、关怀青年、信任青年，始终坚持把青年作为党和人民事业发展的生力军，在《中长期青年发展规划（2016—2025年）》中明确表示："赢得青年才能赢得未来，塑造青年才能塑造未来。"而且提出了"到 2025 年，具有中国特色的青年发展政策体系和工作机制更加完善，广大青年思想政治素养和全面发展水平明显提升，不断成长为志存高远、德才并重、情理兼修、勇于开拓，堪当实现中华民族伟大复兴中国梦历史重任的有生力量"的总体目标。由此可见，开展女大学生领导力教育是中国高等教育的重要使命，是中国未来领导人才资源前瞻性开发的战略需要，是高校为国家培养未来的建设者和接班人所需承担的重要责任，是社会

---

① United Nations Educational, Scientific and Cultural Organization, "Conclusions & Future Directions," In *UNESCO's Soft Power Today: Fostering Women's Empowerment and Leadership*, 2017, p. 114.

② A. M. Goetz, "Women's Education and Political Participation," Background paper prepared for the Education for All Global Monitoring Report 2003/4 – *Gender and Education for All: The Leap to Equality*, 2017, p. 1.

变革的现实需要，是当代大学生综合素质发展的理性诉求。

为了探究当前中国女大学生对领导力的认知与运用情况，并就现有的特征与问题提出有针对性的对策建议，本研究在全国范围的高校内展开了专题调研。

二　文献综述

（一）有关大学生领导力的相关研究进展

在中国知网上以"领导力"和"大学生"为关键词进行检索，共搜索到论文 703 篇，学者研究的内容主要涉及大学生领导力教育的必要性、现状及其影响因素、结构、存在的问题以及提升途径。研究成果具有多学科交叉的特点，不仅涉及教育学，还涵盖了哲学、心理学、管理学、经济学、法学、英语文学、社会学等学科。

1. 国内研究综述

（1）美国大学生领导力培养情况的研究进展

在已有的研究成果中，针对美国大学生领导力教育的研究文献相当多，这与美国领导力研究以及领导力在美国高校内推广较早、较成熟的发展事实相关。

《美国高校大学生领导力教育研究》[①] 主要对美国高校大学生领导力教育的内涵、兴起背景、历史演进、教育目的、课程结构、教育效果、理论基础、性质与特点等方面进行了梳理，并对我国开展大学生领导力教育的必要性和推进我国的大学生领导力教育提出了意见。《大学生领导力教育：美国的经验与启示》[②] 指出，美国领导力教育得到了社会和专业研究支持，针对不同学生群体设计了注重价值观导向的内容，它们注重实践和项目评估的经

---

① 房欲飞：《美国高校大学生领导力教育研究》，上海人民出版社，2016。
② 房欲飞：《大学生领导力教育：美国的经验与启示》，《世界教育信息》2018 年第 6 期。

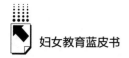
验值得我国大学生教育借鉴。《在通识教育中发展大学生领导力——以美国大学生领导教育为例》① 分析了课程设置与实施、课程内容、教学方法、具体活动及领导力教育的组织和管理，结合美国的经验提出对中国大学生领导力教育的启示。此外，还有相关研究如《美国高校大学生领导力教育的历史考察》②、《国外青年学生领导力培养的研究与实践》③、《大学生领导力教育：美国高校和社区互动的新载体》④、《美国高校的领导能力发展计划——一种公民教育的方式》⑤、《美国高校大学生领导力教育的调研与借鉴》⑥ 和《美国高校亚裔学生领导力培养现状研究》⑦ 等。

（2）国内大学生领导力的相关研究进展

针对这一主题的研究主要对国内大学生领导力培养的必要性、内涵、现状、特点、存在的问题及培养途径展开了论述。

学者分析了大学生领导力的重要性，认为大学生渴望提高领导力水平和技能，但缺乏领导学及领导力等方面的知识⑧，开展大学生领导力教育是中国高等教育的重要使命，是中国未来领导人才资源前瞻性开发的战略需要⑨，是社会变革的现实需要，是当代大学生发展的理性诉求⑩，是通识教

---

① 文茂伟、房欲飞：《在通识教育中发展大学生领导力——以美国大学生领导教育为例》，《比较教育研究》2008 年第 1 期。

② 陶思亮：《美国高校大学生领导力教育的历史考察》，《当代青年研究》2011 年第 12 期。

③ 翁文艳、赵世明：《国外青年学生领导力培养的研究与实践》，《领导科学》2011 年第 11 期。

④ 房欲飞：《大学生领导力教育：美国高校和社区互动的新载体》，《江苏高教》2008 年第 3 期。

⑤ 唐克军：《美国高校的领导能力发展计划——一种公民教育的方式》，《教育科学》2007 年第 2 期。

⑥ 杨瑞东、倪士光：《美国高校大学生领导力教育的调研与借鉴》，《思想教育研究》2015 年第 1 期。

⑦ 李芳：《美国高校亚裔学生领导力培养现状研究》，硕士学位论文，首都师范大学，2008。

⑧ 闫拓时：《把大学生领导力意识培养提上教程是高等教育的时务》，《北京教育》（德育）2011 年第 12 期，第 14 页。

⑨ 奚洁人：《中国大学生领导力教育的战略思考》，《当代青年研究》2012 年第 5 期，第 25 页。

⑩ 陶思亮、刁静、张宇奇：《大学生领导力教育若干问题》，《当代青年研究》2012 年第 5 期，第 37 页。

育的重要组成部分，是当代中国大学生必备的素质①。提高大学生领导力对增强大学生的动员和组织能力，提升大学生的综合素质，使其充分发挥专业知识、技能优势，更迅速地适应社会环境、应对社会发展变革带来的挑战具有重要意义。

不同的研究者对大学生领导力内涵有着不同的理解，有研究者通过研究提出大学生领导力包含信息处理能力、工作执行能力、合作沟通能力等。大学生领导力是大学生在大学学习、活动和实践中为实现目标而体现出来的执行力、影响力和个人素养，其中品格高尚、宽容正直、远见卓识、积极进取、善于创新、乐于奉献、爱国情怀是大学生领导力的基本素质。② 翁文艳、房欲飞认为，大学生领导力包括自知的能力、有效处理人际关系的能力、灵活的适应能力、创造性思考的能力、承诺服务的能力、把握公共政策的能力。③ 文丽等从社会实践、学习能力、解决问题能力及情绪智力四个方面分析大学生的领导力素质。④ 李夏妍将大学生领导力分为领导过程和领导行为两个维度，领导过程包括构建愿景、战略决策、工作实践三个环节的特质与能力；领导行为包括人格影响力、人际交往力两个方面的特质与能力。⑤ 牛兴荣认为，领导力应包括协调冲突的能力、容忍、劝说能力、激励下属、授权等方面。⑥ 黄宏强、赵国祥认为，高校学生干部领导能力包含信息处理、任务执行、合作、沟通等。⑦

---

① 房欲飞、文茂伟：《通识教育和大学生领导力教育——以美国大学为例》，《复旦教育论坛》2007 年第 4 期，第 20 页。

② 颜东、覃永华：《大学生领导力教育：内涵、要义与培养途径》，《黑龙江工业学院学报》（综合版）2017 年第 10 期，第 29~33 页。

③ 翁文艳、房欲飞：《当代美国大学生领导力教育成功经验分析》，《中国青年政治学院学报》2007 年第 2 期。

④ 文丽、吕伟、王雅娟：《大学生领导力素质实证研究》，《重庆科技学院学报》（社会科学版）2011 年第 5 期。

⑤ 李夏妍：《大学生领导力的五维结构及其测量》，《领导科学论坛》2015 年第 3 期，第 19~20 页。

⑥ 牛兴荣：《中国在校大学生领导行为期望研究》，硕士学位论文，上海外国语大学，2009。

⑦ 黄宏强、赵国祥：《高校学生干部领导能力结构研究》，《心理研究》2009 年第 4 期，第 88~93 页。

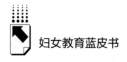
　　学者研究了我国大学生领导力的现状后指出，大学生普遍认可领导力的重要性，但也存在一些问题，比如接受领导力方面的教育机会非常少，个人主观上缺乏提高领导力的努力与尝试，对领导力的认识和了解也不够深入透彻，目标性不强，整体的领导力素质偏低等。① 学者通过全国性的问卷调查，分析了大学生领导力培养的现状，如李金林等分析了北京大学、清华大学、浙江大学等的1017位大学生领导力的培养情况，提出了大学生领导力提升的具体对策。② 刁静等通过对全国17所高校705位学生干部的调查指出，大学生大多认为提升大学生领导力重要，多数学生相信可以通过后天努力加上环境的培养来发展领导力，但由于高校对大学生领导力教育培育不足以及现有培育模式与学生参与意愿不匹配，学生更倾向于实践性和体验性的领导力教育形式。③ 陶思亮对中国7个省市17所高校的1898名大学生进行抽样调查，研究了大学生领导力的实践行为。④ 此外，还有部分学者通过调查问卷方式，以不同学校为例，分析了大学生的领导力培养现状，如徐晓林等以武汉高校为例，首次对国内大学生的领导力教育现状进行调查研究，指出"大学生迫切希望高校能开展提升自身领导力的课程和项目，而现实中高校对大学生领导力教育和培养的现状却不尽如人意"，研究者主张从课程设置入手予以改革，论述了教学体系及培养环境的重要意义。⑤ 张硕等以大连理工大学为例，分析了大学生领导力的现状。⑥ 还有一些学者分别分析了

① 张成：《当代大学生领导力培养的现状与发展途径探析》，《现代商贸工业》2017年第27期，第158~159页。
② 李金林、王芳官、金海燕：《大学生领导力培养的现状调查》，《重庆理工大学学报》（社会科学）2010年第11期，第133~138页。
③ 刁静、陶思亮、王群：《大学生领导力开发的现状及对策研究——基于对全国705名高校学生干部的调查与分析》，《思想理论教育》2013年第1期，第83~87页。
④ 陶思亮：《中国大学生领导力实践行为研究——基于全国17所高校1898名大学生的调查》，《领导科学论坛》（理论）2013年第12期，第38~41页。
⑤ 徐晓林、吴开松、石海燕：《大学生领导素质教育与培养研究——对武汉高校大学生的调查与分析》，《湖北民族学院学报》（哲学社会科学版）2004年第3期，第74~78、81页。
⑥ 张硕、李英敏、高欣、徐萱、刘斌：《大学生领导力培养现状调查与思考——以大连理工大学为例》，《科教导刊》（下旬）2017年第27期，第189~192页。

农业大学①、师范院校②、首都高校③大学生领导力的现状。

学者总结出大学生领导力目前存在的问题包括：相应的研究不足，大量的研究资源投入在精英教育方面，缺少实践、对价值观教育重视不足④；本土化下大学生领导力培养研究不足，理论研究与教育实践脱节⑤；缺乏领导力教学的实战情境，课堂教学和课外实践教学不同步，缺乏指导教师进行系统完整指导，缺乏实用性强的领导力实践项目⑥；对大学生领导力培养教育重要性的认识不够，领导力培养教育实施明显不足，领导力教育缺乏针对性、科学性和系统性⑦等。

针对这些问题学者也提出了一些可供参考的建议，如正确认识领导力教育，注重课堂教学，注重实践⑧；提高对领导力作用的认识，通过相关训练，在各类学生组织中担任学生职务培养领导力，参与相关领导力项目，在进行大学生领导力项目的设计过程中，重视为大学生创造更多的有利于领导力发展的实践机会，在工作经历中学习领导力、实践领导力、提升领导力⑨；将领

---

① 罗晓云、杜彬、白莹、袁远：《农科院校大学生领导力现状及培养途径研究——以云南农业大学为例》，《云南农业大学学报》（社会科学版）2014 年第 3 期，第 43~47 页；施丹、施聪慧、鲁宁宁：《农业高校大学生领导力行为内涵及特征研究——基于华中农业大学大学生领导力行为他评问卷的文本分析》，《高等农业教育》2018 年第 5 期，第 48~52 页。

② 林文曼、贾义荣：《师范院校大学生领导力培养现状调查及对策思考——以琼台师范学院为例》，《教育教学论坛》2019 年第 48 期，第 84~85 页。

③ 张晖：《首都高校大学生领导力培养教育现状调查研究》，《北京教育》（德育）2015 年第 2 期，第 20~22、48 页。

④ 孙杰：《大学生领导力教育的现状及提升研究》，《当代教育实践与教学研究》2015 年第 9 期，第 116、115 页。

⑤ 颜东、覃永华：《大学生领导力教育：内涵、要义与培养途径》，《黑龙江工业学院学报》（综合版）2017 年第 10 期，第 29~33 页。

⑥ 黄文玮、孙萍：《我国大学生领导力教育研究——基于美国高校领导项目的实践经验》，《金陵科技学院学报》（社会科学版）2016 年第 2 期，第 85~88 页。

⑦ 张晖：《首都高校大学生领导力培养教育现状调查研究》，《北京教育》（德育）2015 年第 2 期，第 20~22、48 页。

⑧ 孙杰：《大学生领导力教育的现状及提升研究》，《当代教育实践与教学研究》2015 年第 9 期，第 116、115 页。

⑨ 陶思亮：《中国大学生领导力实践行为研究——基于全国 17 所高校 1898 名大学生的调查》，《领导科学论坛》（理论）2013 年第 12 期，第 38~41 页。

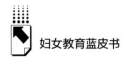
导力教育与通识教育、网络平台、岗位历练结合①。胡新桥运用中国科学院苗建明、霍国庆等研究人员组成的课题组于 2006 年提出的基于领导过程构建领导力的五力模型，即前瞻力、感召力、影响力、决断力、控制力，提出学校层面系统性地制定培养机制，各部门合作，建立认可学分的机制，制定引导性的教学培养计划，建立监督和考核机制，有意识培养，同时引入校友资源参与大学生领导力的培养等对策。②

　　一些学者分析了影响大学生领导力的因素，如皮利莎通过实证分析，指出人际沟通能力、团队合作能力、解决问题能力、影响力、组织能力、感召力对大学生领导力具有显著的正向影响。③ 陶思亮运用学生领导力实践量表指出，大学生领导力在学历、年级、性别、是否担任学生干部、参与的学生组织、学科等方面均存在差异，女性在领导力上的实践行为高于男性。④ 梁枫等在对上海交通大学的调研中，也指出有担任学生干部经历、有参加领导力培训项目经历、有较高成就动机以及学业成绩好的学生领导力较强，愿意参与领导力培训项目的大学生，其对于领导力的认识以及提高自身领导力的意愿要优于未参加学生。此外，女生的领导力要普遍高于男生。⑤ 大学生领导力受主客观因素影响，其中社会生活条件和教育是影响大学生领导力发展水平和方向的最重要因素。⑥ 在个人主观因素中，个体的主观认知显著正向影响领导力，领导力越强的人越愿意担任学生领导职务。⑦

------

① 朱德新：《高校大学生领导力教育研究》，《消费导刊》2008 年第 18 期，第 157 页。
② 胡新桥：《基于五力模型的大学生领导力培养探索》，《湖北工程学院学报》2017 年第 4 期，第 66~69 页。
③ 皮利莎：《大学生领导力影响因素实证研究》，《智库时代》2018 年第 35 期，第 157、201 页。
④ 陶思亮：《中国大学生领导力实践行为研究——基于全国 17 所高校 1898 名大学生的调查》，《领导科学论坛》（理论）2013 年第 12 期，第 38~41 页。
⑤ 梁枫、郑文栋、赵建敏：《大学生领导力的影响因素及培养模式研究——以上海交通大学为例》，《教育理论与实践》2015 年第 30 期，第 9~11 页。
⑥ 王芳：《大学生领导力发展的影响因素研究》，《当代青年研究》2013 年第 3 期，第 85~91 页。
⑦ 张晓京、吴秋翔：《大学生领导力的影响因素分析——基于 A 大学的实证研究》，《中国人民大学教育学刊》2017 年第 2 期，第 86~98 页。

（3）对大学生领导力的培训与课程建设情况

从中国高校开展大学生领导力教育的实践来看，伴随着中国大学生领导力教育研究的发展以及高等院校人才培养目标的发展变化，中国越来越多的高校把培养大学生的领导力素质作为人才培养的重要目标，开展大学生领导力教育实践的高校也越来越多。但总体而言，一方面，针对中国大学生领导力教育的本土研究相对缺乏，大学生领导力教育的研究与实践相对分离；另一方面，中国大学生领导力教育的实践缺乏领导力理论的指导。

一些研究提出，我国少数高校如浙江大学、深圳大学、上海中医药大学、复旦大学、中央财经大学和成都大学、中国人民大学、西南财经大学、清华大学等对我国高校大学生领导力教育与培养进行了有益的探索，各高校将课程设计与实践锻炼相结合，进行了创新性的尝试。"大学生领导力研究与训练中心""中国大学生领导力发展研究中心"也相继在上海成立。

2004年，浙江大学开始了以"成就具有国际视野的未来领导者"为终极目标的领导力开发项目，设置了"大学生领导力拓展与训练"课程，并根据授课成果出版了第一部研究大学生领导力的教材《大学生领导力拓展与训练》。

2005年，深圳大学与香港城市大学共同主办"2005年大学生领导力国际研讨会"。

2007年，上海中医药大学开设了针对本科生的"优秀领导力素质培训课程"，并于2013年系统开设了面向全校学生的"大学生领导力开发"选修课程。

2007年，复旦大学启动了"青年领袖培养——卓越计划"，以培养高素质、复合型、多元化发展的团学骨干为目标。

2009年4月，中央财经大学成立了"大学生领导力开发项目"，主要面向校/院级学生会、社团组织的学生干部。

2009年5月，成都大学面向全校本科生开设了"学生领导力"相关课程。

2010年，中国人民大学针对学生干部组织"学生骨干领导力训练营"，

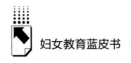

将全校新生班干部纳入培养体系之中。

2011 年 8 月，西南财经大学面向全校本科新生设置了"大学生领导力提升"课程，并于 2012 年 9 月出版了《大学生领导力提升》教材。

2011 年，清华大学创立"清华大学学生领导力培养计划唐仲英项目"，每年选拔一批志愿到公共部门就业的清华大学优秀在校生实施领导力的个性化培养，通过三个培养环节的系统学习，提升学生从事公共部门工作所需的领导力；开设"创业创新领导力"选修课程，邀请企业家、创新家进校园与参与者谈心，在近距离的沟通中提升大学生的创业创新力。

但与国外的相关实践相比，国内的此类教育实践仍相对薄弱，其进一步发展亟须借鉴国外的先进经验。

2. 国外研究综述

（1）国外领导力教育的实践进展

美国高校对大学生领导力的教育开展得较早，目前看来已渐成体系，对课程开发、课程模块、教育教学方式、效果评估等都有专项研究。20 世纪 80 年代初，美国率先开展针对大学生领导力的研究与实践，时至今日，已经有 1000 多所大学在课堂教学、课外活动或专题项目中注重开发学生的领导力，并且已经取得了较好的成效。如麻省理工学院的"社区催化剂领导力"项目、斯坦福大学汉斯中心的"公共服务领导力"项目、哥伦比亚大学的"领导新秀"项目、特伦霍姆国家技术学院的"培育你的领导力"项目等都在美国的大学生领导力培养实践中发挥了积极的作用。[1]

澳大利亚、加拿大、日本等国高校也比较注重大学生领导力教育。例如，在澳大利亚的 40 所本科院校中，有 35 所开展了大学生领导力教育，占 87.5%；加拿大 200 多所大学中，有 12 所开展本科生领导力教育。[2]

---

[1] 黄文玮、孙萍：《我国大学生领导力教育研究——基于美国高校领导力项目的实践经验》，《金陵科技学院学报》（社会科学版）2016 年第 2 期，第 85~88 页。

[2] 闫莹、桂勤：《六所加拿大高校面向本科生的领导教育》，《黑龙江教育学院学报》2012 年第 6 期，第 1~5 页。

（2）国外大学生领导力的相关理论研究进展

以 leadership（领导力）和 student（学生）为关键词对 EBSCO 数据库进行搜索，可以发现国外学者对影响大学生领导力的因素进行了研究，有学者认为扮演领导角色、参与领导力培训和教育计划有助于领导力的提升，参与学生组织对培养领导力有重要作用。[①] Shankman 和 Allen 还提出，学生加入一个学生组织，扮演一个正式或非正式的领导角色，是学习、观察、计划和锻炼领导力的重要途径。[②]

Posner 和 Brodsky 率先采用领导力实践调查表对大学生进行了测量，编制了"大学生领导力实践调查表"，该表显示大学生领导力包括以身作则、共启愿景、挑战现状、使众人行、激励人心等五个维度。[③]

HERI 提出了领导力发展的社会变革模型（Social Change Model of Leadership Development，SCM 模型），认为领导力可以由 7C 来体现：自我意识（Consciousness of Self），一致性（Congruence），承诺（Commitment），合作（Collaboration），共同的目标（Common Purpose），文明争议（Controversy with Civility），公民觉悟（Citizenship）。[④]

Dugan 和 Komives 于 2006 年开展了一项涉及全美 52 所高校超过 50000 名学生参与的大学生领导力发展调查研究，该研究显示参与和不参与学生组织的大学生，在社会改变型领导力（Social Change Model）方面存在显著差异，参与学生组织的学生在社会改变型领导力各个维度的得分都显著高于没有参与学生组织的学生。在合作、共同目标和公民责任三个维度的影响较为明显。[⑤]

---

① P. Haber & S. R. Komives, "Predicting the Individual Values of the Social Change Model of Leadership Development: The Role of College Students' Leadership and Involvement Experiences," *Journal of Leadership Education*, 2009, 7 (3): 133-166.

② M. L. Shankman & S. J. Allen, "Emotionally Intelligent Leadership: A Guide for College Student," *Journal of Leadership Studies*, 2011, 5 (1): 98-102.

③ B. Z. Posner & B. Brodsky, "A Leadership Development Instrument for College Students," *Journal of College Student Development*, 1992, 33 (3): 231-237.

④ Longerbeam Komives, Mainella Owen, & Komives Osteen et al., *The Development of New Leadership Models for College Student* (Higher Education Research Institute, 1996), p. 21.

⑤ 陶思亮：《中国大学生领导力实践行为研究——基于全国 17 所高校 1898 名大学生的调查》，《领导科学论坛》（理论）2013 年第 12 期，第 38~41 页。

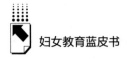

Leith Sohvi 和 Teece David 通过对伯克利大学和斯坦福大学学生会运作模式的研究指出，大学生领导应该具备感知机遇、抓住机遇和转化机遇三个维度的能力。①

综上所述，美国大学生领导力理论和实践均取得了较为丰富的研究成果，但中美高校对大学生培养的总体目标以及中美高校大学生领导力素质的差异，决定了我国高校女大学生领导力教育需要建构具有中国特色的女大学生领导力教育和培养研究理论体系。

（二）女性领导力研究综述

1.国内研究进展

国内研究的文献主要分析了女性领导力研究的理论内涵，学者对其进行了不同的界定，分析了女性领导力提升的制度性障碍、形成原因及相应策略。

就"女性领导力研究的理论内涵"而言，根据张敬婕的研究发现，女性领导力研究可以分为"具有女性气质的女性领导力研究""具有女权主义特色的女性领导力研究"两种研究取向，基于实证主义、实在主义、批判理论及建构主义不同的认识论，对女性领导力的理论内涵的认识便会相应地呈现不同的结论。② 杜芳琴认为女性领导力是指女性领导者率领并引导团队在组织中发挥潜能，做出成就并实现组织目标的能力，包括形成组织远景的能力，定义宗旨的能力，制定战略和目标的能力，建立组织文化的能力，建立制度和系统的能力等。③ 周敏认为女性领导力的本义是指以女性为主体的领导活动，而女性领导力的喻义是指带有"女性技巧"或"女性特征"的领导行为，具有这种领导行为的领导者可以是女性，也可以是男性。④ 女性领导力

---

① Leith Sohvi & Teece David, "Campus Leadership and the Entrepreneurial University: A Dynamic Capabilities Perspective," *Academy of Management Perspectives*, 2016, (2): 182~210.
② 张敬婕:《女性领导力研究的差异性取向及四种认识论》,《领导科学》2016 年第 6 期, 第 48~50 页。
③ 杜芳琴:《女性主义领导力: 中国语境下的理论与实践》,《山东女子学院学报》2017 年第 1 期, 第 27~34 页。
④ 周敏:《女性领导力的特征及其喻义》,《山西师大学报》(社会科学版) 2011 年第 5 期, 第 120~123 页。

这种带有女性技巧的领导特征，打破了男性领导力话语权的垄断地位。

研究者分析了领导力的性别差异，指出女性领导者的优势、不足并分析了其中的原因。张素玲指出领导力与性别相互关联、相互影响，大部分和领导力联系在一起的特性是男性化的，如控制、权威、果断等，但女性领导力有其特点，如关怀、合作、分享、倾听、共情等。① 周敏从自然生理、文化、社会、领导特质、领导风格、领导行为、领导环境和领导效能 8 个方面分析了女性领导力的特征，指出女性受传统男权社会、传统家庭角色、女性的个性特征、职业发展中的性别歧视等影响，驾驭全局的能力和决策的果断性不足，社会参与度较低，部分女性在工作和生活中往往存在习惯于受支配地位和配合男性的决策而甘当配角的问题，并指出女性领导力的柔性领导、人本领导、共享领导的优势，提出增强女性领导者的工作意愿和自信，强化主体意识和独立精神、健全学习机制，通过完善用人制度保障，协调与平衡工作和家庭的关系来提高女性领导力的建议。②

2.国外研究进展

国外对女性领导力的研究始于 20 世纪 70 年代，学者通过对男女管理者性格特征的比较研究，揭示女性性别在管理中的独特作用。苏·海华德 2007 年出版的《女性领导力》的著作，标志着女性领导力在国外的研究已十分活跃。

学者研究了影响女性领导力的障碍，艾德佳·沙因（Edgar H. Schein）在 1973 年和 1975 年通过比较研究，发现相较于对女性的行为期望而言，人们对男性的行为期望更类似于我们对领导者的行为期望。③ Eagly 和 Karau 认为，所有的社会角色都受到刻板印象影响，态度和行为的共识构造期望和传统。④ 由于对领导角色和性别的刻板印象，在领导职位上偏向男性，使女性在承担

---

① 张素玲：《女性领导》，中国出版集团、研究出版社，2017。
② 周敏：《女性领导力的特征及其喻义》，《山西师大学报》（社会科学版）2011 年第 5 期，第 120~123 页。
③ 〔美〕理查德·L. 哈格斯、罗伯特·C. 吉纳特、戈登·J. 柯菲：《领导学：在实践中提升领导力》，朱舟译，机械工业出版社，2009。
④ A. H. Eagly & S. J. Karau, "Role Congruity Theory of Prejudice Toward Female Leaders," *Psychological Review*, 2002, 109: 573-598.

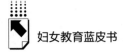
和行使组织领导权方面常面临双重障碍。① 首先,由于女性的性别角色假设与有效领导的态度和行为期望之间的不一致,女性面对领导者的障碍比男性更多。② 其次,有能力的女性有时被视为违反公认的性别规范,以至于她们对组织的贡献被最小化或被完全剥夺。③ 这些动态增加了角色冲突,导致女性领导者的职业倦怠。此外,妇女在领导职位上的合法性接受度低,高度的不安全感进一步削弱了妇女作为领导者的地位。④

一些学者认为女性领导者具有一些特殊优势。20 世纪 90 年代,Helgesen 正式提出女性领导风格,认为女性领导关注沟通、协调、良好的人际关系和集体的成功。⑤ 领导者的沟通能力⑥和支持性沟通方式⑦是员工工作关系和沟通满意度的最大预测指标,而女性在这方面具有优势。与男性相比,女性更可能采用民主领导风格⑧,强调协作和协商的重要性,而不是层级管理,变革型领导风格使女性具有更好的冲突解决技能、更好的时间管理技能以及能帮助女性领导者完成多项任务。⑨

---

① A. H. Eagly, S. J. Karau, & M. G. Makhijani, "Gender and the Effectiveness of Leaders: A Meta-analysis," *Psychological Bulletin*, 1995, 117: 125-145.

② S. L. Lafreniere & K. A. Longman, "Gendered Realities and Women's Leadership Development: Participant Voices from Faith-based Higher Education," *Christian Higher Education*, 2008, 7: 388-404.

③ L. L. Carli & A. H. Eagly, "Gender, Hierarchy, and Leadership: An Introduction," *Journal of Social Issues*, 2001, 57: 629-636.

④ C. Chesterman, A. Ross-Smith, & M. Peters, "Changing the Landscape? Women in Academic Leadership in Australia," *McGill Journal of Education*, 2003, 38 (3): 421-436.

⑤ 周敏:《女性领导力的特征及其喻义》,《山西师大学报》(社会科学版) 2011 年第 5 期,第 120~123 页。

⑥ P. E. Madlock, "The Link Between Leadership Style, Communicator Competence, and Employee Satisfaction." *Journal of Business Communication*, 2008, 45 (1): 61-78.

⑦ K. Czech & G. L. Forward, "Leader Communication: Faculty Perceptions of the Department Chair," *Communication Quarterly*, 2010, 58: 431-457.

⑧ A. H. Eagly, M. C. Johannesen-Schmidt, & M. L. Van Engen, "Transformational, Transactional, and Laissez-faire Leadership Styles: A Meta-analysis Comparing Women and Men," *Psychological Bulletin*, 2003, 129 (4): 569-591.

⑨ C. C. Chao & L. Ha, "Leadership Styles and Conflict Management Strategies of Prominent US Female Cable Industry Leaders," In Accompanying CD of A. Albarran, P. Faustino &, R. Santos (eds.), *The Media as a Driver of the Information Society—Economics, Management, Policies and Technologies.*

（三）女大学生领导力研究进展

培养女大学生领导力，是对女大学生开展的一种专门化、系统化的素质教育，它是在实践中形成的、通过训练来培养综合行为特质与动态影响力的过程。而这一过程的实现会进一步促进高等教育质量的提升，有助于落实《教育部关于加快建设高水平本科教育全面提高人才培养能力的意见》所提出的"全面提高人才培养能力""形成高水平人才培养体系"的战略目标。

1. 国内研究

（1）国内实践情况

国内 2005 年之后才开始出现关于学生领导力教育的学术研究。相关提升"大学生领导力"的研究院、培训班、社区、论坛等多种形式的实践活动自 2013 年起陆续在高校中建设开展起来。

2013 年，中国传媒大学在"世界大学女校长论坛"的基础上，成立了现代女性领导力研究院，致力于女性领导力的研究和培养。

中华女子学院从 2013 年起，每年举行女大学生领导力培训班；浙江大学从 2014 年开始举行女大学生领导力提升培训班。

2016 年 7 月 9 日，由北京市妇女国际交流中心指导、桑德伯格倡导的励媖中国（Lean In China）项目，建立培养女大学生领导力的跨校平台——励媖高校（Lean In College）。目前，全国已有 20 多个城市的 50 多所高校建立了 Lean In 社区。

北京国际汉语学院主办了首届"女大学生领袖计划"（Young Leaders Program），从领导力培养、软技能训练和职业素养提升三个方向入手，联合多个具有广泛影响力的企业和组织，通过专题演讲、师生互动、圈子交流等形式，分享成功女性的不同故事，帮助女大学生提升领导力。

2018 年 3 月 7 日，四川师范大学召开"女大学生领导力论坛"，组织了"女性精英展"，对国内外典型女性职业精英第一人以及四川师范大学女性校友职业精英的优秀事迹进行系列展出，传达"女性在每个领域都能有杰出成绩"的教育理念。

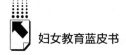

（2）国内理论研究进展

学界对女大学生这一群体领导力的研究相对较少，在中国知网上以"女大学生""领导力"为主题词进行检索仅有 40 篇文献，以其作为关键词进行检索仅有 9 篇文献。

学者对女大学生领导力的研究主要涉及女大学生领导力的培养意义、培养价值、现状，提升女大学生领导力的必要性，女大学生领导力不足的原因，提升女大学生领导力的相应对策等方面。

大多数学者在研究中指出了提升女大学生领导力的重要性，王琴指出领导力教育是对未来女性领导人才资源的开发和储备，挖掘女大学生的领导力发展潜质，有利于为其成为领导者奠定基础。[①] 赵田田、王学臣的研究指出，领导力有利于女大学生的社会适应性。[②] 此外，一些研究者也发现女大学生的领导力高于男性，根据陶思亮对全国 17 所高校的研究[③]和梁枫等对上海交通大学的调查研究[④]，发现女大学生领导力高于男大学生，这在某些层面上回应了女性担任领导者具有独特优势的结论。

不同学者对女大学生领导力的概念有不同理解，如张霞、房阳洋认为女大学生领导力是指在校女大学生发挥影响力、引领目标实现的女性素养或特质，是女大学生可以利用课程学习和有针对性的教育活动来提升和发展的能力，是一种行为过程，是一系列行为特质的具体化，是基于一定情境的影响力，包括构建愿景的能力（学习能力、自我认知）、决策行动的能力（解决问题、灵活适应）和实践反思的能力（创造性思考、反思能力）。[⑤] 王琴认

---

① 王琴：《女大学生领导力教育的发展路径探析》，《山东女子学院学报》2018 年第 2 期，第 87~91 页。

② 赵田田、王学臣：《大学生性别角色类型与适应性的关系研究——性别角色异性化者与刻板化者的对比》，《中国临床心理学杂志》2012 年第 3 期，第 390~391、394 页。

③ 陶思亮：《中国大学生领导力实践行为研究——基于全国 17 所高校 1898 名大学生的调查》，《领导科学论坛》（理论）2013 年第 12 期，第 38~41 页。

④ 梁枫、郑文栋、赵建敏：《大学生领导力的影响因素与培养模式研究——以上海交通大学为例》，《教育理论与实践》2015 年第 30 期，第 9~11 页。

⑤ 张霞、房阳洋：《女大学生领导力的内涵与培养路径探析——基于过程哲学的视角》，《中华女子学院学报》2019 年第 2 期，第 42~47 页。

为女大学生的领导力教育就是对女大学生开展的专门化、系统化的素质教育，以增强女大学生的领导意识，激发学生的领导潜能，包括性别意识教育、管理能力教育、国际化教育，创新思维、领导艺术、沟通能力和合作能力培养等内容，是一种领导素质和领导意识的综合提升。[①]

一些学者也指出女大学生领导力不足的表现，如唐勤、徐倩通过对黑龙江五所高校进行问卷分析和个案研究梳理了我国女大学生领导力的发展现状，[②] 研究发现培养女大学生竞争意识、增加女大学生中学生干部比例对女大学生领导能力的提升有很大作用；大学生对当代女大学生加强领导能力方面的培养持肯定态度，并希望将其纳入通识教育；绝大多数大学生对领导力提升的社会实践非常支持；高校对女大学生领导能力的重视程度亟待提升，教育和培养程度都有待提高。张晖在调研中发现与男性大学生相比，女性大学生对于领导力教育的满意度更低。[③] 王琴指出在女性领导力培育上存在缺乏个性化和针对性的女性领导力培养、培养模式单一等问题。[④]

还有一些学者分析了造成女大学生领导力不足的原因，谢莉莉认为理工科女大学生自我意识不足、榜样力量缺乏和实践平台匮乏导致能力锻炼有限，这些因素制约了女大学生的领导力提升。[⑤] 戴桂玉指出由于社会认知层面的性别偏见普遍存在，领导力作为社会认知的范畴，往往会受到社会刻板印象的影响，女性在领导力竞争中处于劣势地位。[⑥] 女大学生的自身因素、

---

① 王琴：《女大学生领导力教育的发展路径探析》，《山东女子学院学报》2018年第2期，第87~91页。
② 唐勤、徐倩：《我国女大学生领导力培养现状及启示》，《学校党建与思想教育》2013年第27期，第69~70页。
③ 张晖：《首都高校大学生领导力培养教育现状调查研究》，《北京教育》（德育）2015年第2期，第20~22、48页。
④ 王琴：《女大学生领导力教育的发展路径探析》，《山东女子学院学报》2018年第2期，第87~91页。
⑤ 谢莉莉：《新理工科女大学生领导力培养探究》，《吉林省教育学院学报》2016年第7期，第50~52页。
⑥ 戴桂玉：《女性双性特质对女大学生领导力培养的启示》，《湘南学院学报》2017年第3期，第101~104、121页。

家庭因素、高校因素、社会因素等都会不同程度地制约女大学生领导力的提升。①

　　学者提出了提升女大学生领导力的可行建议，如彭安澜指出提高女性领导力需要培育柔性领导力，以非强制性的方式唤起被领导者的心理响应，变领导者意图和组织目标为被领导者的自觉行为，发挥内在优势，挖掘女大学生的领导潜能，推进先进性别文化建设。② 戴桂玉提出可以通过双性气质的培养，重塑自我认知、建立自信，运用女性领袖的榜样作用，举办以女性为主题的文化活动，有利于提升女大学生的领导能力。③ 此外，加强性别意识教育，提高普及性和针对性，重视校内外实践，加强女性职业生涯规划也有利于提高女大学生领导力。④

　　2. 国外研究与实践进展

　　自 20 世纪 70 年代开始，美国的一些女子学院开始重视女性领导力教育。罗特格斯大学的"美国妇女和政治中心"设立了"全国妇女领导力教育项目"，致力于女性领导力教育，重视调动所有相关资源和关照所有利益相关者，颁发证书或奖励，重视社区公共资源，加强社区互动。

　　1978 年，美国成立了"全国学生领袖研讨会"（the National Conference on Student Leadership）。同年，威尔斯利女子学院发起成立了旨在开展女性领导力教育的公共领导力教育网（PLEN）。

　　一些高校还有专门的女性领导力研究机构，如威尔斯利女子学院的奥尔布莱特研究所、巴纳德女子学院的雅典娜女性领导中心等。此外，佐治亚州女子学院、巴纳德女子学院、卡洛女子学院、威尔斯利女子学院、马里兰圣母女子学院、道格拉斯女子学院等女子高校，尤其注重从领导力的角度培养

----

　　① 邱梅：《高校女大学生领导能力培养研究》，硕士学位论文，哈尔滨理工大学，2016。
　　② 彭安澜：《女大学生柔性领导力培育的价值探讨》，《改革与开放》2016 年第 16 期，第 86、88 页。
　　③ 戴桂玉：《女性双性特质对女大学生领导力培养的启示》，《湘南学院学报》2017 年第 3 期，第 101~104、121 页。
　　④ 王琴：《女大学生领导力教育的发展路径探析》，《山东女子学院学报》2018 年第 2 期，第 87~91 页。

美国女性英才，对女大学生开展了以领导力为主题或专业的跨学科教育。美国一些女子大学通过各项领导力计划，有目的地培养具有领导能力的女性人才，对提高女性的社会地位和国际影响力发挥了重要作用。

Astin 指出大学不仅提供了发展专业知识的机会，而且应该成为女大学生领导力发展的关键。[①] 但在许多组织和组织环境中，女性领导者人数仍然不足，并且基于性别角色期望而面临领导层的具体挑战。

综上所述，根据已有文献，我国学者对美国高校大学生领导力教育的介绍以及我国高校开展的大学生领导力培训项目不断增多，凸显了该领域的研究价值。但是，不管是国内还是国外，针对女大学生群体的领导力研究仍然较少，而女大学生领导力的提升对于国家、社会、女性自身的发展均具有重要意义。因此，通过研究中国女大学生领导力的发展现状、特点及其存在的问题以明确其重要性，进一步提升女性领导力具有学术和实践价值。

三 研究量表与研究问题

（一）研究量表

本次调查针对受访女大学生"领导力相关情况的认知与行为"的问卷设计主要聚焦以下理论问题：

①对制约领导力发展的外部环境/性别公正的感受；

②对领导力的内涵与要素的理解；

③对领导经验与领导观念之间关系的理解；

④对培养和提升领导力的条件的认知与路径偏好的选择。

本次调查针对受访女大学生"自身领导力的认知与运用"的测量问卷主要借鉴了 Posner 和 Brodsky 设计的"领导力实践调查表"（Leadership

---

① A. W. Astin, "Why Spirituality Deserves a Central Place in Liberal Education," *Liberal Education*, 2004, 90（2）：34-41.

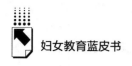

Practices Inventory, LPI)，从"以身作则"、"共启愿景"、"挑战现状"、"使众人行"和"激励人心"五个维度展开。

①以身作则（Modeling the Way）：运用共同的价值观念来不断调整自己的行为，并愿意为此树立榜样。

②共启愿景（Inspiring a Shared Vision）：团队成员有共同目标，相信所做工作的深远意义和目的，对团队长远发展有利。

③挑战现状（Challenging the Process）：从合作中发现机遇，着手创新性方法，敢于为成功承担风险，善于从经历中学习。

④使众人行（Enabling Others to Act）：建立信任从而使团队一致合作，提升团队中其他人自我的决策和竞争能力。

⑤激励人心（Encouraging the Heart）：鼓励大家积极参与到团队工作中，认可并鼓励那些为实现共同目标而奋斗的团队成员，为团队成员提供支持并对他们的付出表示感激。

（二）研究问题

1. 对"领导力相关情况的认知与行为"的问题设计主要围绕以下问题展开考察：

①对领导力概念的认知情况；

②对自身领导力的认知情况；

③对与领导力培育和提升相关的教育环境、措施等的认知与实践情况；

④对领导力提升的重要性和障碍壁垒的认知情况；

⑤对自身领导力发展困境与挑战的认知与实践情况；

⑥对提升领导力的相关培训或机会的公平性的认知与实践情况。

2. 对"自身领导力的认知与运用"水平的测量主要围绕以下问题展开考察：

①自身在"以身作则"方面的表现情况；

②自身在"共启愿景"方面的表现情况；

③自身在"挑战现状"方面的表现情况；

④自身在"使众人行"方面的表现情况；

⑤自身在"激励人心"方面的表现情况。

四 调查发现

本次调查时间为2021年3月9日至2021年4月8日，采用问卷星的形式，总计回收问卷1626份，其中有效问卷1545份，覆盖全国161所高校。①

在1545份有效问卷中，党员有151人，占调查总人数的9.77%；团员

---

① 山东女子学院（196份）、中国石油大学（北京）（173份）、中华女子学院（128份）、河北大学（111份）、福建师范大学（110份）、北京外国语大学（109份）、长春师范大学（97份）、暨南大学（75份）、首都师范大学（62份）、北京第二外国语学院（58份）、北京联合大学（45份）、中国传媒大学（46份）、上海对外经贸大学（39份）、中南大学（34份）、云南师范大学商学院（33份）、闽江学院（19份）、北京联合大学应用文理学院（9份）、东北师范大学（8份）、吉林建筑大学（6份）、延边大学（6份）、中国石油大学（5份）、武昌理工学院（5份）、江西师范大学（4份）、上海师范大学（3份）、鲁东大学（3份）、浙江大学（3份）、东北师范大学人文学院（3份）、上海交通大学（3份）；收到2份问卷的学校包括：辽宁大学、肇庆学院、首都师范大学科德学院、华东政法大学、西北师范大学、天津师范大学、陕西师范大学、宁波大学、兰州交通大学、浙江财经大学、广东外语外贸大学、华南农业大学、盐城师范学院、西南大学、河南农业大学、华中科技大学、西南交通大学、中国农业大学、西南民族大学、山西师范大学；收到1份问卷的学校包括：广西外国语学院、河海大学、北京邮电大学、南昌师范学院、武汉体育学院、苏州科技大学、上海立信会计金融学院、浙江工商大学杭州商学院、青岛农业大学、淮南师范学院、天津科技大学、武汉城市学院、上海大学、晋中学院、中山大学、大连民族大学、仲恺农业工程学院、浙江工商大学、兰州财经大学、中国计量大学、电子科技大学中山学院、北方民族大学、信阳学院、北京工商大学嘉华学院、黑龙江中医药大学、广东医科大学、南京信息工程大学、山东农业大学、池州学院、赣南医学院、中国海洋大学、华南理工大学广州学院、四川农业大学、湘潭大学、江西新余学院、北京理工大学、长沙师范学院、浙江传媒学院、天津工业大学、浙江树人大学、湖南现代物流职业技术学院、重庆师范大学、北京语言大学、郑州轻工业大学、湖南女子学院、贵州民族大学、华北电力大学、广州大学、长春人文学院、大连工业大学、广东海洋大学、青岛大学、沈阳药科大学、武汉大学、厦门大学、四川大学锦江学院、武汉晴川学院、五邑大学、汕头职业技术学院、河南工程学院、上海建桥学院、中国地质大学（北京）、吉林大学、北京农学院、北京师范大学珠海分校、福建农林大学、武汉外语外事职业学院、南京航空航天大学、北京化工大学、哈尔滨工业大学、对外经济贸易大学、北京师范大学、安徽建筑大学、沈阳理工大学、浙江农林大学、深圳大学、四川大学、广州美术学院、北京工业大学、（转下页注）

有1274人，占调查总人数的82.46%；群众有120人，占调查总人数的7.77%（见表1）。

表1　受访女大学生的政治面貌

单位：人，%

选项	人数	比例
党员	151	9.77
团员	1274	82.46
群众	120	7.77
本题有效填写人次	1545	

资料来源：女大学生领导力相关情况的认知与行为问卷数据，下同。

本次有效受访者中，年级分布较为均衡（见表2）。

表2　受访女大学生的年级分布

单位：人，%

选项	人数	比例
大一	430	27.83
大二	429	27.77
大三	343	22.20
大四	343	22.20
本题有效填写人次	1545	

值得注意的是，本次受访者中绝大多数曾经有过当干部的经验（85.57%），现在仍担任干部职务的占42.20%（见表3、表4）。

（接上页注①）重庆对外经贸学院、湖南医药学院、重庆邮电大学、上海视觉艺术学院、伊犁师范大学、中北大学、杭州师范大学、兰州大学、西北农林科技大学、湖南科技大学、天津中医药大学、岳阳职业技术学院、黑龙江大学、西安电子科技大学、山东工商学院、陇东学院、东北财经大学、武汉理工大学、中原科技学院、华南理工大学、福州大学、南京财经大学红山学院、九江学院、中央民族大学、广西大学、湖南大学、山东大学、中南民族大学、广州医科大学、华东交通大学理工学院、海南大学、西南林业大学、北方工业大学、温州医科大学、河南财经政法大学。

表3　受访者是否曾经当过干部（包括学生干部、实习组长等各种形式）

单位：人，%

选项	人数	比例
是	1322	85. 57
否	223	14. 43
本题有效填写人次	1545	

表4　受访者当前是否担任干部职务（包括学生干部、实习组长等各种形式）

单位：人，%

选项	人数	比例
是	652	42. 20
否	893	57. 80
本题有效填写人次	1545	

（一）受访女大学生对"领导力相关情况的认知与行为"的调查结果

对于当前男女平等的总体状况，绝大部分受访者认为不同程度地存在不平等的现象，其中，超过一半的受访者认为不平等的现象在很多层面上存在，这个数字值得引起注意。此外，只有7.44%的受访者认为"基本上已经实现了平等"（见表5）。

表5　受访者对当前我国男女平等状况的选择情况

单位：人，%

选项	人数	比例
很多层面仍然不平等	839	54. 30
少数层面仍然不平等	569	36. 83
基本上已经实现了平等	115	7. 44
不太清楚,无法判断	22	1. 42
本题有效填写人次	1545	

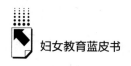

超过七成的受访者认为，担任班干部的经历对其日后的职业发展"有一定帮助"，而认为"有很大帮助"的比例只有16.44%，"没什么帮助"的比例为5.18%，"不清楚，无法判断"的比例也有7.77%。从数据的分布情况来看，担任班干部的经验对受访者而言所带来的正向激励作用的效果并不显著（见表6）。

表6 受访者对当班干部的经验对其日后职业发展影响的选择情况

单位：人，%

选项	人数	比例
有很大帮助	254	16.44
有一定帮助	1091	70.61
没什么帮助	80	5.18
不清楚,无法判断	120	7.77
本题有效填写人次	1545	

在考察"班干部推选"的性别公正性时，相当比例的受访者得到的是不同程度的"男生优于女生"的经验，认为"没有"典型的性别歧视现象的只占三成左右，另外23.50%的受访者对于是否存在歧视现象表示"不清楚，无法判断"（见表7）。

表7 受访者对"学校推选干部时，有男生优于女生的现象"的选择情况

单位：人，%

选项	人数	比例
较多	227	14.69
较少	474	30.68
没有	481	31.13
不清楚,无法判断	363	23.50
本题有效填写人次	1545	

对于担任班干部对于女生是否重要这个问题，超过一半的受访者认为"重要"或者"非常重要"；表示中立态度的受访者比例为32.43%；认为"不重要"或者"不清楚，无法判断"的只占不足一成（见表8）。

表8 受访者对"担任干部对女生而言重要吗"的选择情况

单位：人，%

选项	人数	比例
非常重要	184	11.91
重要	766	49.58
一般	501	32.43
不重要	23	1.49
不清楚,无法判断	71	4.60
本题有效填写人次	1545	

与上面一题相应的结论是，近九成的受访者认为当代女大学生需要加强领导能力方面的培养，认为"不需要"或者"不清楚，无法判断"的总体比例仅为一成左右（见表9）。

表9 受访者对"觉得当代女大学生需要加强领导能力方面的培养吗"的选择情况

单位：人，%

选项	人数	比例
需要	1366	88.41
不需要	74	4.79
不清楚,无法判断	105	6.80
本题有效填写人次	1545	

令人振奋的发现是，约八成的受访者有至少一次的竞选班干部的经历，从来没有参加过竞选的不足两成（见表10）。

表10 受访者对"上学以来有参加过任何形式的干部竞选吗"的选择情况

单位：人，%

选项	人数	比例
三次以上	586	37.93
两次	366	23.69
一次	324	20.97
从来没有	269	17.41
本题有效填写人次	1545	

综合表5到表10这几道题的调查结果来看,受访的女大学生总体上认为担任班干部、有领导的经历对其发展而言是重要以及比较重要的,而且绝大多数的受访女大学生经历了不止一次的干部竞选,由此可以得出的一个结论是,受访女大学生从主观上认可担任领导者的重要性,并且从行动上也愿意为之努力。但是,这个经历对其日后的发展是否具有同样正向的影响并不肯定。在受访者所经历的干部竞选、推选过程中,将近一半比例存在不同程度的性别不公正的情况,这种"男生优于女生"的观念以及由此引发的结构性歧视是否会从学校延续到社会(由在读期间到职场),绝大多数受访的女生持比较消极和犹豫的态度。

也正是竞选过程中遭遇的各种挑战(尤其是结构性的不平等),导致了受访者面对"是否愿意担任班干部"这个问题时,出现了与前面回答有所矛盾的答案,出现了差异性的比例分布状况——会主动竞选的比例缩小至49.77%,表示拒绝态度的比例仍保持在不足一成(6.99%)的水平上,持犹豫观望态度的占到近三成(29.77%),表示"说不清"的比例超过一成(13.46%)(见表11)。

表11 受访者对"是否愿意担任班干部"的选择情况

单位:人,%

选项	人数	比例
会主动竞选	769	49.77
如果老师委派则愿意	460	29.77
不愿意	108	6.99
说不清	208	13.46
本题有效填写人次	1545	

在男女干部的能力对比方面,近一半的受访者认为女干部和男干部是"势均力敌"的,另外超过两成的受访者认为女干部"具有优势";超过两成的受访者认为女干部有天然或后天导致的一些弱点。总体来看,在能力方面,绝大多数受访者认为在领导能力方面女性并不弱于男性(见表12)。

表 12 受访者对"女干部比男干部在能力方面"的选择情况

单位：人，%

选项	人数	比例
有天然的弱点	23	1.49
因为各种原因所导致有一些弱点	323	20.91
势均力敌	755	48.87
具有优势	340	22.01
说不清	104	6.73
本题有效填写人次	1545	

关于领导能力，受访者首先比较公认的观点是"解决问题的能力"是领导能力的必选之一，其次是"团队合作能力"，占第三位的是"社交能力"，排在第四位的是"自我表达能力"（见表13）。

表 13 受访者对"你认为以下几个干部所应具有的能力中，
最重要的是哪个"的选择情况

单位：人，%

选项	人数	比例
社交能力	246	15.92
解决问题的能力	821	53.14
自我表达能力	155	10.03
团队合作能力	323	20.91
本题有效填写人次	1545	

受访者认为按照重要性排位，最重要的领导力是"决策力"（38.51%）和"感召力"（27.12%），其次是"影响力"（18.45%），然后是"控制力"（8.87%）和"前瞻力"（7.06%）（见表14）。

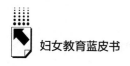

表14　受访者对"你认为最重要的领导能力"的选择情况

单位：人，%

选项	人数	比例
感召力	419	27.12
前瞻力	109	7.06
影响力	285	18.45
决策力	595	38.51
控制力	137	8.87
本题有效填写人次	1545	

表12到表14的问题主要考察的是受访者对于领导力是否应该存在性别差异、领导能力的内涵应该包含哪些要素的认知情况。整体来看，受访的女大学生对于权力本身有着朴素却深刻的认识。

彼得·莫里斯在其著作《权力：一种哲学分析》中提到，权力存在三种情境，即"实际的情境"、"道德的情境"和"评价的情境"。[①] 所谓"实际的情境"是指实际情境中的权力，也就是如果我们想要拥有生存与繁荣的机会，我们就必须注意到他人的权力，即他人对我们的行动可能发挥的影响力。注意到权力实际上是在权力关系中才会发挥其作用，而且只有注意到对方的权力，才能很好地运用领导者的权力。这恰如表13中受访女大学生对领导能力所指涉的最重要的内涵应该包括"解决问题的能力"和"团队合作能力"的正确理解。

所谓"道德的情境"也就是责任的观念，尽管我们提起他人的道德责任时往往评价的是其行为而不是权力本身。对这一观念的理解恰恰体现为表14中受访女大学生所选择的前三个最重要的概念中的两个核心概念——感召力和影响力。

所谓"评价的情境"也就是说人们对权力运行效果的反馈不仅直接作用于权力关系双方，而且对整个社会结构和社会运行机制都会产生相应的作

① 张敬婕：《女性领导力基础理论研究》，中国传媒大学出版社，2020，第39页。

用力。对这一观念的理解，体现为表 14 中受访女大学生选择的位列第一重要的"决策力"。

不得不说，尽管结合前后的调查结果来看，这些受访女大学生超过八成（85.57%，见表 3）有过担任干部的经验，而且从未参加过任何形式培训的比例超过六成（见表 19），但是她们的领导力素养是比较高的，在她们的观念中体现出朴素且深刻的领导理念与领导意识。

关于领导力的培养情况，首先，近八成（79.48%）的受访者认为"天赋和后天的培养缺一不可"，只有一成多（15.40%）的受访者认为"领导力主要依靠后天培养"，认为"领导力主要依靠先天的天赋"或者"不清楚"的比例整体不超过一成（见表 15）。

表 15　受访者对"你认为领导力是如何形成的"的选择情况

单位：人，%

选项	人数	比例
领导力主要依靠先天的天赋	47	3.04
领导力主要依靠后天培养	238	15.40
天赋和后天的培养缺一不可	1228	79.48
不清楚	32	2.07
本题有效填写人次	1545	

从这个问题的答案可以看出，受访女大学生在领导力培养的问题上有着比较清醒的认识，近八成的受访者选择"天赋和后天的培养缺一不可"，说明后天培养是不可或缺的提升领导力的途径，但是并不是后天的培养对所有人都是有效果的，不可忽视对领导后备人才的观察、选拔。应该建立一套人才选拔的规范机制，设置具体的指标体系，以此避免领导人才选拔过程中的人为偏见和结构性的缺陷。

关于领导力培养的形式，近九成的受访者更看重"校外实践"（见表 16）。

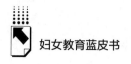

表16 受访者对"你认为哪个更有利于领导力的培养"的选择情况

单位：人，%

选项	人数	比例
校内学习	165	10.68
校外实践	1380	89.32
本题有效填写人次	1545	

相应地，在培养和提升领导力的模式上，受访者认为最重要的前几位分别是："社会实践"（78.06%）、"项目实践"（76.70%）、"社团活动"（62.85）、"学生组织"（59.94%）。值得注意的是，所有静态的、以听课为主的形式，比如"专题讲座""阅读书籍""课程"，这些选项最终的结果都没有超过半数（见表17）。

表17 受访者对"你希望通过何种方式培养和提升女性领导力"的选择情况

单位：人，%

选项	人数	比例
专题讲座	751	48.61
阅读书籍	649	42.01
课程	639	41.36
项目实践	1185	76.70
学生组织	926	59.94
社团活动	971	62.85
社会实践	1206	78.06
本题有效填写人次	1545	

而与此相应的是，受访者在读的学校、社团或老师"从没组织过"提升领导力的培训的比例占到53.40%，组织过两次及以上的比例仅为三成左右（见表18）。"从没参加过"领导力培训的受访者超过六成（见表19）。

表 18 受访者对"你所在的学校、社团或老师是否组织过提升领导力的培训"的选择情况

单位：人，%

选项	人数	比例
组织过三次以上	290	18.77
组织过两次	177	11.46
组织过一次	253	16.38
从没组织过	825	53.40
本题有效填写人次	1545	

表 19 受访者对"你是否参加过学校、社团或老师组织的提升领导力的培训"的选择情况

单位：人，%

选项	人数	比例
参加过三次以上	181	11.72
参加过两次	149	9.64
参加过一次	269	17.41
从没参加过	946	61.23
本题有效填写人次	1545	

综合表18和表19来看，无论是学校、社团还是老师围绕领导力提升所组织活动、项目的确存在总体上空白和不足等情况，这一情况需要引起相关方面的注意。

受访者对于在高校中建立规范的领导力培养和提升模块是具有较为强烈的需求的。具体表现在超过七成的受访者认为应该在通识教育中加入领导力的相关培训或课程（见表20）。甚至超过一半的受访者认为应该将领导力教育纳入正规的学位课程体系（见表21）。

表 20 受访者对"你认为是否应该在通识教育中加入领导力的相关培训或课程"的选择情况

单位：人，%

选项	人数	比例
应该	1141	73.85
不应该	74	4.79
说不清	330	21.36
本题有效填写人次	1545	

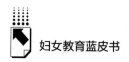

表21　受访者对"你认为是否应该将领导力教育纳入正规的学位课程体系"的选择情况

单位：人，%

选项	人数	比例
应该	840	54.37
不应该	248	16.05
说不清	457	29.58
本题有效填写人次	1545	

超过九成的受访者从来没有接触过专门的女性领导力教育或培训（见表22），如果开设了女性领导力的课程或培训，超过八成的受访者愿意参加（见表23）。

表22　受访者对"你是否接触过专门的女性领导力教育或培训"的选择情况

单位：人，%

选项	人数	比例
是	124	8.03
否	1421	91.97
本题有效填写人次	1545	

表23　受访者对"如果开设了女性领导力的课程或培训，你是否愿意参加"的选择情况

单位：人，%

选项	人数	比例
是	1287	83.30
否	258	16.70
本题有效填写人次	1545	

总体而言，受访者对提升以下能力都具有比较强烈的意愿（见表24）。

表24　受访者对"你希望开展的领导力教育内容是"的选择情况

单位：人，%

选项	人数	比例
团队维护	843	54.56
沟通能力	1113	72.04
自我提升	711	46.02

续表

选项	人数	比例
思维方式	778	50.36
危机处理技巧	896	57.99
本题有效填写人次	1545	

受访者当前了解有关领导力的内容，主要是通过"大众媒体和自媒体"（66.67%）、"学生组织"（51.46%）和"社会实践"（50.94%）的途径（见表25）。但是，受访者认为提升领导力最有效果的方式中超过半数的只有"社会实践"（78.06%）和"学生组织"（54.69%），"大众媒体和自媒体"在提升领导力方面的效果只获得了三成左右受访者的认可（见表26）。

表25　受访者对"你了解领导力的途径有哪些"的选择情况

单位：人，%

选项	人数	比例
学校课堂	592	38.32
书籍	700	45.31
学生组织	795	51.46
团委	497	32.17
其他社团	501	32.43
社会实践	787	50.94
大众媒体和自媒体	1030	66.67
没有了解途径	107	6.93
本题有效填写人次	1545	

表26　受访者对"你认为对领导力提升最有效果的选项"的选择情况

单位：人，%

选项	人数	比例
学校课堂	407	26.34
书籍	313	20.26
学生组织	845	54.69
团委	317	20.52
其他社团	351	22.72

续表

选项	人数	比例
社会实践	1206	78.06
大众媒体和自媒体	517	33.46
本题有效填写人次	1545	

关于女大学生领导力培养的障碍，受访者认为外部环境的作用是更显著的，其中，"缺乏相关的社会支持、组织运作和文化氛围"的比例最大，为76.05%；"对女性领导力提升的意义认知不足、重视不够"选择人数也占到73.20%（见表27）。相应地，受访者认为女大学生领导力提升的障碍也主要集中在"选拔机制和程序因素"（65.37%）、"传统文化因素"（65.18%）（见表28）。

表27　受访者对"你认为女大学生领导力培养的障碍主要是什么"的选择情况

单位：人，%

选项	人数	比例
对女性领导力提升的意义认知不足、重视不够	1131	73.20
缺乏相关的社会支持、组织运作和文化氛围	1175	76.05
女大学生缺乏培养其领导力的意愿	752	48.67
其他	67	4.34
本题有效填写人次	1545	

表28　受访者对"你认为女大学生领导力提升的障碍主要是什么"的选择情况

单位：人，%

选项	人数	比例
自身因素	858	55.53
传统文化因素	1007	65.18
家庭影响因素	592	38.32
选拔机制和程序因素	1010	65.37
本题有效填写人次	1545	

这项调查结果验证了领导力研究者所发现的领导者行为的三个基本底线之一"是否公正"。"是否公正"包括程序是否公正、分配是否公正、人际

是否公正和信息是否公正。[①] "缺乏相关的社会支持、组织运作和文化氛围"、"对女性领导力提升的意义认知不足、重视不够"和"传统文化因素"这三个选项体现的是对"公正"本身的诉求;"选拔机制和程序因素"是对"公正"的四个内涵的诉求。

值得关注的是,无论是女大学生领导力的培养障碍还是提升障碍中,均有半数左右的受访者认为女大学生自身的意愿也是不可忽视的因素之一。而这个选项与前面表 23 和表 24 呈现的结果表面上是矛盾的,但从应该保护和激励女大学生的领导力培养和提升意愿来讲,这几道题是殊途同归的作用。所以准确来说,不是女大学生缺乏培养和提升意愿,而是她们面对结构性的壁垒丧失了信心。这种怀疑、退缩在某种程度上也是一种抵抗。

查尔斯·蒂利(Charles Tilly)提出过一个问题:"如果通常的支配始终如一地伤害了那些得到明确界定的各种处于从属地位的集团的利益,那么,为什么那些处于从属地位的集团服从呢?为什么他们不进行持续不断的反抗或者至少是自始至终抵制这种方式呢?"蒂利认为,在通常的情况下,被领导者对自己的位置是非常清醒的,他们之所以没有改变这种局面,要么是没有意识到等级关系已经恶化到需要调整的地步;要么是没有能力去做颠覆性的行为来改变这种局面;要么就是被其领导者和当前领导关系中一些美好的"虚假意识"[②] 所干扰,保存着侥幸的心理,同时在自己的位置上不动声色地发展出一套非直接的对抗模式。[③] 所以,表 27 中"女大学生缺乏培养其领导力的意愿"和表 28 中"自身因素"需要从这个层面来理解其中的抵抗意义,而不能单纯地从字面的意思去理解为女性的怯懦。

(二)受访女大学生对"自身领导力的认知与运用"的测量结果

这部分的调查借鉴了由 Posner 和 Brodsky 设计的"领导力实践调查表",

---

① 张敬婕:《女性领导力基础理论研究》,中国传媒大学出版社,2020,第 27 页。
② 用斯宾诺莎的话说,拥有权力者没有妨碍那些服从他们的人以他们"自己的本性与判断所指示的"方式生活。
③ 张敬婕:《女性领导力基础理论研究》,中国传媒大学出版社,2020,第 37~38 页。

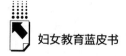
结合中国的实际国情，将题目调整为 20 个，系统地对应了学生领导力挑战模型的"以身作则"、"共启愿景"、"挑战现状"、"使众人行"和"激励人心"五个维度。

1. "以身作则"的自测情况

从图 1 至图 4 的数据可以看出，受访女大学生对自身作为领导者时能否"以身作则"的自测水平总体上处于肯定（4 分）和非常肯定（5 分）这两个水平，表现出受访者对自身在这方面的表现非常笃定和认可。这个结论与之前受访者对女性领导者的能力与男性持平甚至更有优势（见表 12）的结论一致。

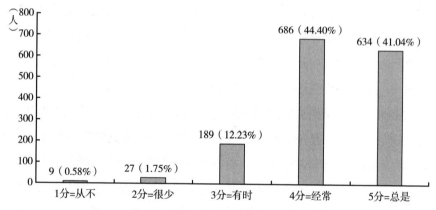

图 1 对于自己期待他人做到的事，我会以身作则

资料来源：女大学生自身领导力的认知与运用问卷。下同。

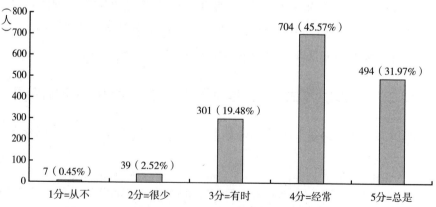

图 2 我花时间和精力确保团队成员遵守大家已经达成共识的原则和规范并以身作则

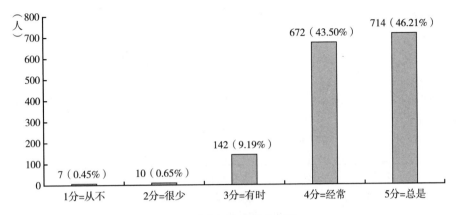

图3 我在组织中信守承诺

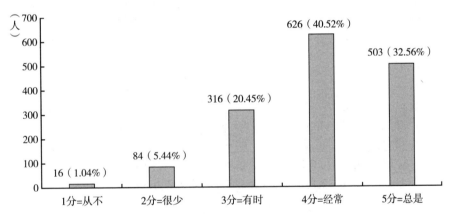

图4 对我的行为如何影响他人的表现这一问题，我寻求各种途径获得反馈

2. "共启愿景"的自测情况

从图5至图8的数据可以看出，与"以身作则"相比，"共启愿景"的自测显示，七成左右受访者对自身在这方面的表现持肯定（4分）和非常肯定（5分）的态度，而表示犹豫和摇摆态度（3分）的比例亦有所增多，每道题基本上有两成左右的受访者会选择"有时"。

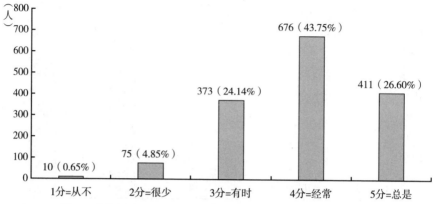

图5 我会展望未来，并就那些我看到的、未来可能会对我们
产生影响的事情，与他人进行沟通

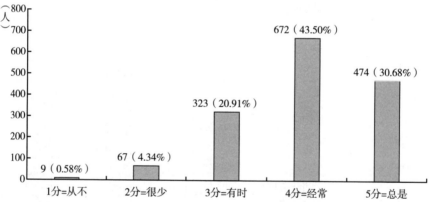

图6 我向团队成员阐述我们应当有能力达到的目标

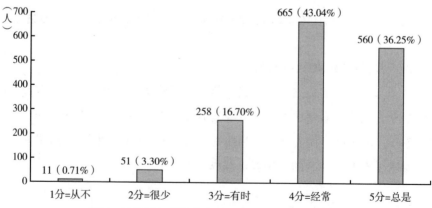

图7 我和组织成员分享对于组织正向发展的愿景

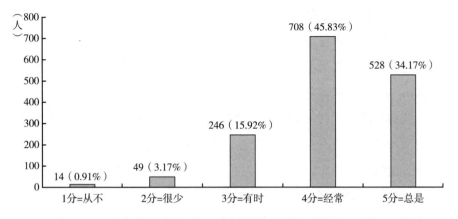

图8　我与他人讨论如何通过朝向共同的目标努力实现双赢

　　关于领导力的发挥，学者普遍认同以下三种基本理论，即特征理论、情势理论和功能理论。[①]

　　特征理论认为领导者是天生的，并且领导者身上具有特殊的、固定的、明显的领导特征。根据学者马尔文·萧（Marvin Shaw）的说法，领导者一般具有可信性、合作性、赢得成功的欲望、热情、动力十足、坚韧不拔、责任感、聪明才智、远见卓识、交流技巧以及受欢迎度。也就是说，如果一个人身上显现出以上特征，其便具备了领导者的基本资质。当然，这个人究竟能不能成为领导者，不是单纯由其基本资质所决定的，还要有"天时、地利、人和"的条件。

　　情势理论认为一个人能否展示出其领导技巧和领导行为是取决于当时情境的。领导力的发展和出现是受诸如问题的性质、社会气氛、团队成员的个性特征、团队的大小、适合完成任务的时机等因素影响的。简言之，情势理论说明的是所谓的"时势造英雄""情势使然"等情况。情势理论认为，领导者的资质是由其所完成的任务成效、其所受到的拥护情况、当下的具体需求等综合条件来检验的。情势理论解释了为何被选为领导的人其实并非都是那么适合、那么完美的，"坏的"或者不称职的领导之所以走上领导岗位，

────────────

① 特里·K. 甘布尔、迈克尔·甘布尔：《有效传播》（第七版），熊婷婷译，清华大学出版社，2005，第276~278页。

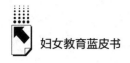

是因为情境理论为之提供了解释。

功能理论认为领导岗位并不是由唯一固定的某一个人所占据的，领导的影响力也并不是仅仅由占据领导岗位的那个人才有资格发挥。有一些团队成员必须时刻做好发挥领导力和影响力的准备，因为面对不同的团队目标需要采取不同的行动。任何一种任务型或维持型的行为都可被视为一种领导功能。只要团队成员是在完成既定任务，或是在发挥维持团队的功能，那么他就是在行使领导者的功能。

从以上三种理论可以看出，"共启愿景"观照的是领导关系和权力关系。在关于"共启愿景"的四道题目中，沟通程度越高，获得的共识和观念统一程度越高，展现出的领导力水平也就越高。所以，两成左右的受访者对其作为领导者是否做到了"共启愿景"持犹豫和怀疑态度，在很大程度上暴露出其行为实践比较缺乏更多、更深入的理论指导，当受访者消除相关认知上的壁垒和盲点后，相信有关"共启愿景"的选项中，持犹豫和怀疑态度的比例会显著缩减。当然，这个结论与之前受访者所显示出的对培训与提升的需求是相一致的。

3. "挑战现状"的自测情况

从图9至图12的数据可以看出，受访者普遍对自身潜能挖掘不够关注，但具有集体主义视角，即更加重视和关注对组织和团队成员发展重要的内

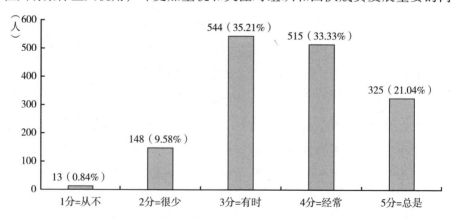

图9　我会寻找各种途径来发展和挑战自己的潜能

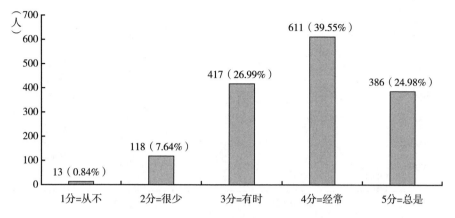

图10　我努力寻求各种方法鼓励大家创新

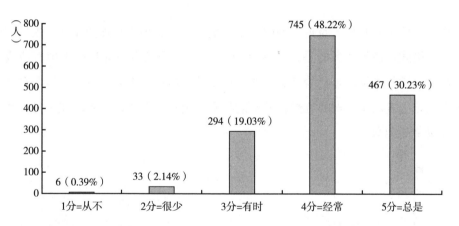

图11　对那些可能会对组织产生影响的时间和活动，我始终保持关注

容，九成左右的受访者表示（不同程度地）愿意寻找各种办法鼓励大家创新，并且能够对意外和经验做出总结。通过这些数据，可以看出受访者具有相当水平的领导力素养，而这一结论，也与之前的调查结果互为辅证。

4. "使众人行"的自测情况

从图13至图16的数据可以看出，受访者的合作能力很强，尊重其他成

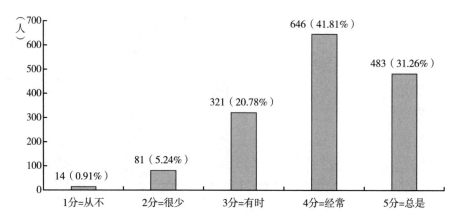

图12　当事情的发展出乎我们意料时，我提问自己："我们可以从这些经验中学到什么?"

员，并乐于倾听他人意见，倾向于采纳更为民主、平等和强调互动、效果的权力模式。值得注意的是，在图16中，近七成受访者在支持组织中其他成员独立进行决策时是比较肯定和非常肯定的，但也有1/4左右的受访者在这个问题上表示了怀疑和犹豫，并不能特别肯定自己能够信任团队成员具有独立决策的能力。

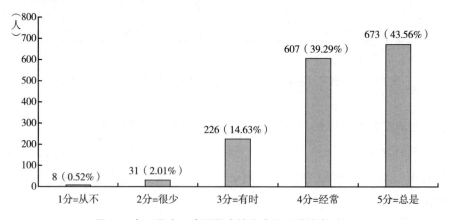

图13　在工作中，我更愿意培育合作而非竞争关系

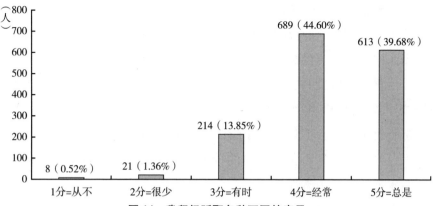

图 14 我积极听取各种不同的意见

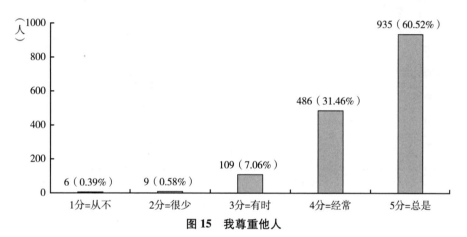

图 15 我尊重他人

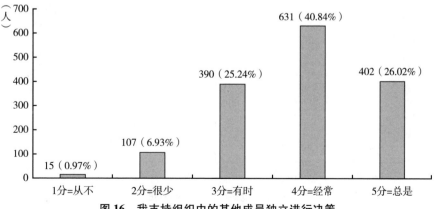

图 16 我支持组织中的其他成员独立进行决策

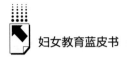

5. "激励人心"的自测部分

从图17至图20的数据可以看出，超过八成受访者非常肯定自己能够对团队中其他成员的成就给予积极、正面的表扬，鼓励团队成员做出成绩；注重精神鼓励和实际支持相结合。这些自测结果表明，受访者在履行领导者角色时，对组织内成员的个人发展不仅重视而且愿意给予具体支持；对组织内价值认同对于组织和个人发展的重要性有着非常明确的认识，同时能够做出积极正面的行为。这些结论再次表明，受访者具有相当水平的领导力素养。

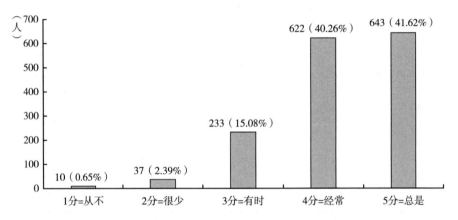

图17 我表扬出色完成工作任务的人

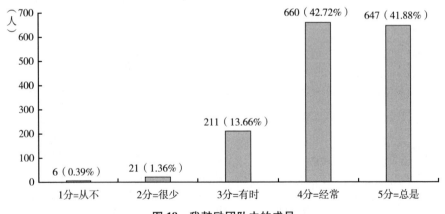

图18 我鼓励团队中的成员

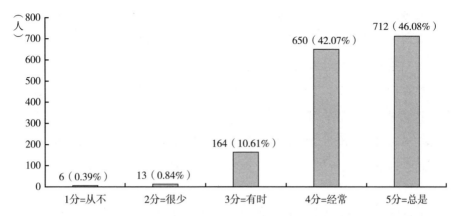

图19 我不仅为组织中的成员提供支持，同时也对他们的贡献表示肯定和赞赏

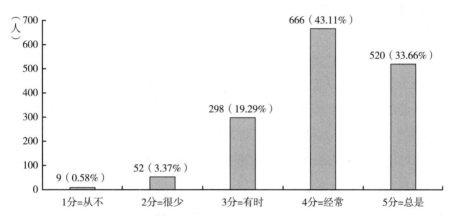

图20 对那些遵守我们价值观的人，我会特别留意对他们公开表示认可

（三）当前女大学生领导力认知与实践的特征

1. 受访女大学生对于获得性别平等、性别公正的发展环境与机制有着较为强烈的需求，认为目前女性得到的机会、资源与其能力水平之间存在差距

认为当前"基本上已经实现了平等"的只有7.44%（见表5）；在考察"班干部推选"的性别公正性时，认为"没有"典型的性别歧视现象的只占三成左右（见表7）；近一半的受访者认为女干部和男干部在领导能力方面是

"势均力敌"的，另外超过两成的受访者认为女干部"具有优势"（见表12）；受访者认为女大学生领导力培养的障碍中，外部环境的作用是更显著的，其中，"缺乏相关的社会支持、组织运作和文化氛围"的比例最高，为76.05%（见表27）；受访者认为女大学生领导力提升的障碍也主要集中在"选拔机制和程序因素"（65.37%）、"传统文化因素"（65.18%）（见表28）。图1到图20的自测部分的结论亦证明，受访女大学生扮演领导者角色时无论在价值观还是行为实践中，都体现出相当水平的领导力素养。

2. 受访女大学生认为无论是担任干部的经历还是目前积累的有关领导力培养和提升的经验，不仅不能满足其培养和提升领导力的诉求，而且存在较大的差距与空间

认为担任班干部的经历对其日后的职业发展"有很大帮助"的比例只有16.44%（见表6）；从没参加过任何形式培训的比例超过六成（见表19），受访者在读的学校、社团或老师"从没组织过"提升领导力的培训的比例为53.40%（见表18）；超过七成的受访者认为应该在通识教育中加入领导力的相关培训或课程（见表20），甚至超过一半的受访者认为应该将领导力教育纳入正规的学位课程体系（见表21），超过九成的受访者从来没有接触过专门的女性领导力教育或培训（见表22），如果开设了女性领导力的课程或培训，超过八成的受访者愿意参加（见表23）。

3. 受访女大学生面对当前的挑战，存在一定程度的信念摇摆、退缩，在某种程度上表现出"以退为进"的抵抗态度

从实践行为来看，超过八成的受访者有至少一次的竞选班干部的经历（见表10），但是从主观认识来看，会主动竞选的比例缩减至49.77%，表示拒绝态度的比例仍保持在不足一成（6.99%）的水平上，持犹豫观望态度的占到近三成（29.77%），表示"说不清"的比例超过一成（13.46%）（见表11）。大部分受访者表现出在行为上比主观意识上更积极更坚定的特征，她们不愿意错过任何机会；近三成的受访者则表示"如果老师委派则愿意"，体现出的是行为遵从而主观上不主动的特征。

4. 更倾向于项目和实践而非静态单向知识的获取，是受访女大学生对领导力培养和提升形式偏好的突出特征

近九成的受访者更看重"校外实践"（见表 16）；"社会实践"（78.06%）和"项目实践"（76.70%）更受欢迎（见表 17）；受访者认为提升领导力最有效果的方式首选也是"社会实践"（78.06%）（见表 26）。对当下的女大学生而言，她们已经充分认识到单向的知识"接收"并不等同于真正的能力提高，她们不再满足于"了解"和"理解"知识的具体内容，而是更期待"运用"以及在运用中提高技巧和策略，这种普遍共识与她们对"领导力"内涵中最重要的一项的选择是"解决问题的能力"是一致的。毕竟"领导力"本身就是一种实操能力，如果不是纯粹进行理论研究的话，只在课堂上、教室里和书本中获取相关的知识无异于"纸上谈兵"。

五　问题与建议

虽然自测部分表现出受访者具有相当水平的领导力素养，但由于其比较缺乏系统的领导力理论培训，的确存在知识上的壁垒与盲区，也缺乏学校内系统、持续的相关资源的支持，所以在其行为实践中难免存在对领导力实施模式复杂性、多变性、灵活性的认识不足。不过，通过以下措施可以尝试改变与此类似的相关问题。

首先，在高校课程体系内增加"领导力"相关内容的设置，强调授课模式和项目实操模式的均衡比例；授课内容要根据学生领导力水平而做出相应的调整，以切实提高学生领导力素养为目标；确保实践项目中领导力培训目标的落实，明确"参与率不等于培训和提高的实绩"，杜绝只看参与率而不注重实际培训和提升的效果，要有专门的措施保障女性在参与中获得成就感和实际收获。将女性领导力培训作为素质教育内容之一，将其常态化、规范化、科学化。

其次，注重建立有利于领导力发挥的组织文化，建立相关机制，优化组织的领导模式。在校园内普遍倡导女性"向前一步"的文化，同时通过制

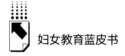

定相关制度和规定，强制落实和监督，确保各个层次女性都能获得平等公正的竞选机会、培养机会和提拔机会。对女性领导力培训与提升项目建立专人专项管理制度，注重对先进模式的研究、实践、提炼和总结，对优秀女性领导人才给予适当的激励，让其有施展能力与智慧的空间。

再次，将"提升女性领导力"的内容纳入教师和领导干部各项培训体系内，让提升女性领导力的意识在校园内"无死角"。注重树立女性领导者典型，创造更多条件给女教师和女学生锻炼领导力的机会和支持。大力推广和贯彻"领导力培训和提升并不局限于领导岗位的观念"，注重"以身作则"、"共启愿景"、"挑战现状"、"使众人行"和"激励人心"等理念的推广和落实。

最后，提升女大学生领导力素养和水平并不局限于校园之内，受访者普遍不信任大众媒体和自媒体的调查结论，已经充分说明了媒体环境对女大学生领导力提升问题的无视，在这个问题上媒体起到的非正向的效果应该引起充分重视。"提升女大学生领导力水平"不应仅仅成为媒体报道的内容，而应该成为媒体报道的议题之一，也应该成为媒体从业人员的观念准则之一，纳入培养和考核体系。校园内外应正确看待媒体中对女性领导者的负面评价、负面塑造和负面传播，加大对女性领导者贡献的重视与宣传力度。

总而言之，提升女大学生领导力水平和素养是一个多方合力的过程，高校作为培养和提升公民素养相当关键的一个环节，势必不能遗漏对这一问题的重视、设计和实施；而女大学生领导力水平的整体提高，不是只为社会带来几个岗位上的女领导而已，而是会带动整个社会文化朝着更积极、更公正、更平等的方向建设与完善，同时，也必将使整个社会体制和全体人民从中受益。

B.4
智媒时代女大学生的媒介
素养与成长发展研究

龙　耘*

摘　要： 进入智媒时代，女大学生群体的媒介素养现状与其成长发展需求
　　　　不匹配。针对这一议题，本研究综合采用定量和定性研究方法，
　　　　从技术和环境两个维度出发，探索女大学生当前的网络参与和使
　　　　用行为，结合时代与环境特征讨论女大学生成长发展难题与提升
　　　　路径。通过对女大学生的媒介接触、媒介利用和媒介素养教育状
　　　　况的研究，发现智媒时代女大学生的媒介使用存在信息保护问
　　　　题、信息质量问题和信息噪声问题。当下，对女大学生媒介素养
　　　　的提升是一个不容忽视与亟待回应的议题，不仅要从顶层设计维
　　　　度考虑女大学生媒介素养提升路径的技术基础与物质条件，也要
　　　　从价值观念和伦理层面对其建设方向有整体把握。

关键词： 智媒时代　女大学生　媒介素养

导　言

第 47 次《中国互联网络发展状况统计报告》显示：截至 2020 年 12 月，
我国网民规模达 9.89 亿人，互联网普及率达 70.4%。其中，中国网民男女

---

* 龙耘，女，中国传媒大学教授、博士生导师，中国传媒大学国家传播创新研究中心主任，主
要研究方向为数字伦理、跨文化传播、性别与媒介等。

比例为 51.0∶49.0，20~29 岁年龄段网民比例为 17.8%；职业结构上，学生群体最多，占比为 21.0%；学历结构上，大学专科和大学本科及以上的网民群体，占比为 19.8%。① 《2019 年〈中国妇女发展纲要（2011—2020年）〉统计监测报告》显示：高等教育在校生中女研究生人数为 144.8 万人，占全部研究生的比重达到 50.6%；普通本专科、成人本专科在校生中女生分别为 1567.9 万人和 392.3 万人，占比分别为 51.7% 和 58.7%。高等教育女生占比超过一半。②

进入智媒时代，媒介嵌入人们的日常生活，对社会生活的方方面面都产生着巨大影响。女大学生作为新时期有知识、有文化、有思想的特殊群体，对媒介亦展现了较高的需求。但与此同时，这一群体对于媒介的采纳和利用能力，未能与其需求相匹配。不仅她们在媒介的实际使用中存在困境与问题，更由此限制了其自我成长与发展的空间。针对智媒时代女大学生的媒介素养与成长发展议题，本研究综合采用定量和定性研究方法，从技术和环境两个维度出发，探索女大学生当前的网络参与和使用行为，结合时代与环境特征去讨论女大学生成长发展难题与提升路径。

研究发现，在智能媒体对大众日常生活的深层次渗透中，人们的思维方式和行为认知皆受其影响，并为其改变；我们的"数字足迹"也出于各媒体平台"精准推送"的需要而被记录。由此，信息保护问题变得日益严峻，隐私泄露成为常态，我们时刻暴露在"第三只眼"下。与之相对应，数据过载、检索困难及真伪难辨等信息质量问题亦随之出现。人们从"信息匮乏"的状态逐渐进入"信息过载"的状态。此外，在实际调研的过程中，我们还发现女大学生也面临不同程度的信息噪声问题，互联网作为一种交互性的"全媒体"和"超媒体"，众声喧哗已成为常态，而女大学生作为接入互联网信息环境的一部分，其在搜寻、获取有效信息时，亦不得不与噪声相

---

① 《第 47 次〈中国互联网络发展状况统计报告〉》，http：//www.cac.gov.cn/2021-02/03/c_1613923423079314.htm。

② 国家统计局：《2019 年〈中国妇女发展纲要（2011—2020 年）〉统计监测报告》，《中国信息报》2020 年 12 月 21 日，第 2 版。

遇，甚至被卷入网络讨论的旋涡，或因性别身份而成为讨论内容的客体或被
凝视的对象。

针对上述女大学生智能媒介使用中存在的信息保护困难、信息质量不一
及信息噪声干扰等多维度的难题与现状，研究认为，对女大学生媒介素养的
提升是一个不容忽视与亟待回应的议题。不仅要从顶层设计的维度去考虑女
大学生媒介素养提升路径的技术基础与物质条件，还要对其建设方向有整体
的价值把握。第一，从当下的媒介环境出发，将技术与女大学生的媒介素养
提升教育相结合，让技术真正地服务于人。第二，要提升整个社会、多方主
体对女大学生媒介素养教育和建设的关注度，在法律、伦理层面形成整个社
会的共识，进而推动实践领域的联动保护机制建设。第三，明确高校在媒介
素养教育中的重要意义，智媒时代的高校更应该积极主动地开展媒介素养教
育普及工作，推动媒介素养教育常态化。

一 新时期女大学生成长与发展现状考察

《2019 年〈中国妇女发展纲要（2011—2020 年）〉统计监测报告》显
示：高等教育女生占比超过一半。近年来，中国高等教育快速发展，高等教
育毛入学率已由 2010 年的 26.5% 快速提高到 2019 年的 51.6%。2019 年，
高等教育在校生中女研究生人数为 144.8 万人，占全部研究生的比重达到
50.6%，与 2010 年相比提高 2.7 个百分点；普通本专科、成人本专科在校
生中女生分别为 1567.9 万人和 392.3 万人，占比分别为 51.7% 和 58.7%，
分别比 2010 年提高 0.9 和 5.6 个百分点。[①] 在此背景下，对女大学生群体成
长与发展的关注是十分必要且重要的。对新时期女大学生成长与发展的研究
有助于揭示这一群体面临的问题与挑战，并有针对性地给予改进措施和建
议，从整体上提升我国青年女性的成长质量，进而推动社会的可持续发展。

---

① 国家统计局：《2019 年〈中国妇女发展纲要（2011—2020 年）〉统计监测报告》，《中国信
息报》2020 年 12 月 21 日，第 2 版。

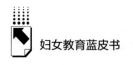
（一）新时期女大学生成长与发展中的关注重点与难点

通过对当前女大学生成长与发展的相关文献的梳理与检视，本研究归纳出当前学界对此问题的关注点主要体现在性别平等意识、校园文化建设以及思想政治教育等方面。

1. 社会性别平等意识与女大学生的成长发展

社会性别平等意识的培养对女大学生的成长发展发挥着重要作用。有学者对新疆少数民族女大学生平等就业状况进行问卷调查和个案访谈，研究发现：重视社会性别平等意识的培养对于促进少数民族女大学生健康成长、自主发展具有重要意义。培养少数民族女大学生社会性别平等意识的根本途径是家庭-学校-社会的合力教育。其中，家庭教育是基础，学校教育是主渠道，社会教育是环境保障。只有三种教育彼此协调、互相促进，才能更好地发挥其在培养少数民族女大学生社会性别平等意识上的作用，从而真正促进她们成长发展。[①] 还有学者特别研究了社会性别意识偏差对女大学生成长的制约。所谓社会性别意识偏差，是指脱离性别平等视角观察两性、研究两性、规定两性的一系列思维特征和行为方式。女大学生群体受到社会性别意识偏差影响主要表现在社会舆论、价值观念、性别角色刻板印象以及自我认知等层面，这些均成为女大学生成长道路上的阻碍。为纠正社会性别意识偏差，应当在社会层面全面推进性别平等观念，另外也应当强化女大学生自身的社会性别意识培养。[②]

2. 校园文化建设与女大学生的成长发展

校园文化建设与女大学生的成长发展得到了学界的广泛关注。校园文化建设发挥着政治导向作用，帮助女大学生树立正确的政治立场和思

---

① 刘东英：《社会性别平等意识的培养与少数民族女大学生的成长发展——基于对新疆少数民族女大学生平等就业状况的问卷调查与个案访谈的分析研究》，《黑龙江高教研究》2008年第11期，第119~121页。

② 李晓燕：《社会性别意识偏差对女大学生成长的制约》，《广东教育学院学报》2007年第6期，第31~36页。

想观念①，对提高女大学生的道德素质、主体意识和就业竞争力发挥着重要作用。与此同时，学者注意到在高校校园文化建设过程中，女大学生的成长存在政治观淡漠、婚姻观偏向、就业观消极及组织功能缺位等问题。研究认为，女大学生成长发展呈现一系列问题的归因主要为：传统性别文化和思维方式的影响、学校教育中性别意识的缺失以及不良网络文化的侵蚀。为解决其中存在的这些问题，从实践角度，应当深入开展校风建设，推进"四自"精神文化建设，营造性别和谐的校园文化环境；从学术研究角度，应当进一步加强学术界对校园文化建设与女大学生的成长研究，提高高校对校园文化建设对女大学生成长重要性的认识，深化高校校园文化项目建设及功能对女大学生健康成长影响的研究。随着时代的不断发展变化，女大学生的成长环境也在不断地发展变化，要求在校园文化建设过程中，时刻关注女大学生的发展和变化，根据她们的特殊性，正确地引导她们，促使她们更好地成长成才。②

3.思想政治教育与女大学生成长发展

除上述内容以外，从思想政治教育视角研究女大学生成长发展也是学界关注的重点。在思想政治教育视角下，当代女大学生成长发展过程中仍存在诸多困境。首先，受到部分西方思潮的影响，女大学生的思想道德问题日益凸显，表现为重功利与实用主义，理想信念缺失；个体本位主义增强，而集体主义观念淡薄；政治观念淡漠与道德失范。其次，习惯性性别角色导致女大学生的心理健康存在诸多问题，具体表现为自卑、嫉妒、攀比、焦虑与情绪失控等。最后，由于性别歧视等问题，女大学生面临就业难的窘境。为解决女大学生成长与发展中的困境，从思想政治教育视角出发，应当坚持思想引领，增强女大学生的主体性；重视女大学生的心理健康教育，塑造健康人格；强化专业培养，提升女大学生的职业能力；增强女性特色系列活动，建

① 吴春：《高职女校校园文化建设与女性人才培养研究——以广东女子职业技术学院为例》，《高等职业教育（天津职业大学学报）》2010年第2期，第81~83页。
② 王芳、李美清：《校园文化建设与女大学生成长研究综述》，《高教论坛》2012年第4期，第134~137页。

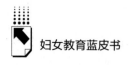

设女大学生校园文化;整合各方面力量,构建女大学生成长成才的良好环境。①

(二)媒介素养视角下女大学生的成长与发展

第47次《中国互联网络发展状况统计报告》显示:截至2020年12月,我国网民规模达9.89亿人,互联网普及率达70.4%。其中,中国网民男女比例为51.0∶49.0,20~29岁年龄段网民比例为17.8%;职业结构上,学生群体最多,占比为21.0%;学历结构上,大学专科和大学本科及以上的网民群体,占比为19.8%。② 进入智媒时代,媒介嵌入人们的日常生活,对人们生活的方方面面产生巨大的影响。女大学生作为新时期有知识、有文化、有思想的特殊群体,对信息及媒介展现出较高的需求,同时在其媒介使用中也存在困境与问题。对我国女大学生群体媒介素养的研究有助于从媒介素养的视角揭示女大学生的成长难题,并有针对性地给予改进措施和建议,助力智媒时代下女大学生群体的健康良性成长与发展。通过对现有文献的梳理与研究发现,媒介素养视角下女大学生的成长与发展研究主要集中在媒介素养对女大学生成长的影响研究、女大学生媒介素养现状的调查研究和提升女大学生媒介素养的策略研究方面。

1. 当前女大学生的媒介素养水平有待进一步提升

针对我国女大学生媒介素养这一问题,不少学者展开了基于某一地区的实地调研,通过问卷调查和访谈来考察这一群体的媒介素养现状。李敏智以广西五所高校的部分女大学生为研究对象,研究女大学生对媒体的接触情况、认知与理解以及媒介参与能力。研究显示,当前广西地区女大学生的媒介素养整体呈现积极向上的趋势,对新型媒介表现出较强的接受能力和驾驭能力,能够主动通过媒介找到所需的信息,批判地看待媒介信息,以及积极

---

① 刘艳花:《思想政治教育视野下当代女大学生成长成才研究》,硕士学位论文,延安大学,2016。

② 《第47次〈中国互联网络发展状况统计报告〉》,http://www.cac.gov.cn/2021-02/03/c_1613923423079314.htm。

主动参与媒介内容生产。但与此同时，调查结果也显示，女大学生的媒介素养仍处于自发、无意识、盲目的状态，主要表现为女大学生在媒介接触中存在接触频率高及依赖性强的不良现象；把媒介仅仅当作娱乐消遣工具，媒介使用效率低下；对媒介素养重要性的认识不足。[①] 也有学者对新疆少数民族女大学生的媒介理解、分析状况和传播能力进行了调查，其中重点考察了对媒介的消费行为、对女性报道的认知、媒介参与能力和对新媒体的认知。研究发现，她们把娱乐开心和了解信息作为媒介使用的主要目的；在媒介内容认知分析方面，部分从农村外县来的女大学生主体性别意识薄弱，媒体利用能力需要加强，针对媒介报道的反馈呈失语状态。[②]

2. 媒介素养水平影响女大学生的成长与发展

经学者研究发现，媒介素养关乎着女大学生的成长与发展，良好的媒介素养对女大学生成长发挥着积极作用，而媒介素养的缺失对女大学生成长存在负面影响。

媒介素养在女大学生的健康成长中发挥着不可替代的作用。媒介素养是女大学生思想道德的风向标，有助于其加快自身发展、加速成才的社会化进程。从实践来看，媒介素养对促进女大学生群体平等地参与社会生活、形成良好的两性观念和正确的价值观、人生观、世界观发挥着积极作用。[③] 伴随社会经济的发展，女性的生存状况和社会地位得到改善，受教育程度呈现上升趋势，同时媒介的快速发展也为女性提供了展示自我和发声的平台。在这样的时代背景下，如果缺乏对媒介信息的筛选、解读和批判等能力，将会无力应对海量而庞杂的媒介信息。[④]

---

① 李敏智：《广西高校女大学生媒介素养研究——基于广西区 5 所高校的调查与分析》，《广西师范大学学报》（哲学社会科学版）2014 年第 1 期，第 128~134 页。

② 王蔚：《新疆少数民族女大学生媒介素养调查与研究》，《贵州民族大学学报》（哲学社会科学版）2013 年第 2 期，第 137~140 页。

③ 李敏智、何成学、陈雪斌、秦燕、邱慧、王粤湘、何昕、李成林、冯婧：《关于信息时代女大学生媒介素养问题的研究》，《市场论坛》2015 年第 10 期，第 78~82 页。

④ 李敏智：《广西高校女大学生媒介素养研究——基于广西区 5 所高校的调查与分析》，《广西师范大学学报》（哲学社会科学版）2014 年第 1 期，第 128~134 页。

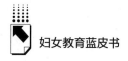
媒介素养的缺失会对女大学生的健康成长起到负面作用，使其自身发展受到阻碍。首先，媒介素养的缺失会降低女大学生对媒介的利用率、对网络新媒介信息的辨识度、对媒介行为的自控能力，从而使女大学生在成长成才规划中处于劣势。其次，不健康的网络信息会使女大学生迷失价值，网络虚拟空间加剧女大学生的人际关系失调，进而影响到女大学生群体的健康成长。①

3. 女大学生媒介素养提升中的多主体协同性

有研究通过对我国女大学生媒介素养现状的调查，发现提升女大学生的媒介素养是必要且重要的，在媒介素养提升的策略中既要考虑到人们媒介素养需求的共性，同时也要考虑到女大学生这一群体的特殊性。从政府主体出发，政府应当积极制定相关制度，营造媒介素养教育的整体氛围，强化政府在女大学生媒介素养提升中的导向作用。从高校主体出发，高校应当提升媒介素养教育认识度，加大媒介素养教育力度。发挥高校的主导作用，增加信息获取渠道的多样性；建设大学媒介素养教育课程体系，把媒介素养教育贯穿于各个学科；发挥校园文化的教育作用和教师的引导作用。从社会主体出发，社会公众应当积极参与，共同创建媒介素养教育的良好社会环境。从女大学生自身来说，应当培养正确使用媒介的良好习惯和信息伦理意识，塑造高尚的道德人格；增强主动意识和针对性，提高新媒体的自我教育能力；提升自身媒介素养，提升新媒体辨识能力；注重自身修养，塑造良好形象。②

经上述文献整理总结可以看到，当前对于女大学生的成长与发展关注，虽然聚焦于一些重点领域和现实话题，但很好地结合时代与环境特征去讨论女大学生成长发展难题与可能提升路径的研究相对欠缺。在智能媒体日益渗透大众的日常生活、深刻改变着人们的思维方式和行为认知的当下，女大学

① 李敏智、何成学、陈雪斌、秦燕、邱慧、王粤湘、何昕、李成林、冯婧：《关于信息时代女大学生媒介素养问题的研究》，《市场论坛》2015 年第 10 期，第 78~82 页。

② 朱春花：《新媒体视域下女大学生媒介素养教育探究》，《辽宁农业职业技术学院学报》2018 年第 6 期，第 48~50 页。

生提升自身媒介素养以及借此实现自我成长和发展的可能性无疑是值得关注的重要议题。

二 智媒时代女大学生的媒介素养建设

（一）关键概念的梳理界定

1. 智媒时代

互联网进化的基本线索在于"连接"，在物与物、物与人的充分连接前提下，媒体的发展趋向为"万物皆媒"。Web 2.0之后，媒体变革的起点是移动互联网，更大的趋向是媒体智能化或智媒化，智媒化的特征在于三方面：万物皆媒，即未来机器及各种智能物体都有媒体化可能；人机合一，即智能化机器、智能物体将与人的智能融合，共同作用，构建新的业务模式；自我进化，即人机合一的媒介具有自我进化的功能，机器洞察人心的能力、人对机器的驾驭能力互为推进。[1] 2017年7月20日，国务院发布《新一代人工智能发展规划》，正式将"发展人工智能"提升至国家战略层面，在政策层面为"智媒时代"的到来吹响号角。[2] 在技术层面，社会化媒体的应用，移动互联网、大数据和云计算技术的广泛应用构成互联网智能化发展的基础，人工智能、物联网、VR、AR等技术的发展为媒体智能化发展提供源源不断的动力，使"智媒"成为未来媒体发展的主要趋向。[3]

媒体的智能化一方面消融了传统传媒业态的边界，另一方面也重塑着传媒的原有生态。智能化媒体时代，用户平台、新闻生产系统、新闻分发平台及信息终端等构成传媒业态的重要维度发生着巨大变化。其中，用户平台将

---

① 彭兰：《智媒化：未来媒体浪潮——新媒体发展趋势报告（2016）》，《国际新闻界》2016年第11期，第6~24页。
② 《国务院关于印发新一代人工智能发展规划的通知》，http：//www.gov.cn/zhengce/content/2017-07/20/content_5211996.htm。
③ 苏涛、彭兰：《"智媒"时代的消融与重塑——2017年新媒体研究综述》，《国际新闻界》2018年第1期，第38~58页。

是人的社交平台、与人相关的物体平台以及与人相关的环境系统互动形成的大平台。新闻生产系统中机器成为新闻生产者，新闻信息的存储、分析、加工系统可能脱离专业媒体独立存在。新闻分发与新闻生产逐渐分离，成为两个独立系统，多种新闻分发平台共存，传统媒体在新闻分发平台中的地位下降。信息终端在"万物皆媒"时代下的三大重要领域分别为可穿戴设备、智能家居和智能汽车。智媒时代的总体特征、智媒时代下新闻业的变革以及智媒时代的传播伦理研究是新闻传播学界与业界重点关注的领域。

2. 媒介素养

20世纪30年代初期，欧洲学者首次提及"媒介素养"（media literacy）一词，这一概念由素养一词延伸而来。在国外，不同的学者对这一概念进行了不同的阐释。英国著名媒介教育学者大卫·帕金翰将媒介素养界定为"为了使用和解读媒介所必需的知识、技巧和能力"。[①] 美国学者詹姆斯·波特称媒介素养"指的是一种视角，我们积极地运用它来接触媒介，解释我们所遇到的消息的意义，其三大基石分别为个人定位、知识结构和技能"。[②]加拿大安大略省教育部对媒介素养做出的定义是"媒介素养旨在培养学生对媒体的本质、媒体常用的技巧和手段以及这些技巧和手段所产生的效应的认知力和判断力"。[③] 学者鲁宾从三种模式来理解媒介素养，即能力模式、知识模式和理解模式。能力模式是指获取、分析、评价和传播各种形式信息的能力，侧重于信息的认知过程；知识模式认为媒介素养是关于媒介如何对社会产生影响的知识体系，侧重于信息如何传播；理解模式指出媒介素养是理解媒介信息在制造、生产和传递过程中受到来自文化的、经济的、政治的和技术的诸力量的强制作用，侧重于对信息的判断力和理解力的强调。[④]

---

① 张开：《媒介素养概论》，中国传媒大学出版社，2006。
② 詹姆斯·波特：《媒介素养》（第四版），李德刚等译，清华大学出版社，2012。
③ 张开：《媒介素养概论》，中国传媒大学出版社，2006。
④ 臧海群：《传播学教育新方向：从媒介研究到媒介素养》，《现代传播》2003年第6期，第89~92页。

我国媒介素养概念来自对英文"media literacy"的翻译，不同学者对其认识也存在差异。张开将媒介素养定义为传统素养（听、说、读、写）能力的延伸，包括人们对各种形式的媒介信息的解读能力，除了现在的听、说、读、写能力外，还有批判地观看、收听并解读影视、广播、网络、报纸、杂志、广告等媒介所传输的各种信息的能力，当然还包括使用宽泛的信息技术来制作各种信息的能力。① 之后，又对这一概念进行了延伸，认为媒介素养是一种能力和知识模式，是通过一定的教育途径和生活经历逐渐建立起来的获取媒介讯息、讯息的意义和独立判断讯息价值的知识结构；是培养起来的对繁杂的媒介信息的选择、理解、质疑、评估、表达、思辨性应变的能力，以及创造和制作媒介讯息的能力。② 白传之和闫欢认为"媒介素养"（media literacy）是由"媒介"和"素养"组合而成的，它"是指人们批判性地解读和欣赏多种媒介讯息与作品以及利用媒介获得自身和谐发展的能力，要表达的是人与媒介的互动关系和结果，人从一生下来就要掌握语言，开始读书、识字，学习各种知识与技能，以适应在客观世界（包括人和自然界）中生存的需要，并形成对世界的看法"。③

综合以上多位学者对媒介素养的概念界定，本研究认为，对媒介素养的考查主要涵盖对不同媒介的使用能力；对媒介内容的获取、传播和判断能力；对媒介属性和媒介运转机制的认知；对媒介影响力的判断；对媒介与社会的互动关系的了解。本研究也将在此基础上，围绕上述框架并结合技术驱动背景下的媒介环境变化，展开对相关议题的考查与讨论。

3. 女大学生

女大学生，即女性的大学生，在高等学校读书的女学生。其中，高等教育层次包含大专、高职、本科、硕士、博士等各个层面。2020 年 5 月，教育部发布《2019 年全国教育事业发展统计公报》，对全国教育事业发展各项

---

① 张开：《媒体素养教育在信息时代》，《现代传播》2003 年第 1 期，第 116~118 页。
② 张开：《媒介素养理论框架下的受众研究新论》，《现代传播》（中国传媒大学学报）2018 年第 2 期，第 152~156 页。
③ 白传之、闫欢：《媒介教育论：起源、理论与应用》，中国传媒大学出版社，2008。

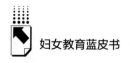

数据做了全面统计。数据显示,全国各类高等教育在学总规模为 4002 万人,高等教育毛入学率为 51.6%。^①在高等教育阶段,在校女学生数量已经明显超越男学生。在校博士生中,女生所占比例达到 41.32%,相较于 2010 年的 35.48%有明显的提升。在校硕士生中,女生数量反超男生,所占比例达到 52.17%。而在普通本科在校学生中,女生占到了 53.90%,比男生高出了 7.8 个百分点。随着我国高等教育的发展,在校女大学生的人数越来越多,围绕女大学生这一特殊群体的相关研究也日渐丰富。^②

(二)相关研究理论的思考借鉴

1. "使用与满足"理论

"使用与满足"理论起源于 20 世纪 40 年代,形成于 70 年代。1974 年,卡茨在《个人对大众传播的使用》一书中最早提出"使用与满足"理论,提出了使用与满足过程的基本模式,认为媒介接触行为是一个"社会因素—心理因素—媒介期待—媒介接触—需求满足"的因果连锁过程,他认为受众是有着特定需求的个体,并且基于特定的动机去接触媒介,他们的媒介接触活动是满足自身需求的过程。^③这一理论认为受众是积极主动地去选择自己所喜爱和需要的媒介内容与信息,而不是被动地接收媒介信息。不同的受众也可以通过不同的媒介信息来满足不同的需求,并达到不同的目的。受众的需求动机,不仅受到受众在接触媒介过程中个体的心理、兴趣以及环境等因素的影响,也受到受众的政治、经济、文化背景以及社会地位、价值观念和群体归属关系等众多因素的影响。^④

---

① 《教育部发布 2019 年全国教育事业发展统计公报 全国各级各类教育事业取得新进展》,中华人民共和国教育部官网,http://www.moe.gov.cn/jyb_ xwfb/s5147/202005/t20200521_ 457227.html。

② 《2019 年中国各阶段教育学生人数、男女学生人数及男女学生结构分析》,中国产业信息网,https://www.chyxx.com/industry/202007/884623.html。

③ 郭庆光:《传播学教程》,中国人民大学出版社,1999。

④ Katherine Miller, *Communication Theories—Perspectives, Processes, and Contexts* (Second edition)(Peking University Press, 2007).

卡茨等人提出"使用与满足"理论的五点假设：①受众接触大众媒介是有目的的，受众出于社会心理需要，通过接触大众媒介使自身的社会心理需要得到满足；②传播过程需要受众在使用媒介的过程中发挥其积极主动性，主动将媒介的使用和需求的满足联系起来，从而使自身的需求得到满足；③大众媒介只能满足人类一部分的需求，媒介在满足这些需求时必须与其他来源，比如人际传播或其他传统的需求满足方式相竞争；④研究资料源于受众的自我报告，也就是说这个理论假设受众是理性的，能了解自己的兴趣和动机，并且能明确地以恰当的形式表达出来，研究者根据受众的回应来推测受众接触媒介的动机；⑤无须对大众传媒做出价值判断。① 女大学生对媒介的使用也是使用与满足的过程，该理论为智媒时代下女大学生的媒介素养研究奠定了理论基础。

2. 马克思关于人的全面发展的理论

全面发展是大学生健康成长的根本目标，思想政治教育的培养目标就是要坚持全面发展观，促进人的自由全面发展。② 马克思主义关于人的全面发展理论包括以下内容。首先，人的全面发展是人的智力和体力的全面协调发展。马克思指出："就是生产劳动同智育和体育相结合，它不仅是提高社会生产的一种方法，而且是造就全面发展的人的唯一方法。"③ 他强调人的全面发展的基础是人的体力和智力的统一发展。女大学生在成长的过程中，也要注重自身体力和智力的发展，把自身全面发展的基础打好。其次，人的全面发展是人的才能和兴趣爱好的全面发展。个体在发展的过程中，不仅要参加生产劳动，还要培养自己多方面的才能，以及各种各样的兴趣爱好。女大学生的全面发展也是一样，在校园生活中，要多参加各式各样的校园文化活动，培养自己各方面的兴趣爱好，全面提高各方面的才能。再次，人的全面发展是人的道德素质的全面发展。最后，人的全面发展是人的社会关系和人与自然和谐统一的全面发展。人的本质决定了人是社会关系的产物，人的发

---

① 李彬：《传播学引论》，新华出版社，2003。
② 张耀灿等：《现代思想政治教育学》，人民出版社，2006，第141页。
③ 《马克思恩格斯选集》第三卷，人民出版社，1972，第332页。

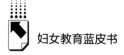

展程度取决于社会关系的发展程度。女大学生的成长是具体意义上的成长，它是根植在社会经济关系之中的成长，社会关系是她们成长的基础。同时，人的全面发展还要处理好人与自然的关系。马克思主义关于人的全面发展理论揭示了女大学生成长的方向和标准，为她们的成长提供了理论依据。

3. 社会性别理论

社会性别是指社会文化形成的对男女两性及两性关系的期望、要求和评价，以及行为方式的综合体现，即性别的文化意义。[①] 社会性别不像生理性别那样是与生俱来的，它是随着社会文化的发展，社会政治、经济以及文化对性别的建构。在社会文化中形成了很多社会性别规范，深刻地影响着男女的行为、观念。从社会性别来看，社会上存在很多性别不平等的现象，女性在社会上的地位比男性低，在很多方面受到歧视。学者对社会性别进行研究，认为社会性别具有以下几点基本特征。第一，社会性别理论是变化发展的，具有革命性和反叛性。第二，社会性别理论是男女两性在社会中平等相处、共同发展的理论，揭示了男性和女性在社会中不平等的社会关系和他们同时受到传统性别观念的束缚和制约。社会性别理论的提出有利于男女两性共同对抗传统性别观念，促进两性和谐、平等地发展。第三，社会性别理论是将主体意识纳入性别的范畴，将女性作为主体来看待，从而寻求女性在社会中的主体地位。女性不是任何国家、社会机构和男人的工具和附属品。社会不能无视两性间存在的不平等性别关系，无视女性的权利和需求，相反她们的权利和需求应该得到社会的认可和满足。[②]

社会性别的分析方法是解决男女不平等以及相关问题的方法，对很多不公平、不合理的社会现象进行社会性别分析，最终促进社会向前发展和实现男女平等。作为女性群体一部分的女大学生群体，也会面临很多男女不平等现象和女不如男的观念影响。把社会性别理论运用到女大学生成长的研究中，有着重要的意义。

---

① 姚钦英等：《女大学生成才学》，华南理工大学出版社，2003，第119页。
② 王芳：《高校校园文化对女大学生成长的影响研究》，硕士学位论文，广西大学，2013。

三 调研方案与实施情况

（一）研究实施概况

1. 调研内容

本研究综合采用定量和定性研究方法，从技术和环境两个维度出发，对智媒时代下女大学生的媒介素养问题进行调研，并针对女大学生的媒介素养存在的问题给出相关建议。其中，将具体的研究对象确定为高职/大专、本科、硕士研究生、博士研究生四个阶段的女生。

为保证样本的代表性，本研究在女大学生中抽样，调研对象以在读本科生和研究生为主，其他类别女大学生为辅。同时，还考虑了研究对象的就读专业、城市性质、地区方位、学校级别属性等因素。

2. 研究方法

针对研究主题，课题组主要采用量化和质化相结合的研究方法。具体的资料收集手段和研究方法如下。

（1）问卷调查法

本研究以问卷形式测量女大学生的媒介接触现状和媒介使用状况，媒介使用状况主要使用李克特五级量表，对智媒时代下女大学生媒介使用中可能存在的问题进行探究，探究维度包括：媒介依赖行为、信息甄别能力、信息茧房现象、群体极化现象、隐私保护意识、网络消费行为。通过媒介接触现状和媒介使用状况的分析来综合得出智媒时代下女大学生的媒介素养现状。

（2）访谈法

访谈调研既是对研究对象的先期考察，方便获取问卷变量，同时也是对定量调查的有益补充，可以进一步挖掘女大学生在媒介接触及使用方面的行为细节以及其背后的深层次原因，为问卷调查获得的结果提供更多原因方面的阐释。

（3）案例分析法

该部分主要基于移动网络平台的研究，以前期调查中部分女大学生集聚的网络平台为调研场所，综合运用数据挖掘、网络心理学、文本分析和内容分析的方法，对女大学生所处的媒介环境及该环境内的媒介素养建设现状与问题进行研究。

3.实施情况

（1）问卷调查实施状况

在具体调查实践方面，通过"问卷星"平台制作问卷，由课题组成员进行问卷发放，在兼顾样本丰富性和代表性的前提下进行随机抽样，对全国各省区市的女大学生进行调研。共回收问卷 1059 份，通过问卷中设置的验证问题剔除无效问卷 56 份，最终获得有效问卷 1003 份，有效率为 94.7%。由表 1 可见调查对象的具体分布。

表 1　调查对象具体分布情况（$N=1003$）

单位：人，%

变量	类别	人数	占比
年龄	16 岁及以下	1	0.10
	17~19 岁	193	19.24
	20~22 岁	553	55.13
	23~25 岁	197	19.64
	26 岁及以上	59	5.88
在读学历层次	高职/大专	159	15.85
	本科	640	63.81
	硕士	175	17.45
	博士	29	2.89

资料来源：女大学生媒介接触现状和媒介使用状况问卷数据，下同。

本次问卷共 30 个条目，所测量的变量如下。

自编人口学变量调查表，其中包括年龄、学历层次、专业、所就读学校的省份、家乡所在的省份等。

媒介接触现状调查表，其中包括上网目的、媒介选择情况、网络使用时间等。

媒介使用状况调查表，其中包括媒介依赖行为、信息甄别能力、信息茧房现象、群体极化现象、隐私保护意识、网络消费行为等。

（2）访谈实施情况

本研究的访谈对象为长期接触和使用智能媒体设备的20名女大学生，其中有5人接受了面对面访谈，另有15人接受了在线语音访谈（见表2）。对20位研究对象所进行的访谈时长平均约为每人40分钟。

表2　访谈对象基本信息

编号	姓名（化名）	学历	专业	地区
A	靳赵娟	本科	信息与计算科学	江西南昌
B	王淞苒	本科	人力资源管理	广东珠海
C	闫文君	本科	医药护理	山西长治
D	邹夏	硕士	德语	北京
E	余发	本科	会计	北京
F	彭也	本科	服装与服饰设计	广东广州
G	周晓然	硕士	风景园林	上海
H	徐书瑾	专科	新能源汽车技术	湖南长沙
I	杨连	非全硕士	经济管理	吉林长春
J	蔡扬	硕士	日语	广东广州
K	邓来	硕士	社会学	北京
L	杨丽春	本科	旅游管理	浙江宁波
M	周莉莉	本科	新闻学	宁夏银川
N	赵敏	专科	管理学	广西柳州
O	崔丽娜	专科	会计	天津
P	汪露	硕士	公共关系	内蒙古包头
Q	李余谦	硕士	室内设计	英国伦敦
R	康明秋	本科	临床医学	山东东营
S	钟洁	本科	药剂学	天津
T	李凌果	博士	文学	上海

本研究采用"半结构式访谈"，研究者于访谈前准备一份简要的提问大纲，其余问题随访谈情况而调整，并允许受访对象自己提出她认为重要的问题。

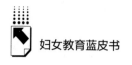
（二）女大学生的媒介素养建设现状分析

1. 女大学生媒介接触现状

接受本次调查的 1003 位受访者中，有 55.13%集中在 20~22 岁，分别有 19.64%和 19.24%集中在 23~25 岁和 17~19 岁（见图1），基本属于"95后"和"00后"，都可以称得上是"数字原住民"。换言之，她们从小就生活在网络通信技术发展普及的环境之中，对于网络的认知和使用情况伴随着个人成长历程；她们在网络使用过程中的习惯特征，以及可能出现的问题也代表了以互联网为基础的智媒时代下女大学生的媒介使用现状。

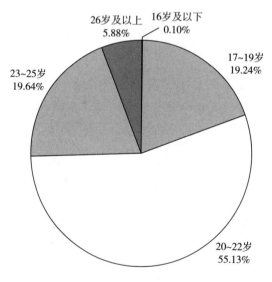

图1 受访者的年龄统计

对于被调查者的专业而言，本次调研囊括了中国大陆学科设置体系中的12个一级学科，其中文学、工学、管理学所占人数最多（见图2）。

本次调查数据中，对于被调查者的在读高校地区而言，以北京、东部沿海省份和中部省份为主（见图3）。对于被调查者的家乡所在地区而言，以广东、湖北为被调查者的主要生源地，同时生源地兼顾全国各省份（见图4）。

统计显示，课题组此次问卷调研数据呈现如下特点。

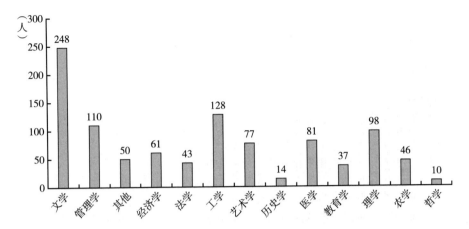

图 2 受访者的在读学科分布

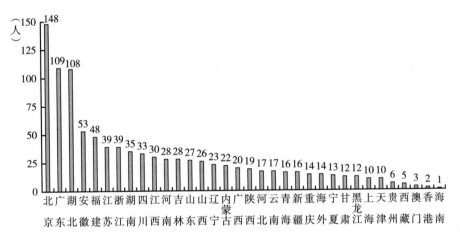

图 3 受访者的在读高校所在地区分布

（1）娱乐是女大学生上网的最主要目的

关于上网目的，78.56%的女大学生选择了玩游戏、看视频、听音乐、看小说等娱乐相关的选项，这说明娱乐在女大学生的网络生活中占据了相当大的比重。72.28%的女大学生则利用互联网查找学习资料、学习某项技能等，这说明利用互联网进行自我学习和提升、利用互联网进行信息搜索和获取也是女大学生上网的主要目的。此外，70.99%的女大学生选择了聊天、

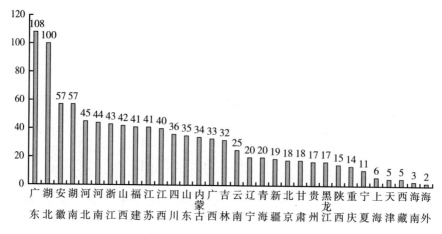

图4　受访者的家乡所在地区分布

交朋友等社交方面的选项。这意味着与他人进行联系、满足社交需求也是女大学生利用互联网所要达成的目的。另外，浏览新闻资讯、了解最近发生了什么和网络购物也是女大学生上网的目的，占比皆超过50%（见图5）。换言之，休闲娱乐、学习、社交都是女大学生上网的重要目的，同时了解新闻资讯、网络消费等行为也是女大学生日常上网的重要目的。

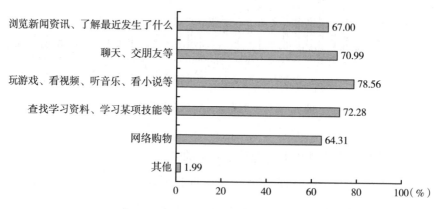

图5　女大学生媒介使用目的描述统计

（2）日常生活情境借助网络App进行中介化实现

女大学生最常使用的App软件按照功能主要分为社交软件、娱乐软件

（音视频软件、游戏软件、小说软件、直播软件等）、购物软件、信息搜索类软件、学习软件等。其中最常使用的软件是微信/QQ，属于熟人社交软件，占比为59.22%。其次是微博/贴吧类的公共社交软件，占比为39.98%。占比在20%~30%的是音乐类软件（QQ音乐、网易云音乐、虾米音乐）、购物软件（淘宝、京东、拼多多）、视频软件（B站、腾讯视频、爱奇艺）和抖音/快手类的新兴娱乐短视频软件（见图6）。总体上看，女大学生在手机软件的使用过程中，对于社交、娱乐、消费等功能的软件较为青睐。

除此之外，知识共享、辅助学习、信息搜索和学习等功能的应用也在女大学生的日常智能媒介使用中占据一定的比例。与此同时，其他较常使用的软件有手游软件、外卖软件、新闻软件、直播软件、读书软件、地图类软件等。

上述软件基本涵盖了被调查者日常生活的各个方面，社交、娱乐、信息获取、出行、饮食等方面的日常行为都与智能移动手机的功能App相关联。换句话说，智能移动手机在女大学生的日常生活行为中扮演了重要的角色，女大学生的日常生活依赖网络进行。

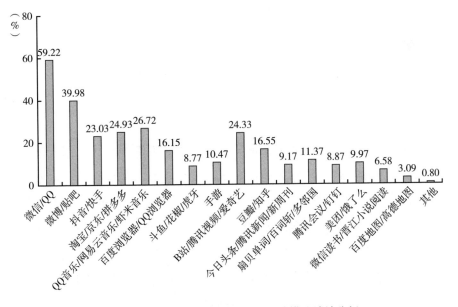

图6　女大学生最常使用的App软件描述统计分析

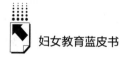
（3）日均网络使用时间偏长，网络依赖成显要问题

调查的结果显示，36.49%的女大学生每天花费在网络上的时间在3~5小时，而时间花费在5小时以上的女大学生占到27.82%。另外，花费时间为1~3小时的比例为27.62%，在1小时以内的人数仅占到8.08%（见图7）。这就意味着每天花费在网络上的时间超过3小时的人超过了60%，日均网络使用时间偏长，可能存在的网络依赖问题成为突出问题。

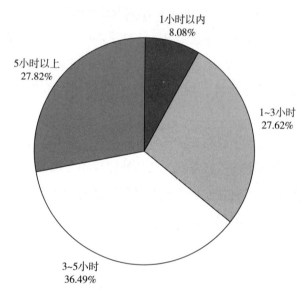

图7 女大学生每天花费在网络上时间的描述统计分析

2.女大学生的媒介使用状况

本次调查问卷中设计多个变量考察女大学生在智媒时代的媒介使用状况，及其过程中展现的媒介素养情况，以及可能存在的媒介使用问题。因此，在问卷设计中，通过文献检索和前期调研，总结出部分女大学生在智媒时代的媒介使用过程中可能存在的问题，进而具象化其现象表述，并利用李克特量表对相关媒介使用问题进行分析测量，量表测量分析维度包括：媒介依赖行为、信息甄别能力、信息茧房现象、群体极化现象、隐私保护意识、网络消费行为。通过对不同维度的智媒时代女大学生可能出现的媒介使用问

题进行量表分数测量比较，以衡量不同的媒介使用状况过程中媒介使用问题的存在与否，以及问题呈现的程度。

具体操作为，将每一个媒介使用状况中可能出现的问题划分为不同维度，并具象化表述成现实生活中女大学生在媒介使用过程中可能会遇到的情境或情况，每一个维度划分成3~4个具体测量的题目，每个题目表述按照李克特量表分为五种认知程度，分别为"完全不同意、比较不同意、中立、比较同意、完全同意"，选择选项后被调查者分别得分为"1分、2分、3分、4分、5分"，然后得出每个衡量维度的平均分，并与"中立"选项所代表的3分进行对比，以此判断该受访对象媒介使用过程中的相关问题存在与否以及严重程度。基于此，得出本次量表中不同维度的女大学生媒介使用状况及可能出现问题的总体平均分（见表3）。

表3 不同维度的女大学生媒介使用状况及可能出现问题的总体平均分

单位：分

维度	平均分
媒介依赖行为	3.58
信息甄别能力	3.69
信息茧房现象	3.62
群体极化现象	3.26
隐私保护意识	3.40
网络消费行为	3.19

在本次数据收集中，从对量表中不同维度的女大学生媒介使用状况及可能出现问题的总体平均分来看，均超过数值3。这就表示，依据前期调研以及文献梳理所得出的相关智能媒体时代下的女大学生媒介使用状况及可能出现问题均有不同程度出现。换言之，在智能媒体时代，女大学生在媒介使用的过程中会出现相关的媒介使用问题。

本研究中的"媒介依赖行为"，具体指女大学生在智能媒介的使用过程中对智能媒体的关注程度，以及专注于智能媒体后是否会对其现实生活造成影响。该维度平均分为 3.58 分，表示女大学生的媒介依赖程度相对较高。同时，也可以理解为女大学生在智能媒体使用过程中的自控能力较低，因为智能媒体的使用会使日常生活受到一定的干扰。

"信息甄别能力"在本研究中主要用来表示女大学生在智能媒介的使用过程中对于媒介呈现的信息内容的辨别和判断能力。该维度的平均分为 3.69 分，表示本次的被调查者能够较好地识别网络中的内容及信息。当涉及欺诈等虚假信息、黄赌毒等不良信息时，被调查者认为自己基本上能够辨别出来。

"信息茧房现象"，在智媒时代体现为基于算法的个性化信息推送给用户带来的个体信息趋同的现象，而后致使用户被围困于自我获取信息的"茧房"之内，无法看到更加丰富多元的信息，也无法真正认识现实世界的复杂情况。机器算法生成的个性化推送内容使得信息更加符合用户的个性和爱好。[1] 本次调查的数据分析结果显示，信息茧房现象维度的平均分为 3.62 分，表示接受调查的女大学生总体感受到了网络空间中的信息茧房现象。过度类似的推送会造成人们需求的局限，当大学生被自我的个性化信息洪流包围的时候，可能会导致许多无效信息占据大学生接收信息的通道，更为丰富多元的信息被排除在大量同质化集聚的信息之外，致使其需求和视野越来越局限。[2]

"群体极化现象"，指的是"在一个团体中，成员一开始存在着某种倾向性，在商议之后，人们朝着这一倾向继续移动，直至形成最后的极端观点"[3]，换言之，它表示人们在信息的接触过程中不断将一个观点进行强化巩固，进而导致了极端化的观点。本次的调查数据显示，该维度得分为 3.26 分，表示被调查者确实在网络中感受到了群体极化现象；同时从设置

---

① 喻国明、李慧娟：《大数据时代传媒业的转型进路——试析定制内容、众包生产与跨界融合的实践模式》，《现代传播》（中国传媒大学学报）2014 年第 12 期，第 1~5、11 页。

② 徐晓敏：《智媒时代大学生媒介素养现状及对策探析》，《西部广播电视》2019 年第 20 期，第 78~79、84 页。

③ 凯斯·桑斯坦：《网络共和国：网络社会中的民主问题》，黄维明译，上海人民出版社，2003，第 47 页。

的问题条目调查结果来看，绝大部分被调查者意识到了网络中部分言论过于极端，问题条目"在网络中进行讨论时，我会看见极端的观点或网友留言"的平均得分为 3.90 分，而被调查者自己本身并不会发表极端言论，问题条目"我会在网络上发表攻击他人言论，或针对新闻事件的情绪化负面言论"得分为 2.51 分。这也从侧面表明本次被调查者所代表的女大学生群体具有一定的主观能动性和信息判断能力，在分辨出网络群体极化现象的同时，不会主动参与群体极化的行为。

本次调查中，课题组将"隐私保护意识"主要聚焦于女大学生在网络使用过程中对个人信息保护的重视程度。该维度总体平均分为 3.40 分，表明接受调查的女大学生具有一定的隐私保护意识。值得注意的是，问题条目"上网时，如果需要注册账户，我会阅读注册页面中出现的有关隐私保护协议条款的具体内容"平均得分为 3.05 分，略微超过中立态度水平，表示总体上被调查的女大学生并没有主动并充分阅读注册个人信息时平台所标明的保护协议条款的具体内容；换言之，她们没有采取行动去具体了解网络平台在个人信息采集后可能要进行的数据内容分析，以及个人信息可能被泄露和利用的内容与方式。这本身可能与网络平台的用户注册个人信息保护条款的栏目页面设计有关，也有可能与用户的网络注册操作习惯以及用户的网络阅读注意力有关。问题条目"我认为我所浏览的平台有侵犯我个人隐私的可能性"的平均得分为 3.79 分，得分偏高，显示受访者较明确地意识到了网络平台对其个人信息侵犯的可能性。由此来看，被调查的女大学生一方面对网络中个人信息的保护问题较为看重；另一方面在落实个人信息保护行为层面，她们仍缺乏足够的行动力。

关于"网络消费行为"的考察，在本研究中重点关注被调查的女大学生在网络消费过程中网络文化观念与消费行为、现实生活之间的关系。该维度平均分为 3.19 分，即网络文化在一定程度上会影响被调查女大学生的网络消费行为。该维度三个问题"我会因为看到互联网广告、微信推送、网络博主推荐或直播而进行本不需要的消费""网络中出现的产品内容和消费观点（如网络博主的文章或者视频、淘宝直播中主播的推荐、小红书 App

中的帖子等）是我消费的重要参考""我认为购买网络中的热门产品或者服务，能让我更好地融入大学生活"得分别为 3.11 分、3.37 分和 3.07 分，其分别用于测量女大学生的网络消费理智程度、网络消费主义文化对女大学生消费行为的影响程度以及网络消费对于女大学生人际交往和日常生活的影响程度。由此数据来看，网络消费主义文化在一定程度上影响了女大学生的网络消费行为及现实生活，但同时女大学生的网络消费行为也具有复杂性，观念只是其中的变量之一。可能存在其他影响女大学生网络消费行为的影响因素，譬如家庭人均收入、消费习惯等。

总体上看，智能媒体所营造的虚拟电子环境，对于女大学生的日常生活存在影响和冲击；同时，其中涉及的媒介使用问题和矛盾对于女大学生的日常认知、态度和行为都产生了一定的影响。进一步言之，智能媒体在日益嵌入女大学生日常生活的过程中，不仅存在便利生活、知识学习、娱乐休闲等正面功能，也存在一定的负面影响。这些负面影响有的能够被女大学生较为轻易地察觉并产生行为上的警惕；但是更多的负面影响并不能被女大学生发现，或者女大学生能够发现智能媒体使用过程中的不良影响，但却对此无能为力、无法改变，同时在智能媒体日益嵌入日常生活的过程中，女大学生无法拒绝对智能媒体的使用。这就表明，通过社会多方机构合力且合理地调整当下智能媒体管理与规制、对用户进行媒介使用的科普与宣传的需求性、必要性与急迫性。

3. 女大学生的媒介素养教育状况

为调查女大学生在学校的媒介素养教育普及状况，在本次问卷调查中还涉及问题条目"我的学校曾经开设过关于网络媒体使用的课程或讲座，例如'如何安排上网时间'、'如何辨别网络中的信息'、'如何科学网络消费'和'如何防止网络诈骗'等"，此问题用于调查女大学生能接受到的媒介素养教育情况。从获取数据来看，该题的平均得分为 3.34 分，同时 50.74% 的被调查者倾向于认为学校开设过网络媒介素养教育的普及课程或者讲座。但是，从上文所分析的被调查女大学生的网络媒介接触和使用状况来看，智媒时代下女大学生的媒介素养状况仍有较大的提升空间。进一步言之，网络媒介素养教育的普及与落实，以及网络媒介素养教育的效果实现任重而道远。

网络媒介素养教育，不仅仅依赖网络中的知识和信息科普。在女大学生的日常学习和生活中，学校是一个重要的场所。也因此，基于学校而进行的媒介素养教育内容开展更显示出它的重要性。学校内的媒介素养教育普及程度较高（见图8），但是存在女大学生媒介使用过程中存在问题的状况，这就表示学校的媒介素养教育内容及教育形式需要根据现实生活情况进一步更新，以便更加适应当下女大学生在媒介使用过程中会出现的问题和困难，以及得到针对性的解决。

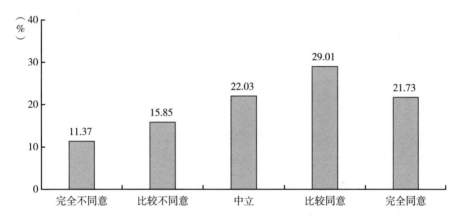

图8　"校园中媒介素养教育普及程度"中各选项选择人数占比情况

（三）智能媒体时代女大学生的媒介使用难题分析

在智能媒体日益渗透大众的日常生活、深刻改变着人们的思维方式和行为认知的当下，关心女大学生的健康与成长问题，须关注其媒介接触与使用过程中遇到的难题。课题组面向专科、本科、硕士、博士等多个学历层次及多个地域范围的女大学生展开的针对性访谈显示，女大学生在智能媒介使用过程中存在信息保护困难、信息质量不一及信息噪声干扰等多维度的难题。

1.信息保护问题：隐私泄露与算法焦虑

互联网及智能媒体设备已然成为我们生活的一部分，不断记录着我们的

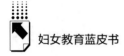

"数字足迹"，在大数据及算法推荐下，隐私泄露成为常态，人们时刻暴露在"第三只眼"的跟踪之下。例如，淘宝、京东、亚马逊、当当等购物网站监视着我们的购物习惯；百度、谷歌、必应等监视着我们的查询记录；微信、QQ、微博、电话记录等监视了我们的社交关系网。我们已然进入智能媒体建构的"监视社会"。①与学者们的描述和判断相符，本研究的访谈对象大多在智能媒体使用的困扰中提及甚或强调其对隐私泄露问题的隐忧。例如，受访者 E 在描述智能媒体设备与自身的关系时表示：

> 我觉得它（指智能媒体设备，如手机）有点类似于我的监视器，因为它掌握了很多我的信息。比如说我们平时会用它来拍照、聊天、看一些信息，或者是在上面储存很多东西，这些东西可能是这个世界上除了我之外，只有它才知道的一些东西，所以有时候会觉得它具有一定的危险性，因为它监视着你的一举一动，也有可能泄露你的信息。如果你手机丢了，那有可能你的钱财或者是其他的一些比较隐私的信息就会被别人利用，这就可能对你造成伤害。

同时，在社交媒体或网购平台使用的过程中，受访者们普遍遭遇手机号码及其他个人身份信息被泄露的问题，并因此受到骚扰电话、诈骗电话、垃圾短信、广告轰炸等的困扰。此外，算法推荐技术成为智能网络的"底层逻辑"及广告推荐的主导策略，新闻客户端知道"你想看什么"，网络购物平台知道"你想买什么"，算法系统的关联技术甚至知道"你想做什么"，"数据主宰世界"的隐患正在侵蚀着用户的信息生态环境。用户数据的过度开发和使用也使得隐私泄露问题不可避免地成为用户必须面对的议题。②在课题组的调研中，多位访谈对象谈及他们对算法推荐的隐忧，例如，受访者 E 表达了对算法推荐的观察和反思：

① 刘雅辉、张铁赢、靳小龙、程学旗：《大数据时代的个人隐私保护》，《计算机研究与发展》2015 年第 1 期，第 229~247 页。
② 纪楠、李平：《算法时代用户隐私权的保护》，《青年记者》2019 年第 26 期，第 78~79 页。

刷朋友圈时有时会刷到一些广告，那个广告可能和你处于同一个城市，或者是你曾经搜索过的。比如，我之前可能搜索过一些国外学校的信息，它就会给我推一些相关的广告。我会觉得现在的算法已经非常厉害了，它可以很准确地获得你的信息，它甚至可以预估你未来的一个动作的发展趋向。好处就是它可以提供一定的便捷性，因为如果你真的需要这个产品或者类似的信息的话，它可以在你需要时给到你。但是它同时也会造成一种困扰，因为它可能给你带来判断的偏差。更多的时候，听各种不同的意见，你才会产生一种相对批判性的思维，就不会完全去信任算法推荐的信息。

尽管多数访谈对象意识到智能媒体使用中信息安全的隐患，采取如限制手机 App 可访问数据的范围、非必要时不填写真实或准确的信息、对个人信息进行模糊化处理、撕掉快递上的个人信息、避免使用某些非正规软件、封住没有使用的电脑摄像头等多种措施来加强个人信息的保护，但是，由于隐私泄露路径的不可见与难追认、互联网数据的累积性与关联性、隐私侵犯行为的难认定与弱惩处等技术、立法维度的障碍与盲区，绝大多数女大学生只能对智能媒体使用中的信息安全问题进行有限的保护，对隐私泄露进行有限的抵抗。这样一来，一方面，可能加剧部分学生对隐私、算法问题的焦虑与无措，甚至让其在无力感中产生悲观情绪与消极抵抗；另一方面，可能带来部分学生对于信息安全问题的全然麻木与忽视。例如，受访者 L 和 Q 分别表示：

隐私问题不是特别担心，现在已经习惯了，太普遍了，大家都没有隐私。

每个 App 注册时都需要阅读一份隐私协议，我每次都不会读，一是读不懂、内容太多了，二是担心也没用，该用的 App 也还是得用，我不会多想，也懒得多想。我不是很担忧，因为感觉自己的东西除了对自己以外，对其他人好像没有太大价值。比起担心泄露给陌生人，比较担心泄露给妈妈，陌生人对自己造不成直接的影响。

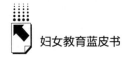
2.信息质量问题：数据过载、检索困难及真伪难辨

随着信息技术与互联网技术的快速发展，以及新媒介的不断更新演变，信息资源呈现爆炸式增长状态，智能媒体时代，我们从"信息匮乏"的状态逐渐进入"信息过载"的状态。正如英国学者蒂姆·乔丹所言："拥有太多的信息反而使信息的利用变得不可能。它以两种状况发生：第一，有信息而不能被吸收；第二，信息组织得非常差以至于发现任何特定的信息变得不可能。"① 在本课题组的调研中，多位访谈对象表示，虽然通过智能媒体设备每天都能接触到大量的信息，但似乎无法快速准确地找到自己所需的信息，也难以对过多的信息进行深入的解读，更难以辨识并整合有用的信息为己所用。久而久之，信息似乎成为一种负担。例如，受访者 I 和 S，曾在她们的信息搜寻经历中，感受到信息质量问题的困扰：

> 一方面，感觉消息永远也看不完；另一方面，自己想看的信息却怎么也看不到。比如我去小红书搜过敏修复，结果出来的全是广告，真正的之前有过这种经历的人的分享却找不到。而且那些广告还特别会伪装，整得跟真的一样，你得点进去主页，看博主的其他动态才能看出来这是不是个营销号。

> 比如上个月我帮朋友查公务员考试的时间，去百度上一搜，信息检索质量好低啊，有许多标题党的广告帖，全是辅导机构的，第一页就没有什么正经信息。我又转移到微博去搜，找了很久才搜到。就很无语，搜个考试时间应该很简单，但是兜一个很大的圈子才能找到有用信息。

同时，在互联网、社交媒体等新兴媒体平台上，由于大部分信息的生产和流通是"先发布、后过滤"，因此传播场域中常常充斥着许多虚假信息、

---

① 蔡骐、李玲：《信息过载时代的新媒介素养》，《现代传播》（中国传媒大学学报）2013 年第 9 期，第 120~124 页。

无用信息以及为获得点击率而制造噱头的信息。由此，当女大学生们使用智能媒体设备获取信息时，常常会发现自己面临信息真伪判别的问题，须警惕各种鱼龙混杂的信息带来的干扰。正如有学者所言："我们现在身处的信息时代不是信息爆炸，而是非信息爆炸或者数据爆炸。虽然当代人有了获取信息的现代化渠道，却面临着身陷非信息的海洋，找不到、看不懂、读不完所需信息这样一种窘境。"① 受访对象 G 表达了同样的感受：

> 有时候我去查一个问题，得到的答案很多，说的还都不太一样，就需要花费很多时间去甄别。而且有时候我的 App 主页信息总是很类似，一方面让我觉得很饱和，另一方面又让我对可能漏掉的信息有一些焦虑。信息真伪方面也有，前段时间不就有个案子，网上一会儿说执行死刑了，一会儿又说没执行，太不负责了。

智能媒体环境中信息质量不一等问题，给女大学生提出了信息筛选、甄别及整合等多个维度的挑战与要求。胡泳曾指出，"作为'数字土著'的一代，吸收信息和做出决策的速度都快得惊人。他们从来不会什么'信息超载'问题，他们可以以吞吃、消化和排泄信息为生"。② 这一说法揭示了智能媒体使用的代际差异，即"数字新生代"相较于其父辈、祖辈的信息思维更强，但不可忽视的是，智媒环境中成长的女大学生都是如此吗？她们全然没有信息获取及处理方面的困惑或困扰吗？一方面，在纷繁复杂的信息海洋中，部分受访者表示，她们会通过使用高质量的信息筛选平台、多渠道信息比对与求证、对获取信息持警惕或批判态度等多种方式，获取和处理智媒环境中的信息；另一方面，亦有很大一部分受访者表现出面对信息海洋的无力与无措感，如访谈对象 H 言及：

---

① 马敏：《信息过剩带给受众的负面影响探析》，《德州学院学报》（哲学社会科学版）2004
年第 5 期，第 103~105 页。
② 胡泳：《走进众声喧哗时代：中国互联网 20 年》，《新闻战线》2014 年第 6 期，第 8~12 页。

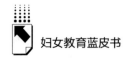

感觉一个事情会有很多个版本，有时候都不知道该相信哪个，干脆自己也没意见了，失去判断能力。

3. 信息噪声问题：众声喧哗、女性歧视与过度依赖

作为一种交互性的"全媒体"和"超媒体"，互联网已经成为个人表达观点、意见、主张、建议以及情感等最重要的平台之一，微博、微信等社交媒体平台因为适应了网络用户的新需求而得以快速发展。① 在技术、社会身份准入门槛不断降低的网络时代，越来越多身份特征差异显著的群体及个人被接入互联网言论空间，"众声喧哗"成为互联网议题讨论的日常图景。女大学生作为接入互联网信息环境的一部分，其在搜寻、获取有效信息时，亦不得不与噪声相遇，甚至被卷入网络讨论的旋涡，或因性别身份而成为讨论内容的客体或被凝视的对象。在课题组的调研中，多位受访对象表示，在女性权益意识越发高涨的当下，由于性别、身份的差异，网络舆论环境中存在大量歧视女性、对女权进行污名化，甚或对女性进行性骚扰的低俗内容。如受访者 M 表示：

> 会有一些无脑言论吧，带有针对性、歧视意味，刻意制造两性矛盾。比如一些女性遭受暴力的新闻事件，评论区就会有人说是受害者本身的问题，从而模糊了问题的焦点。暴力本身不可原谅，但在他们看来，受害者有错就可以为暴力行为"开脱"。还有一些职场女性在为"同工不同酬"等问题申辩时，这原本是社会分配和个人权利的问题，在我看来是合理也是正当的，但某些言论就会从女性生理弱于男性，社会角色必须服从男性等角度来讽刺这些女性对权益的争取。

面对普遍被意识到的性别身份不平等的媒介现实问题，部分受访对象采

① 吴玉辉、谢新洲：《互联网等新媒体对社会舆论的影响》，《当代传播》2013 年第 3 期，第69~72 页。

取了举报而非争论的行动，在她们看来，网络环境中的争论未必能明理，而举报等行动或许可以通过社会管理机制对言论不负责任者予以惩戒；部分受访者表示，在网络争论中，自身多持观望态度，虽然会有些生气、烦恼，但很少与其他网民展开言语或行为上的互动；亦有少部分访谈对象表示，网络中的性别议题讨论没有必要，许多人打着平权旗帜，或许只是在博眼球。

此外，以手机、iPad、笔记本电脑、智能手表等为代表的智能媒体设备，日益深入地进入人们的日常生活，定义了一种全新的媒介与人的关系。课题组调研发现，受访者每天使用智能媒体设备的时间为 4 小时到 10 小时以上不等，智能媒体设备在用户的碎片化、多场景、多需求使用中，深度嵌入女大学生的学习、娱乐、工作及日常生活，尽管受访者大多将智能媒体设备定义为其学习生活中的"工具"，但综合调研结果发现，此工具已不是可有可无、可用可不用的存在，而是大部分访谈对象须臾无法离开的"生存媒介"，而部分受访者亦在与智能媒体设备的频繁互动中，出现了过度依赖的问题，以至于会对日常的学习、工作产生不同程度的干扰。例如，受访者H、D 分别表示：

> 感觉自己被这个东西绑架了，有次上课忘带手机了，我就特别焦虑。我刷抖音，有时候真的觉得自己浪费了好多时间，但还是一直不停地刷，其实刷到的东西都差不多，也没啥意思，但就是停不下来。
>
> 有一点不好的是，确实很容易打断我的注意力，经常突然间就想把手机拿起来看一下，可能也不是说特地看什么，但就是养成习惯了，就要看一看微信公众号更新的文章、刷一下朋友圈的新动态或者看看微博上的新信息。

综合以上女大学生智能媒介使用中存在的信息保护困难、信息质量不一及信息噪声干扰等多维度的难题可以发现，对女大学生媒介素养的提升是一个不容忽视与亟待回应的议题，本研究将于下一部分具体展开智媒时代女大学生媒介素养教育的相关建议措施及伦理探讨。

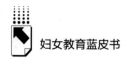

四　总结建议

（一）智媒时代女大学生媒介素养提升的条件和措施

1.智媒的技术基础和物质条件

智能媒体技术的发展，为女大学生的媒介素养提升提供了技术基础和物质条件。智能媒体技术能够在人为设计的基础上，引导女大学生养成正确的媒介使用习惯，让女大学生在使用智能媒体技术的过程中潜移默化地得到提升。换言之，智能媒体技术不仅有可能使女大学生在日常使用过程中遇到信息茧房、群体极化等网络负面问题，也有可能在管理、改进相关技术设计的过程中修正出现的问题，使得包括女大学生在内的用户进一步通过智能媒体认识社会、提升自我。

具体来说，针对调研中发现的问题和反馈，提出如下建议。

第一，加强对智能算法的设计管理。算法技术是当前各大网络平台和信息呈现内容铺排背后的重要技术手段之一。有关部门可以要求相关重点网络平台对其所使用的数据算法进行公开公布，网络平台也可以积极主动公布其商业产品的内部算法，接受全社会的监督。例如，字节跳动公司旗下产品新闻聚合平台"今日头条"就曾公开其新闻信息收集分发过程中所涉及的算法。网络平台也要具有足够的社会责任感，在算法设计的过程中，不仅要考虑盈利因素，也要考虑社会效益，积极主动听取社会各界的意见，并将相关建议纳入算法的设计过程中。

第二，加强对各大平台使用的时间管理、内容呈现管理。调研过程中发现，被调查的女大学生总体上上网时间过长，并感受到了一定程度的网络虚假和不良信息干扰的问题。这就对网络平台使用的管理提出新的要求。例如，当下许多娱乐平台建立了预防青少年沉迷的系统设置，相关平台也可以在获得女大学生个人信息收集知情同意的前提下对相关用户在必要的时候进行"网络使用时间过长""该条信息真实性存疑"等诸如此类的提醒。同时，各大平台也可以通过调动用户的主动性，积极收集用户所举报的平台虚假和不良信息并及时处理等，切实打造负责任的平台空间，共同营造和维护互联网的清朗和谐氛围。

第三，利用各种日渐兴起的智能媒体技术，丰富女大学生对网络虚拟世界和现实世界的理解。当下，多元智能移动技术兴起，比如人工智能技术、增强现实技术等，另有智能可穿戴设备、智能出行设备等新兴产品，它们都是基于作为基础物质设施的移动互联网通信技术而进一步发展的。女大学生可以在日常学习生活中增强对相关技术的了解、对相关产品的体验，有关主体也可以在进行女大学生媒介素养教育过程中设计更有针对性的内容，使得媒介素养教育与新兴技术及产品相结合。这些技术和产品也可以与女大学生的媒介素养提升教育相结合，让女大学生在理解和体验使用过程中进一步理解智能媒体技术及其在变动创新中的不断发展，理解智能虚拟空间与现实生活的关联与差异，进而对其产生审慎的使用态度。

2. 多主体联动帮助进行媒介素养建设

政府、行业组织、学界等主体可以对女大学生的媒介素养提升提供足够的关注和帮助。政府、行业组织及学界都需要持续关注互联网商业平台的技术使用情况，进一步形成网络商业平台的智能媒体技术利用与管理的规制体系，并及时对相关现实情境中的具体媒介使用所产生的伦理矛盾进行调整与管理。

首先，政府需要对商业化平台在智能技术应用过程中的不合理行为进行约谈、管理与调整，同时积极构建商业化平台的智能媒介技术使用管理体系。政府作为互联网安全的监督者与把控者，更多发挥着顶层设计的作用。具体职责应当包括用户保护机制的建立、监管机构的组织、反馈投诉渠道的维护等方面，使与政府职责相关的行政体系之下的互联网商业平台的媒介技术使用管理更加系统化。

值得强调的是，本课题关切的核心对象是女大学生群体，女大学生的媒介素养提升，需要妇女联合会等女性组织的介入与支持。比如与高校合作，开展媒介素养教育实践活动、主题演讲等，教育引导女大学生善用智能媒体；与研究机构合作，开展女大学生媒介素养建设相关对策或学理研究，为

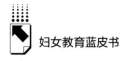

教育实践提供有益指导；与法律、治安系统联动，对造成女大学生困扰甚至是恐慌的性骚扰、诈骗等智能媒体乱象进行整治，切实维护女大学生安全、健康使用智能媒体的合法权益；等等。

其次，互联网各行业组织要帮助建立各部门与社会机构之间的联动机制，发挥各主体对于互联网商业平台技术使用过程中信息的实时收集、整理、鉴别、分类的作用。互联网行业组织要积极联合不同的互联网上下游商业公司、互联网平台，形成权衡社会利益、公众权益和行业健康发展的对话与沟通建议网络。

最后，学界也需要对商业公司的智能技术保有持续的敏感度以及基于学理和社会公共利益的关心，利用不同专业提供相关的学术知识理解和建议。仅仅依靠政府和行业协会的协调管理是不够的，有必要调动包括通信、电气、计算机、软件等工学专业，心理学、物理学等理科专业，以及社会学、法学、传播学等社会科学专业在内的各学科领域专家，综合讨论智能媒体的实际应用过程中出现的问题的成因与可能的解决思路。同时，学界与业界之间要进行必要的对话，在进行跨学科、跨行业互动和实践反思的基础上确定相关智能媒体媒介使用问题矛盾的责任主体，同时对具体内容进行详细的说明和规定，在法律、伦理层面形成整个社会的共识，进而推动实践领域的联动保护机制建设。

3. 高校负责机制

高校需要对女大学生的媒介素养提升负责，及时并充分地进行教育和引导。长期以来，高校在媒介素养教育中要积极发挥作用，智媒时代高校更应该积极主动地开展媒介素养教育普及工作。目前一些高校对媒介素养教育工作较为忽视，或者将其作为一个任务来被动地完成。事实上，媒介素养对当代大学生的重要性不言而喻，媒介素养教育活动的常态化开展应该提上高校的工作日程。

首先，可以积极开展媒介素养教育的课程、讲座以及知识科普。

学校应该展开信息检索、信息利用的相关课程，帮助学生学会如何高效地在茫茫互联网上找寻到有用的信息，辨别网络信息的真伪，意识到网络虚拟世界与现实世界的区别与联系。学校还应该开展各类软件课程，帮助学生学习各种软件技能，使他们能够运用互联网进行学习工作和创新，从而提升他们在互联网上的主观能动性。

学校应当定期组织讲座课程，或者利用校园媒体进行媒介素养信息科普，提高学生信息鉴别、信息批判理解的能力。网络上的信息纷繁复杂，信息茧房、群体极化现象日益引起人们的注意。大学生如何尽可能地避免信息茧房所带来的封闭信息通道问题，以及如何避免群体极化现象可能带来的非理性行动，成为媒介素养教育中重要的组成部分。学校应当就这两方面进行必要的引导和教育，提高学生对信息的筛选、甄别和批判能力，使其批判地使用智能媒体。

其次，学校可以组织线上线下活动，帮助女大学生减少媒介依赖。学校想要帮助学生抵抗媒介依赖，第一，要点明媒介依赖的弊端，对学生进行教育。第二，要提供丰富多彩的校园活动，充实学生的心灵和生活。高校可以举办各种各样的线上线下活动，线下活动如读书会、校园大赛等，线上活动如媒介素养小贴士、网络诈骗及个人隐私保护的微信推送和文章、各种与媒介素养相关的讲座等。抵抗媒介依赖，学会正确地分配上网时间和现实生活的时间是媒介素养提升的第一步。

最后，学校要引导学生进行媒介素养的集体教育。在具体实践过程中，可以按照学校层级组织，由辅导员、班主任以及班干部关注不同班集体中的学生，定期对学生的媒介使用状况进行了解、复盘。及时发现学生媒介使用过程中出现的问题，进一步使学生能够意识到自己媒介使用过程中产生的问题，比如信息茧房、群体极化、网络侵权等，并在辅导员、班主任、班干部、同学的帮助下进行改正。

（二）价值导向：当代女大学生媒介素养建设的价值观念与伦理思考

本课题组的调研分析显示，随着近年来网络技术发展的日新月异以及人工智能的不断推进，女大学生媒介使用过程中的新情况、新问题、新挑战层出不穷：个人隐私泄露、电信诈骗、网购陷阱、信息骚扰等智能媒体环境中

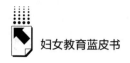
的灰色地带，不断浮现于女大学生的日常媒介使用中，让其暴露于更多权益受到侵害的危险中，遂在潜移默化间对女大学生的身心健康产生影响，对其正常的学习与工作产生困扰。在此背景下，对女大学生媒介素养建设问题进行价值观念与伦理层面的省思，培养与强化女大学生的媒介素养与自我保护意识，成为格外紧要的议题。本部分将尝试从女大学生的主体位置、高校等教育机构的教育职责、平台媒体的社会责任三个方面出发，探讨当代女大学生媒介素养建设的价值导向。

1. 出发于尊重女大学生的主体价值

在女大学生的智能媒体权益保护中，须充分认识与承认女大学生作为一个独立主体所能发挥的能动性，及其作为一名已完成义务教育、正在接受高等教育的成年人所具备的判断力。首先，须尊重女大学生享有的智能媒体使用权利；其次，要引导女大学生建立健康的、安全的智能媒体时代的生存观念、成长观念，帮助她们形成对于自身主体性、主动性以及合法权益的理性认知与实践感受。值得强调的是，面对变化莫测的媒介环境与虚拟空间，需强化女大学生的自我权益及权益保护意识，并在尊重其主体价值的前提下，为其提供可操作的、可接近的自我保护策略。同时，可鼓励与引导女大学生在自我觉察的基础上，积极传播有益于提升人们智能媒介素养的相关知识、观念与技能，以在切实的参与和行动中，激发其主体意识与思考。

2. 出发于高校等教育机构应承担教育职责、完善教育体系的价值

在世界很多发达国家与地区，媒介素养教育已经成为学校课程设置中的一部分内容，且日益受到社会的重视。但就我国现状而言，"当代大学生具有的媒介素养尚处于自发状态。也就是说，大学生不是通过科学的媒介理论指导以及系统的训练获得媒介素养，而是在日常媒介接触经验的基础上，通过个人直觉感悟来培养自身的媒介素养。这种自发状态最直接的后果是当代大学生媒介素养层次低，水平参差不一"。① 面对这种全国各地高校普遍存

---

① 鲍海波、杨洁、王喜严：《象牙塔里看媒介——西安大学生媒介素养现状调查》，《新闻记者》2004 年第 5 期，第 16～19 页。

在的问题，本报告认为，大学、研究所等教育组织作为女大学生媒介素养建设过程中重要的参与主体，须主动承担教育职责，用科学、系统、专业、可操作、有效果的策略完善媒介素养教育体系。值得强调的是，学校的媒介素养教育需要理论与实践相结合，去除抽象的说教，将学理层面对媒介生态、媒介使用的深入省思与女大学生的日常媒介实践分析相结合，既传授专业化的媒介知识，又着眼于启发女大学生独立分析与思考有关媒介使用、媒介内容的问题，培养其科学的批判精神。培养媒介批判意识应作为智能媒体时代女大学生媒介素养建设的核心价值，以提升女大学生面对变化不居、庞杂繁复的智能媒体环境的自主性。同时，媒介素养教育作为公民素质教育的重要组成部分，高校须在此过程中倡导综合价值，即提倡人文素养与科学素养并重、思想道德素质与科学文化素质协调发展，这既是当代公民素质教育的基本价值，又是女大学生媒介素养教育的基本价值。

3. 出发于平台媒体应遵循公共利益、承担社会责任的价值

在连接性显明的智能媒体时代，大型平台媒体已然成为型构人们日常生活的基础网络设施，与女大学生的日常学习、生活产生了紧密的勾连。媒体伦理规范作为媒体自律的一种手段和依据，一般由各个国家、地区的传媒行业自律组织规定，目的是规范媒体实践活动，为自律组织处理媒体伦理问题提供指导。[①] 数字时代，媒体的概念不断泛化，平台媒体不断显现出传统传媒机构的属性与特质，甚至有超常于其的影响力。值得注意的是，数字时代的媒体活动和网络空间的伦理准则是在对用户一视同仁的基础上建立起来的，其核心是对公共利益和公众价值的尊重。在大数据、人工智能日新月异发展的自媒体/融媒体环境中，平台媒体的设计者、运营者与管理者须注重遵循公共利益，主动承担社会责任，引导安全、健康的媒介环境价值。同时，须充分关注女大学生在智能媒体使用方面所具有的特殊性，在公共利益和伦理价值考量中不忽视其合理权益的充分保护。

---

① 牛静、刘丹：《全球媒体伦理规范的共通准则和区域性准则——基于 134 篇媒体伦理规范文本的分析》，《新闻记者》2017 年第 10 期，第 4~15、25 页。

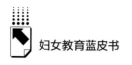

（三）女大学生媒介素养提升与成长发展的建议与展望

智能媒体时代，要在全社会形成审慎对待智能媒体技术的环境，并且以丰富多样和生动的形式呈现媒介素养教育的内容，让女大学生在全社会努力下沉浸式地形成对智能媒介技术的正确理解。媒介素养教育内容的呈现形式可以更加丰富多样。例如，对合理网络使用内容进行教育，不仅可以通过海报、讲座等较为传统的传播形式，也可以通过抖音/快手短视频、微信 H5 小程序等形式进行，寓教于乐，借助智能媒体技术呈现智能媒介使用教育的相关内容。又或者，拍摄与网络暴力、网络信息生产等相关的电影、动画，同时此过程中的故事呈现不能生搬硬套，用剧情叙事的方式生动有趣地表明相关媒介使用的建议，对女大学生进行进一步的引导。除此之外，邀请知名学者、商界人士、网络博主、娱乐明星等具有一定社会影响力的人进行媒介素养的相关呼吁与建议，也能促进相关媒介素养观念的传播，并引导女大学生做出正确的网络媒介使用行为。

针对广告、网贷等商业逻辑强势引导下的过度消费、超前消费误区，女大学生在使用智能媒体时要树立正确的消费观念，在消费主义盛行的互联网中减少冲动消费，坚持理性消费、适度消费。当下的许多消费行为在移动支付技术的支持下从线下转移至线上，换言之，网络中充斥着消费主义文化，并且对女大学生的消费观念和消费行为产生重大影响。淘宝、小红书、抖音等网络平台不断孵化培养相关 KOL（Key Opinion Leader，即关键意见领袖）或 KOC（Key Opinion Consumer，即关键消费领袖），对用户的消费产品和生活方式进行定义和解读，女大学生在观看相关商品宣传广告的过程中，要保持批判独立的态度，不能一味相信网络中的消费主义文化，谨防网络中的虚假消费、过度消费、攀比消费。

面对智能媒体中的性别不平等现象，甚至是性骚扰隐忧，女大学生要学会判断不同媒介产品、媒介呈现内容中的性别成分，例如，及时举报网络中针对女性的歧视骚扰言论、反馈网络影视剧和广告中的歧视女性内容、拒绝消费侮辱女性身份的相关产品等，同时形成正确的自我认同，并营造和谐的网络环境。当下网络中基于性别对立的言论以及对女性进行伤害的内容时有出现，女性在网络社交和消费中也可能会遇到使其受伤害的行为。这就进一步要求女大学生在网络使用过程中保持独立的信息判断能力和隐私保护能力，并且要了解自身权益受到伤害之后的求助渠道和解决措施，学会保护好自己。

值得强调的是，不仅要依靠社会各界力量来提升女大学生的媒介素养，女大学生本身也要增强自我教育的意识。女大学生要自己主动去学习有关网络媒介素养和智能媒介素养的相关知识，比如阅读有关的新闻、微信公众号推送以及参与学校组织的相关讲座等，以此来提高自己的媒介理解和媒介素养思想觉悟。只有女大学生的思想意识提高了，媒介素养问题才有可能得以解决。要知道，媒介素养提升不仅仅是教育资源提供的传播问题，也是受众是否接收和接受的问题。因此，只有女大学生真正参与并落实相关的媒介素养教育内容，积极反思，才能提升自身的媒介素养。

此外，女大学生要积极参与校园现实生活，积极投入学习与社会实践中去，提高分辨现实生活与网络虚拟生活之间的区别和联系的能力，树立正确的人生观、世界观和价值观。女大学生不仅要学会正确使用网络和智能媒体技术，更要积极投入现实生活中来，认真进行学术知识学习、积极参与社会实践活动、投入实际的人际交往过程中。线上网络生活占据了女大学生日常生活的重要部分，但是在实际接触中的经验知识更为宝贵；线上网络生活与线下现实生活之间存在语言表达、情感表露、信息选择性接触等的差别，也就使得线上网络生活与线下现实生活是迥异的。女大学生要了解现实生活的丰富多彩，并积极投入现实中的学习与生活，为祖国的未来建设添砖加瓦。

B.5
女大学生身心健康现状调查研究

王献蜜*

摘　要： 为探索当前女大学生的身心健康状况、需求及影响女大学生身心健康的因素，本研究以全国高校女大学生为研究对象，采用定量研究方法，以问卷调查的方式收集资料。通过对 2400 名高校女大学生进行问卷调查，发现99.8%的女大学生在过去一年中出现过健康困扰，包括皮肤状态不好、睡眠不足、脱发、月经问题以及肥胖，32.5%的女大学生出现上述健康困扰的持续时间在六个月以上。女大学生所患疾病主要表现为消化系统疾病及皮肤疾病。99.0%的女大学生过去一年中出现过心理困扰，主要表现在学业压力、生涯规划、同辈群体人际关系、性格（不自信）以及对专业前景的担忧方面。25.8%的女大学生出现上述心理困扰持续了六个月以上的时间。出现健康困扰的女大学生存在年级差异，在本科生中，随着年级升高，出现健康困扰的学生所占比例不断升高。大二、研究生阶段学生由于对专业前景的担忧而产生的心理困扰较大。女大学生在身心健康方面需要改变生活方式、健康理念以及提高健康水平。结合女大学生身心健康需求，通过调整女大学生应对方式，以 KAP 理论的知识影响信念、信念改变行为的思路设计社会工作小组介入方案，为女大学生提供身心健康知识、学业压力缓解以及亲密关系处理等方面的干预服务。以学习身心健康知识、改变健康管理信念为媒介进而增加健康行为，达到增强女大学生身心健康的目标。

---

* 王献蜜，医学博士，中华女子学院教务部副部长、副教授，主要研究方向为女性健康、医务社会工作、妇女社会工作等。

关键词： 身心健康 女大学生 社会工作干预

一 研究背景

健康是人类永恒的主题，也是社会进步的重要标志。2016 年 10 月 25 日，中共中央、国务院印发了《"健康中国 2030"规划纲要》，对未来 15 年的健康工作进行了部署。以普及健康生活、优化健康服务、完善健康保障、建设健康环境、发展健康产业为重点，把健康融入所有政策，加快转变健康领域发展方式，全方位、全周期维护和保障人民健康，大幅提高健康水平，显著改善健康公平，为实现"两个一百年"奋斗目标和中华民族伟大复兴的中国梦提供坚实的健康基础。这是国内首个最高规格的健康产业规划，也意味着"健康中国"战略的正式落地和实施。作为健康中国建设最重要的组成部分之一，作为国家未来的建设者和接班人，高校大学生的健康至关重要。

《平等 发展 共享：新中国 70 年妇女事业的发展与进步》白皮书中提到，2017 年普通高等学校本专科在校女生占在校生总数的比例已达52.5%。① 《中国妇女发展纲要（2011—2020 年）》终期统计监测报告显示，高等教育在校生中，女研究生人数为 159.9 万人，占全部研究生的比例达到 50.9%。② 高校女大学生的人数是一个庞大的数字，她们是不可忽视的群体。在《中国妇女发展纲要（2011—2020 年）》中同样关注到妇女与健康领域的内容，女大学生是妇女群体中的重要组成部分，女大学生的身心健康状况对个人、家庭、社会整体健康产生非常重要的影响。因此，女大学生的身心健康理应受到重视。《2020 中国大学生健康调查报告》对大学生的健康态度、生活方式与身心健康状况进行分析，大学生对身心健康、睡眠、饮

---

① 国务院新闻办公室发表《平等 发展 共享：新中国 70 年妇女事业的发展与进步》白皮书，新华网，http://www.xinhuanet.com/politics/2019-09/19/c_1125015082.htm。

② 《〈中国妇女发展纲要（2011—2020 年）〉终期统计监测报告》，中华人民共和国中央人民政府网，https://www.gov.cn/xinwen/2021-12/21/content_5663667.htm。

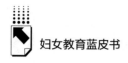

食、运动几个方面的自评分中，女大学生的自评分呈现低于男大学生的现象。① 因此，本研究将聚焦女大学生的身心健康状况、特征及其影响因素，评估女大学生身心健康需求，据此提出干预对策，运用社会工作方法设计干预服务方案，探索社会工作在增强大学生身心健康意识和改善身心健康相关不良行为，以及倡导健康生活方式中发挥的功能。

二 女大学生身心健康研究现状

（一）身心健康的概念

世界卫生组织发布的健康定义：健康不仅仅是没有疾病和虚弱，而且是包括身体、心理和社会适应的良好状态，才算是全人健康。"身体健康""心理健康""社会适应良好"三者组成互为影响的有机整体，任何一部分的改变都会影响其他部分功能的改变。② 身体健康是指身体的组织结构和生理功能处于完好状态。心理健康是指大学生自我认知良好，抗压能力强，精神状态良好等。大学生群体作为祖国未来的希望，他们的身心健康问题是社会大众关注的焦点。全国政协在提到强国一代需要什么样的素质时，将身心健康定义为学生的身体健康和心理健康，认为健康的体魄和良好的心理是必备的素质。③

基于对身心健康测量文献的梳理，一般把身心健康划分为身体健康和精神健康，身体健康采用主观自评的方式测量，精神健康运用的量表也是国外成熟的量表。学者赵延东将身心健康定义为精神健康和身体健康，在考察精神健康时，引用了可信度较高的 Hopkins Symptoms Check List（HSCL）量表的简化版来测量。④ 聂伟、风笑天也把身心健康划分为身体健康和精神健康，在研究教育对身心健康的影响中通过自评健康来测量身体健康水平，精

---

① 中国青年报、中青校媒、丁香医生：《2020 中国大学生健康调查报告》，2020 年 1 月 7 日，https://www.xdyanbao.com/doc/3ugxmgz3c5? bd_ vid=14563373509988129594。
② 夏风珍：《浅探大学生心理健康问题》，《工企医刊》2011 年第 5 期，第 87~88 页。
③ 贺春兰：《强国一代的关键品质有哪些》，《人民政协报》2021 年 1 月 6 日，第 9 版。
④ 赵延东：《社会网络与城乡居民的身心健康》，《社会》2008 年第 5 期，第 1~19、224 页。

神健康方面也引用了 HSCL 量表。[①]

本研究将身心健康划分为身体健康和心理健康，测量身心健康时，在参考躯体健康状况调查问卷、中国人民解放军第一〇二医院主持的中国心身健康量表（CPSHS）以及《2020 中国大学生健康调查报告》相关研究内容的基础上，采用自编问卷进行调查。

（二）国内研究现状

1. 关于大学生身心健康的研究现状

通过查阅文献发现，近年来，关于我国大学生身心健康现状问题的论文越来越多。其中，大多数是关于身体健康的论文。而该类型论文都是通过国家体质测试的数据以及测量各项生理指标来进行探讨的。大部分研究表明，当今大学生的身体健康水平正在逐步下降。

王月云等学者采用中国心身健康量表对大学生身心健康状况进行研究，研究结果显示大学生中身心健康障碍发生率为 34.68%。[②] 可见，大学生中不同程度的身心健康问题较为多见。但总体大学生身心健康状况尚好，不同年级大学生表现出健康差异。郭晋武、余双好在《大学生身心健康状况调查的初步报告》中指出，大学生身心健康状况总体较好，但有些问题值得忧虑，如大学生精神系统还存在不平衡、不协调，社会生活状况也不容乐观，大学生的社会支持系统一般局限于较少的同龄朋友，且对经济状况的不满情绪较大，学习压力较大，自我控制和约束功能较差。随着年级升高，大学生身体健康问题日趋严重，生活方式和健康习惯也逐渐变差。[③] 张伟、吕玉军在《南京高校学生身心健康水平调查》中指出，大学生之间的人际关系问题、个体

---

① 聂伟、风笑天：《教育有助于改善身心健康吗？——基于江苏省的数据分析》，《人口与发展》2015 年第 1 期，第 50~58 页。

② 王月云、孙维权、周红：《大学生身心健康状况及其影响因素分析》，《公共卫生与预防医学》2007 年第 1 期，第 36~38 页。

③ 郭晋武、余双好：《大学生身心健康状况调查的初步报告》，《青年研究》1992 年第 6 期，第 19~24 页。

焦虑问题、情绪问题、情感问题、特殊群体心理健康问题等是目前学生中普遍存在的心理健康问题。[①] 司钦如、郭荣娟在《影响大学生身心健康因素的调查研究》中提到，大学生对健康有了更好的了解，他们可以充分了解健康在生活中的重要性，也熟悉健康促进的方法，但在行为上表现出严重的不足，这说明掌握健康知识并不代表他们会形成健康行为，因此我们应该加强监察工作。[②] 有关大学生的身心健康是一个值得研究的课题，学者在结合时代背景的前提下，对新时代大学生的身心健康变化进行了宏观方面的描述，并提出了当代大学生思想变化引发的一系列思考，从而提出相应的对策建议。

2.大学生身心健康影响因素

即将步入社会的大学生面临学习、生活、就业等一系列问题，这无疑给他们造成了一定的压力，很多人就此产生心理不适，出现心理障碍，引发心理以及身体上的各种疾病，各界学者对影响大学生身心健康的因素进行了深入的研究。

学者颜时姣在其博士学位论文中运用扎根理论质性分析和大样本证实了社会支持资源、学校资源、家庭资源、行为生活方式和个体因素对大学生健康状况有显著影响。[③] 另有学者运用《大学生身心健康调查表》对某高职院校大学生进行了身心健康状况调查，得出学业问题、就业压力、身体状况差、人际交往不良及社会支持不力等是影响大学生身心健康的主要因素。[④] 邹国良、高芬两位学者在江西部分高校对957名大学生进行问卷调查，调查结果反映，影响大学生身心健康的因素有家庭因素、教师因素、沉迷网络、学习/就业压力、缺乏健康保健知识、心理成熟度低等。[⑤] 关于大

---

① 张伟、吕玉军：《南京高校学生身心健康水平调查》，《中国健康教育》2013年第12期，第1092~1097页。

② 司钦如、郭荣娟：《影响大学生身心健康因素的调查研究》，《漯河职业技术学院学报》2008年第4期，第153~154页。

③ 颜时姣：《基于社会资源理论大学生健康状况及影响因素研究》，博士学位论文，华中科技大学，2019。

④ 郑延芳、周庆云：《大学生身心健康状况及其影响因素研究》，《现代预防医学》2008年第24期，第4825~4827页。

⑤ 邹国良、高芬：《当代大学生身心健康现状、成因及对策研究——基于江西部分高校大学生的调查》，《江西理工大学学报》2008年第2期，第67~68页。

学生身心健康影响因素的文献中，部分学者在含有医学生的学校进行研究。例如，王月云等在某综合性大学运用中国心身健康量表对 940 名大学生进行问卷调查，通过 Logistics 回归分析得出，大学生的身心健康与性别、年级、是否为独生子女以及医学与非医学专业有关。[1] 另有学者在医学生以及非医学生中进行比较研究发现，不良的人际关系和非健康型人格是影响医学与非医学专业大学生身心健康的危险因素。[2] 段长利、董元坤通过对山东中医药大学 392 名本科生进行问卷调查，运用对比分析，得出独生子女身心健康水平高于非独生子女，其原因有待进一步研究。但这一研究结论显示是否为独生子女是影响身心健康的因素之一。[3] 关于身心健康影响因素已有研究主要关注社会人口学特征、家庭环境、生活方式和社会支持等因素。已有研究为了解影响大学生身心健康相关因素提供了重要的参考依据。

3. 有关大学生身心健康干预研究

在中国知网上以"身心健康干预"为关键词进行搜索，发现关于身心健康干预的研究主要聚焦于针对不同群体身心健康的运动干预研究、体育运动干预身心健康的效果分析、不同术后干预对病人身心健康的影响研究、对孕妇身心健康的干预研究。

在查阅关于大学生身心健康干预的文献时，发现我国对大学生身心健康干预的研究非常丰富，涉及范围也比较广，研究方法多样。王珺使用症状自评量表对大学生进行测量，研究结果显示健美操运动对改善大学生强迫、人际关系、抑郁三个因子的作用效果非常显著。[4] 刘文波等学者运用实验法并

---

① 王月云、孙维权、周红：《大学生身心健康状况及其影响因素分析》，《公共卫生与预防医学》2007 年第 1 期，第 36~38 页。

② 王月云、陆芳、聂绍发等：《医学与非医学专业大学生身心健康状况比较研究》，《中国社会医学杂志》2008 年第 2 期，第 93~95 页。

③ 段长利、董元坤：《在校独生子女大学生身心健康状况的对比分析》，《中国心理卫生杂志》2001 年第 6 期，第 450 页。

④ 王珺：《健美操运动对改善大学生心理健康状况的效果》，《湖北体育科技》2009 年第 5 期，第 546~548 页。

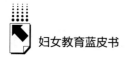

采用 SCL-90 量表证明每周两次、每次 90 分钟的球类运动干预能够促进大学生的心理因子产生积极变化。[①] 根据文献梳理发现体育锻炼是目前研究最多的、最简单的干预手段之一，可在设计干预方案时借鉴或使用体育锻炼的干预方法进行参考。

在对文献进行整理及梳理时，发现"社会工作"以及"身心健康干预"相关的可参考文献较少。纪文晓等学者运用"身-心-社-灵"整合服务模式介入老人中心华裔老年群体对其慢性疼痛和精神健康进行为期八周的社工干预，通过对干预前后进行评估分析，检验出该干预使变量在统计数据上具有显著性改善，受测者也主观陈述其干预方面具有明显改善，为其他干预研究提供了经验。[②] 刘颖在其硕士学位论文中通过对日间照料中心空巢老人身心健康现状的分析，以及总结其面临的问题，选择运用小组工作的方式介入空巢老人身心健康发展。[③] 现有关于社会工作与身心健康的文献主要聚焦于对老年群体的实务干预，学者们大多使用小组的社会工作方法进行介入研究。因此，本研究试图从社会工作的角度出发，融合社会工作理论与技巧，运用小组工作方法，设计一系列的活动方案，以达到促进女大学生身心健康的目的。

4. 关于女大学生身心健康的研究现状

通过文献梳理发现，针对女大学生身心健康的研究共有 144 篇，其中有学者研究了女大学生身心健康状况。例如，张伟华通过对无锡工艺职业技术学院 220 名女大学生身心健康现状进行调查分析，发现多数学生对健康有一定的正面认识并能在一定程度上规范自己，但仍然存在不少不良状况。[④] 学者马

---

① 刘文波、李亮、张惠聪：《球类运动干预对大学生心理健康影响的研究》，《北京体育大学学报》2008 年第 7 期，第 951~953 页。

② 纪文晓、卢又华、何坤东、蔡亚飞、孙昌雪童：《慢性疼痛与精神健康的整合服务模式——以对华裔老人身心健康干预的有效性研究为例》，《中国社会工作研究》2020 年第 1期，第 195~218、227~228 页。

③ 刘颖：《促进城市空巢老人身心健康的实务研究》，硕士学位论文，苏州大学，2016。

④ 张伟华：《女大学生身心健康状况调查与分析——以无锡工艺职业技术学院为例》，《河北能源职业技术学院学报》2017 年第 4 期，第 40~42 页。

申、杨欣海则通过跟踪研究女大学生身心健康状况的变化规律，探析出女大学生要以中等运动量的体育锻炼为宜。[①]

关于对女大学生身心健康干预的论文，其中大多以体育学视角思考如何干预女大学生身心健康。例如，潘施伊、吕志刚在研究有氧体育锻炼对大学生身心健康影响的性别差异中发现有氧体育锻炼对女大学生的机能指数改变效果显著。[②] 还有姜桂萍等学者在研究身体表现类运动对大学生身心健康发展的促进中提到低强度的锻炼即瑜伽类，能够平和心态，稳定情绪及注意力等。[③] 还有部分学者进行关于肥胖女大学生身心健康的干预研究。另有对女大学生身心健康教育的思考。根据以上文献可知关于女大学生身心健康的研究较为单一，以瑜伽、健美操等运动对女大学生身心健康影响的研究为主，分析女大学生身心健康现状、影响女大学生身心健康因素并与其他学科领域交叉进行干预研究较少。本研究可以借鉴这些体育学科关于女大学生干预方法进行小组工作方案的设计，同时可增加关于社会工作方法介入女大学生身心健康现状的分析评估以及干预的相关文献。

（三）国外研究现状

大量研究显示美国大学生心理健康和物质使用问题发生率高，包括抑郁、焦虑、酒精和其他物质使用障碍。[④] 对大学生整体健康状况的研究较

① 马申、杨欣海：《浙江水利水电学院女大学生身心健康状况追踪研究》，《中国学校卫生》2004 年第 4 期，第 25~26 页。

② 潘施伊、吕志刚：《有氧体育锻炼对大学生身心健康影响的性别差异研究》，《成都体育学院学报》2011 年第 8 期，第 91~94 页。

③ 姜桂萍、李青、王锋、纪仲秋、赵瑞花、华云娟、李旭龙、侯金芸：《身体表现类运动对大学生身心健康发展的促进研究》，《北京师范大学学报（自然科学版）》2013 年第 1 期，第 99~104 页。

④ C. Blanco, M. Okuda, C. Wright, D. S. Hasin, B. F. Grant, S. M. Shang-Min Liu, & M. Olfson, "Mental Health of College Students and Their Non-college-attending Peers: Results from the National Epidemiologic Study on Alcohol and Related Conditions," *Archives of General Psychiatry*, 2008, 65（12）: 1429 – 1437; Li-Tzy Wu, Daniel J. Pilowsky, William E. Schlenger, & Deborah Hasin, "Alcohol Use Disorders and the Use of Treatment Services among College-age Young Adults," *Psychiatric Services*, 2007, 58（2）: 192–200.

少。以往的研究基于在四年制学院和大学的调查，Jennifer M. Cadigan 等研究表明社区大学生在身心健康方面最常见的问题是医疗、压力、抑郁和睡眠。美国学者认为大学生身心健康状况存在的问题需要引起广泛的关注。[①] Bezyak Jill、Clark Alena 通过对大学生的身心健康行为评估，发现被调查大学生对减轻压力、增加身体活动和改善饮食习惯的策略感兴趣，并认为大学需要关注大学生身心健康的需求，为其未来发展做好准备。[②] Kaito Yamashiro 等研究泰国和日本大学生身心健康状况，提到大学生的身体或精神健康状况以及体重不足和超重的问题增加，日本学生和泰国学生的 BMI 和疲劳或压力程度之间没有显著差异。Kaito Yamashiro 等在文中提到大学生需要接受健康意识的教育，这样他们才能保持理想的身体形象和良好的心理健康状态。[③] 对国外文献梳理可以发现，许多国家的学生有身心健康问题。而且大学生的不良生活习惯越来越严重，直接影响着大学生的身心健康。但是女大学生身心健康以及社会工作领域介入的相关文献研究较少。

综上所述，根据以往的研究成果可发现，目前有关身心健康研究的成果侧重于对某一领域的研究。例如，体质健康研究、心理健康研究、体育运动与大学生身心健康研究、文化视角下大学生身心健康研究、教学改革视角下的研究等。现有研究中也存在一些不足，如研究内容的不平衡性，即对心理健康、体育运动与大学生身心健康关注较多，而对其他领域的关注相对较少。

目前，女大学生身心健康研究多以体育学科思维进行，且研究较为单一。目前以瑜伽、健美操等运动对女大学生身心健康影响的研究为主，对女大学

---

① Jennifer M. Cadigan, Jennifer C. Duckworth, & Christine M. Lee, "Physical and Mental Health Issues Facing Community College Students," *Journal of American College Health* : *Journal of American College Health*, 2020, 70 (3): 891–897.

② Bezyak Jill & Clark Alena, "Promoting Physical and Mental Health Among College Students: A Needs Assessment," *Rehabilitation Research*, *Policy & Education*, 2016, 30 (2).

③ Kaito Yamashiro, Shigeharu Tanei, Siriporn Burapadaja, Fumihiko Ogata, Naohito Kawasaki, "Survey on Physical or Mental Health Status of University Students in Japan and Thailand," *Journal of Allied Health Sciences*, 2019, 10 (2).

生身心健康现状的分析以及其他学科领域进行干预的研究较少。

通过梳理以上文献也发现，当前针对女大学生身心健康状况及影响因素的研究不足，因此本研究将聚焦于女大学生的身心健康状况及其影响因素，评估女大学生身心健康需求，从而为提高我国女大学生的身心健康水平，培养现代化健康女性人才提供数据支撑，并提出干预对策。

三 研究目的及意义

处在知识密集、竞争激烈的信息时代的女大学生，随着生活节奏不断加快，逐渐开始加入"亚健康"的大族群之中，急需改善身体健康状况，促进身心健康发展。女大学生是未来提升女性整体健康水平乃至家庭、社会健康水平的重要组成部分，而身心健康是社会对未来参与者的基本要求，因此研究女大学生身心健康状况及其影响因素，立足于女大学生的健康需求开展有针对性的干预服务，提升女大学生的身心健康水平，有助于为未来社会培养更加健康的、适应新时代社会发展需求的女性人才。

四 研究方法

（一）研究对象

本研究以全体普通高等学校的被调查学生为研究对象，普通高等学校是指由教育部或省级教育行政部门（含自治区、直辖市等）主管的实行全日制高等教育的学校。包括全日制大学和学院、高等职业技术学院/职业学院、高等专科学校。

（二）抽样方法

本研究采用分阶段抽样方案，共分三个阶段进行抽样。

第一阶段：抽取省份。采用分层及简单随机抽样方法，以片区作为分层

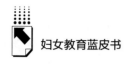

因素，将全国按照地理位置划分为 7 个片区：华东地区（包括山东、江苏、安徽、浙江、福建、上海）；华南地区（包括广东、广西、海南）；华中地区（包括湖北、湖南、河南、江西）；华北地区（包括北京、天津、河北、山西、内蒙古）；西北地区（包括宁夏、新疆、青海、陕西、甘肃）；西南地区（包括四川、云南、贵州、西藏、重庆）；东北地区（包括辽宁、吉林、黑龙江）。

在每个片区中采用简单随机抽样方法随机抽取一个省份，7 个片区抽样情况如下。华东地区，江苏省；华南地区，广东省；华中地区，河南省；华北地区，北京市；西北地区，陕西省；西南地区，贵州省；东北地区，辽宁省。

第二阶段：抽取学校。以 2016 年教育部公布的全国 2595 所普通高等学校名单为抽样框，在每个省份采用简单随机方法抽取 1 所普通高校。

第三阶段：抽取被调查学生。在所抽取的学校中，从本科一年级至四年级，以及研究生一年级至三年级，在每个年级的所有班级中采用整群抽样方法随机抽取一个班，所抽取班级的全部被调查学生均为调查对象。

（三）资料收集与分析方法

采用自填式调查问卷，由经过培训的调查员负责组织问卷发放、现场质量监控及问卷收集、现场审核工作。共发放 2431 份问卷，收回有效问卷 2400 份，问卷有效回收率为 98.7%。有效问卷经过录入、清洁后采用 SPSS 23.0 统计分析软件进行分析，包括描述性分析及交互分析。

五　研究结果

（一）调查对象基本情况

1. 调查对象的基本特征分布

本次调查的对象包括本科一至四年级以及研究生阶段的在校女大学生，共收回有效问卷 2400 份。2400 名女大学生中，51.3% 的同学来自城市，

37.0%的同学来自农村，乡镇同学的占比为11.7%。

在被调查的女大学生中，少数民族的同学所占比例为8.8%，汉族同学占比较多，为91.2%。有兄弟姐妹的同学较多，占59.2%。

被调查女大学生中以大学一年级和研究生阶段为主，占比均为24.6%。大二年级的同学占比为18.3%，大三年级的占比最少，为15.8%，大四年级的同学占比为16.7%（见表1）。

表1　调查对象的基本情况（N = 2400）

单位：人，%

变量	分类	人数	占比
户籍所在地	城市	1230	51.3
	乡镇	280	11.7
	农村	890	37.0
独生子女	是	980	40.8
	否	1420	59.2
民族	汉族	2190	91.2
	少数民族	210	8.8
年级	大一	590	24.6
	大二	440	18.3
	大三	380	15.8
	大四	400	16.7
	研究生阶段	590	24.6

2. 调查对象的家庭情况

（1）共同生活的家庭成员

根据图1，可以看出共同生活的家庭成员为3人的所占比例最高，为29.2%，其次是两人组成的家庭，占23.8%，四口之家占比为21.7%。

（2）家族遗传病史情况

根据图2，我们可以看出没有家族遗传病史的占比最多，为70.8%。有22.1%的被调查女大学生不清楚家族是否有遗传病史。有家族遗传病史的占7.1%，其中，家族遗传病的类型主要为高血压、糖尿病、心脏病、哮喘等。

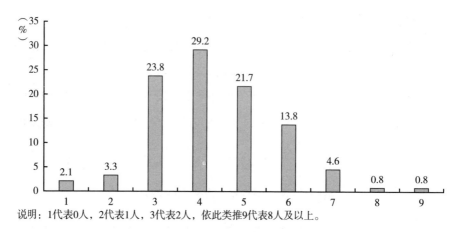

说明：1代表0人，2代表1人，3代表2人，依此类推9代表8人及以上。

图1　女大学生共同生活的家庭成员数百分比分布

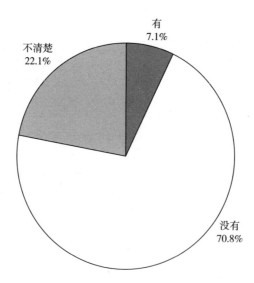

图2　女大学生家族遗传病史情况

（3）家人患病情况

根据图3，可以看出75.0%的女大学生家中没有患病情况。25.0%的同学家中有人患病，其中所患疾病类型主要为关节炎、高血压、高血糖、高血脂、糖尿病、心脏病、抑郁症、甲状腺癌、脑血栓、胃病、结膜炎眼息肉等。

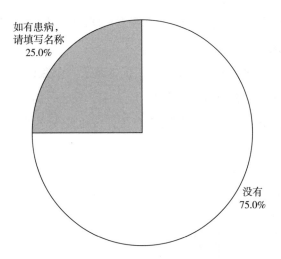

图3 女大学生家中成员患病情况

（二）女大学生身体健康状况

1. 女大学生面临的健康困扰

依据图4可以看出，99.8%的女大学生表示在过去一年中出现过健康困扰。其中，健康困扰排名前五的是皮肤状态不好、睡眠不足、脱发、情绪问题、月

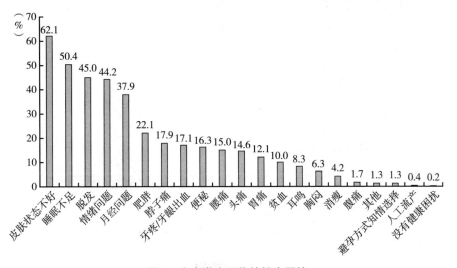

图4 女大学生面临的健康困扰

181

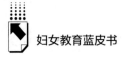

经问题。0.2%的女大学生表示自己目前没有出现过健康困扰，占比较少。

2. 健康困扰持续时间

32.5%的女大学生出现上述健康困扰持续了六个月以上的时间，占比最多。26.3%的女大学生出现上述健康困扰时间不足一周。6.3%的女大学生出现上述健康困扰持续了三个月到六个月，占比最少（见图5）。

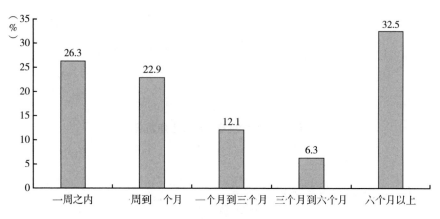

图5　健康困扰持续时间

3. 出现健康困扰时的应对方式

根据图6可知，出现以上健康困扰时，62.9%的女大学生选择自我调节（非药物治疗），15.8%的女大学生会寻求医生的帮助，11.7%的女大学生选

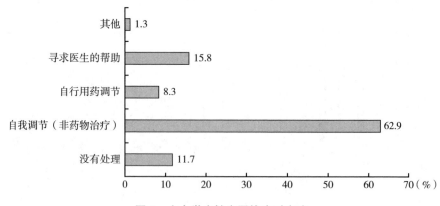

图6　女大学生健康困扰应对方式

择没有处理，8.3%的女大学生会自行用药调节，1.3%的同学选择了其他，其他主要为自我调节无用后寻求医生的帮助以及使用护发素等非药物产品。

女大学生对自己应对健康困扰的方式满意程度进行评分，应对方式自评分的平均值为6.7，自评分为6分的女大学生占22%，自评分为7~8分的女大学生占36%（见图7）。

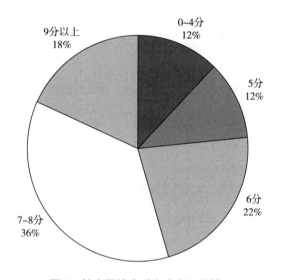

图7　健康困扰应对方式自评分情况

4. 女大学生疾病发生情况

被调查女大学生在过去所患疾病中，患过消化系统疾病中口腔疾病的占3.4%、胃肠道疾病的占3.2%。患过皮肤疾病中皮肤炎症的占3.1%。患过眼部疾病中结膜炎的占1.3%。患过传染性疾病中流感的占1.2%。患过生殖系统中阴道炎类疾病的占0.7%。患过运动系统疾病如运动损伤的占2.1%、颈椎病的占1.3%。患过其他常见疾病如普通感冒的占7.5%。

被调查女大学生现在所患疾病中，消化系统疾病中的口腔疾病占2.0%、胃肠道疾病占1.1%。患有皮肤疾病如皮肤炎症的占1.9%。患有生殖系统疾病如阴道炎类的占0.4%。患有运动系统疾病中运动损伤、颈椎病的均占1.1%。患有其他常见疾病中普通感冒的占3.5%。

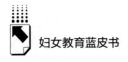

综上，大多数同学身体健康。在过去所患疾病中，口腔疾病、胃肠道疾病、皮肤炎症所占比例较高，分别为3.4%、3.2%、3.1%，属于较易患疾病。

在现在所患的疾病中，普通感冒仍然是患病人数较多的疾病类型，相比过去的疾病占比有所下降，占比为3.5%。其次是口腔疾病、胃肠道疾病、皮肤炎症。

5. 患病后诊断和治疗情况

针对过去和现在的疾病，42.1%的女大学生对部分疾病进行了诊断和治疗，目前已治愈；17.5%的女大学生对疾病没有进行诊断和治疗；全部进行了诊断和治疗，目前已治愈的女大学生占15.0%；3.8%的女大学生只诊断，没有进行治疗；还有5.4%的女大学生全部进行了诊断和治疗，目前未治愈（见表2）。

表2　女大学生对疾病诊断和治疗情况

单位：%

诊断和治疗情况	占比
没有进行诊断和治疗	17.5
只诊断，没有进行治疗	3.8
部分疾病进行了诊断和治疗，目前已治愈	42.1
部分疾病进行了诊断和治疗，目前未治愈	16.3
全部进行了诊断和治疗，目前已治愈	15.0
全部进行了诊断和治疗，目前未治愈	5.4

6. 女大学生其他常见健康相关问题

其他常见健康相关问题主要包括过敏史、手术史及长期用药史。如图8所示，女大学生中过敏问题不容小视，40.8%的女大学生有过敏史。因病进行过手术的女大学生占15.0%。7.5%的女大学生需要长期服用药物。

依据图9可以看出，女大学生的过敏原有杧果、灰尘、紫外线、海鲜等常见物，"杧果""海鲜"两词占据空间较大，这两个都是食物类，这说明女大学生过敏原中重要一部分是食物类。

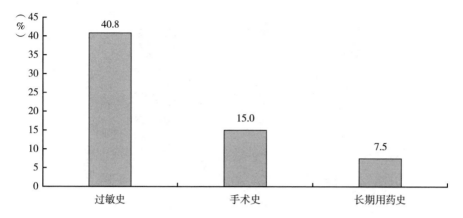

图8　女大学生其他常见健康相关问题

图9　女大学生过敏原词汇云

　　"切除"一次占据空间最大，可知女大学生进行的手术治疗中大比例为切除手术。"扁桃体""阑尾炎"两词为第二热词，女大学生所进行的切除手术为切割扁桃体和阑尾（见图10）。

　　由图11可知，"中药""盐酸"两词占据空间较大，这意味着在有长期用药史（六个月以上，每天一次以上）的女大学生中长期服用的药物较多的有中药类和盐酸类。

图 10　女大学生进行手术治疗词汇云

图 11　女大学生长期服用药物词汇云

7. 女大学生的健康促进行为

如图 12 所示，可知女大学生在促进自己健康方面会选择注意自己的饮食和营养、保证充足的睡眠、有规律的生活、改掉生活中的不良习惯以及进行各种体育活动。也会有少数同学（4%）认为自己在目前阶段没有精力顾及此类事情。

8. 女大学生的总体身体健康状况自评

大部分女大学生对自己的总体身体健康状况较为自信，总体身体健康状

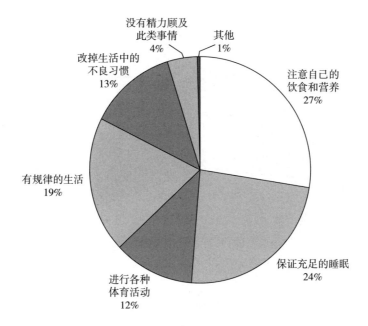

没有精力顾及
此类事情
4%

其他
1%

改掉生活中的
不良习惯
13%

注意自己的
饮食和营养
27%

有规律的生活
19%

保证充足的睡眠
24%

进行各种
体育活动
12%

图 12　女大学生的健康促进行为表现

况自评平均分为 7.32 分（满分 10 分）。26.7% 的女大学生自评打分在 9~10 分，42.9% 的女大学生评分为 7~8 分，有 7.5% 的女大学生自评打分不足 4 分，这部分女大学生的健康问题需要被重点关注（见图 13）。

（三）女大学生的心理健康状况

1. 心理困扰发生情况

根据图 14 可以看出，99.0% 的女大学生表示在过去一年中出现过心理困扰。心理困扰情况排名前五的分别是学业压力、生涯规划、同辈群体人际关系、性格（不自信等）和专业前景。其中，学业压力问题最为严重，占 19.7%，生涯规划占 16.0%。只有 1.0% 的女大学生表示自己没有压力。

2. 出现心理困扰的持续时间

25.8% 的女大学生出现上述心理困扰持续了六个月以上的时间，占比最多。25.4% 的女大学生出现上述心理困扰的时间不足一周。女大学生出现上述心理困扰持续一周到一个月的有 19.6%。20.8% 的女大学生出现上述心理

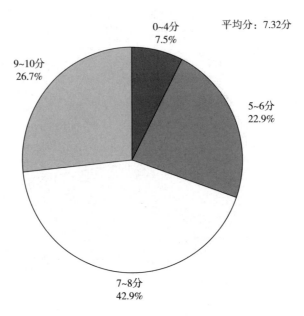

图 13 女大学生的总体身体健康状况自评

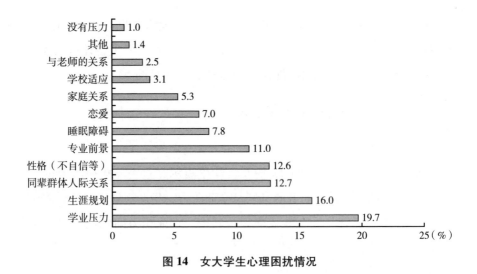

图 14 女大学生心理困扰情况

困扰持续一个月到三个月。8.3%的女大学生出现上述心理困扰持续三个月到六个月，占比最少（见图 15）。

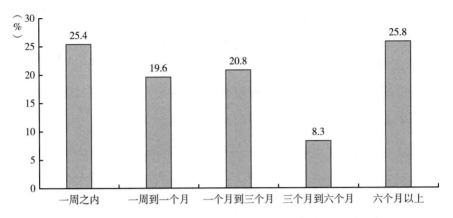

图15 心理困扰持续时间

3. 出现心理困扰的应对方式

如图16所示，女大学生应对心理困扰的主要方式为转移注意力，如听歌、看书、购物、游戏娱乐等，占32.7%。其次是顺其自然，占比为23.9%。选择向老师、医生咨询的女大学生占比较低，为3.0%。女大学生对寻求专业力量帮助的力度不大。

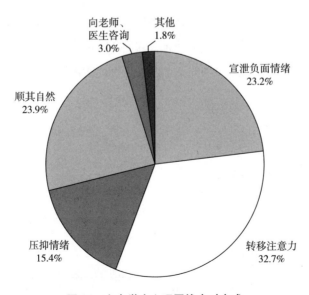

图16 女大学生心理困扰应对方式

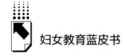
4.心理健康服务获取情况

依据图 17 可以看出，31.5%的女大学生遇到无法自己解决的心理困扰时会选择向同学朋友咨询。18.4%的女大学生会与家人讨论；14.6%的女大学生会在网络上进行网上咨询。分别有 2.7%的女大学生会选择寻求综合医院心理医生的帮助和寻求精神专科专家的帮助。

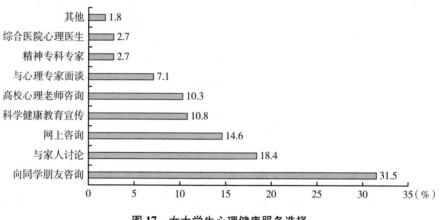

图 17　女大学生心理健康服务选择

41%的女大学生在寻求心理健康服务时，首要考虑的因素是保密性。其次，有 29%的女大学生看重人员的专业素质。仅有 13%的女大学生会考虑机构类型。女大学生经济收入不自由，16%的女大学生会考虑费用问题（见图 18）。

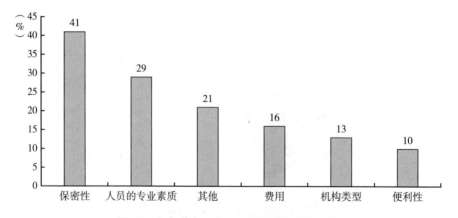

图 18　女大学生寻求心理健康服务考虑因素

5. 女大学生近两周的情绪状况

根据图 19 可知，近两周女大学生情绪状态较好，17.1%的女大学生觉得最近两周情绪状态表现为乐观积极，15.9的女大学生情绪状态为舒畅畅快，14.8%的女大学生觉得最近两周心旷神怡。仍有 12.7%的女大学生近两周情绪状态为压抑苦闷，12.1%的女大学生情绪状态为焦虑易怒。仅有 3.2%的女大学生会有虚荣嫉妒的情绪。女大学生的情绪状态还需要关注。

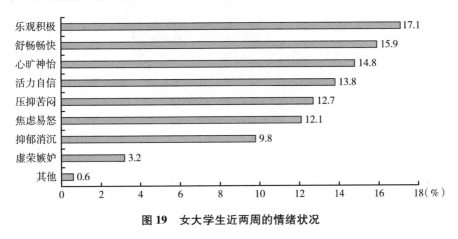

图 19　女大学生近两周的情绪状况

6. 女大学生总体心理健康状况自评情况

女大学生对自己的总体心理健康状况自评平均分为 7.49 分（满分 10分）。女大学生对自己的总体心理健康状况打分达到 7~8 分与 9~10 分所占比例相同，均为 34%。但也有 7%的女大学生自评打分不足 4 分，25%的女大学生自评打分在 5~6 分。因此女大学生的心理健康问题需要被关注（见图 20）。

（四）亚健康状况

1. 女大学生亚健康状况

根据中国健康教育中心提供的亚健康量表可知，当分值在 42~60 分时说明健康状况比较糟糕，建议马上去医院检查。当分值在 24~41 分时说明健康状况开始令人担忧，以后要注意了。当分值在 12~23 分时说明健康状况良好，继续保持。如表 3 所示，82%的女大学生亚健康分值处在 24~41

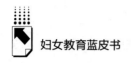

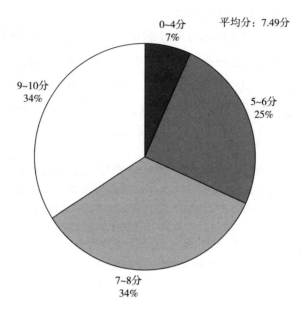

图20　女大学生总体心理健康状况自评

分，健康状况开始令人担忧，以后要注意了，处在亚健康状态。18%的女大学生处在12~23分段，健康状况良好。

表3　女大学生亚健康状况分值

单位：%

亚健康评分	占比
12~23 分你的健康状况良好,继续保持	18
24~41 分你的健康状况开始令人担忧,以后要注意了	82
42~60 分你的健康状况比较糟糕,建议马上去医院检查	0

2. 女大学生亚健康状况具体表现

女大学生亚健康相关症状排名前五的有注意力难集中，精力不足，占18.1%；手脚冰凉，占14.2%；烦躁、焦虑，占13.3%；常感身体虚弱无力，占11.6%；失眠、难以入睡，占10.7%。在被调查女大学生中，仅有

1.5%出现血压、血糖、血脂偏高问题。女大学生在身体素质较为强健的年龄，仍有不少亚健康症状，女大学生亚健康状况值得注意（见图21）。

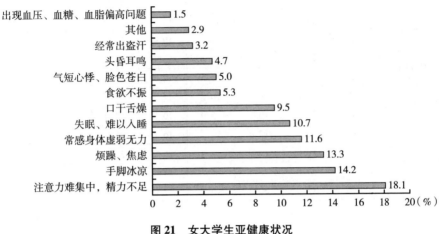

图21 女大学生亚健康状况

（五）女大学生身心健康的年级差异

1. 身体健康困扰方面的年级差异

根据表4，将女大学生表现比较明显的健康困扰如皮肤状态不好、脱发、月经问题与年级进行交互分析，可以看出女大学生年级与皮肤状态不好、脱发、月经问题无关（$p>0.05$）。虽然女大学生表现出的健康困扰与年级之间没有显著性关系，但没有健康困扰的大学生存在年级差异（$p<0.05$），在本科生中，随着年级升高，没有健康困扰的学生所占比例总体在下降。

表4 健康困扰年级差异分布

单位：%

健康困扰	分类	大一	大二	大三	大四	研究生阶段	χ^2	p
皮肤状态不好	否	26.4	16.5	15.4	19.8	22.0	1.741	0.783
	是	23.5	19.5	16.1	14.8	26.2		

续表

健康困扰	分类	大一	大二	大三	大四	研究生阶段	χ^2	p
脱发	否	25.0	17.4	14.4	14.4	28.8	3.555	0.470
	是	24.1	19.4	17.6	19.4	19.4		
月经问题	否	25.5	18.8	15.4	15.4	24.8	0.586	0.965
	是	23.1	17.6	16.5	18.7	24.2		
没有健康困扰	否	21.8	19.1	16.8	17.3	25.0	11.423	0.022
	是	55.0	10.0	5.0	10.0	20.0		
情绪问题	否	30.3	17.6	14.3	16.8	21.0	4.733	0.316
	是	19.0	19.0	17.4	16.5	28.1		
睡眠不足	否	30.6	16.4	15.7	16.4	20.9	6.765	0.149
	是	17.0	20.8	16.0	17.0	29.2		

2. 女大学生现有疾病患病情况的年级差异

根据表5，从女大学生现有疾病患病情况与年级的交互分析结果可以看出，女大学生年级与慢性疾病、肿瘤疾病、传染性疾病、生殖系统疾病、泌尿系统疾病、运动系统疾病、其他常见疾病无关（$p>0.05$）。消化系统疾病、皮肤疾病、眼部疾病的患病情况与年级有关（$p<0.05$）。三年级女大学生皮肤疾病-暗疮的患病比例较高，四年级学生消化系统疾病-消化道溃疡和眼部疾病-干眼症的患病比例较高。

表5 女大学生现有疾病患病情况年级差异分布

单位：%

患病情况	分类	大一	大二	大三	大四	研究生阶段	χ^2	p
消化系统疾病-消化道溃疡	否	24.6	18.6	16.1	15.7	25.0	10.695	0.030
	是	25.0	0.0	0.0	75.0	0.0		
皮肤疾病-暗疮	否	24.9	19.2	14.4	16.2	25.3	10.598	0.031
	是	18.2	0.0	45.5	27.3	9.1		
眼部疾病-干眼症	否	25.4	19.2	16.5	14.7	24.1	11.232	0.024
	是	12.5	6.3	6.3	43.8	31.3		

患病情况	分类	大一	大二	大三	大四	研究生阶段	χ^2	p
其他常见疾病-普通感冒	否	27.5	17.6	13.7	15.0	26.1	3.799	0.434
	是	19.5	19.5	19.5	19.5	21.8		
慢性疾病-无	否	0.0	0.0	0.0	50.0	50.0	3.059	0.548
	是	24.8	18.5	16.0	16.4	24.4		
肿瘤疾病-呼吸系统肿瘤	否	24.7	18.4	15.9	16.3	24.7	5.021	0.285
	是	0.0	0.0	0.0	100.0	0.0		
传染性疾病-肺结核	否	24.3	18.4	15.9	16.7	24.7	3.081	0.544
	是	100.0	0.0	0.0	0.0	0.0		
生殖系统疾病-阴道炎	否	25.3	19.2	15.7	16.2	23.6	6.100	0.192
	是	9.1	0.0	18.2	27.3	45.5		
泌尿系统疾病-尿道炎	否	24.7	18.4	15.9	16.3	24.7	5.02	0.285
	是	0.0	0.0	0.0	100.0	0.0		
运动系统疾病-腰肌劳损	否	24.7	18.7	15.5	16.0	25.1	1.353	0.852
	是	23.8	14.3	19.0	23.8	19.0		

3. 现有健康困扰持续时间差异

根据表6的单因素方差分析结果可以看出，女大学生健康困扰持续时间与健康困扰存在差异，$p<0.05$。

根据多重比较结果可以看出，皮肤状态不好的持续时间在一周到一个月的表现比一周之内的表现要明显。睡眠不足的持续时间在一周到一个月以及三个月到六个月表现明显。情绪问题的持续时间在一周到一个月以及三个月到六个月表现明显。脱发持续时间较长。

表6　女大学生中排名前五位健康困扰与持续时间差异

健康困扰	分类	N	均值	标准差	F	p
皮肤状态不好	一周之内	97	0.47	0.502	2.645	0.033
	一周到一个月	82	0.71	0.458		
	一个月到三个月	48	0.63	0.489		
	三个月到六个月	24	0.63	0.495		
	六个月以上	126	0.60	0.493		

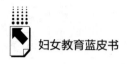
续表

健康困扰	分类	N	均值	标准差	F	p
睡眠不足	一周之内	97	0.37	0.486	2.806	0.026
	一周到一个月	82	0.60	0.493		
	一个月到三个月	48	0.50	0.505		
	三个月到六个月	24	0.63	0.495		
	六个月以上	126	0.50	0.502		
情绪问题	一周之内	97	0.33	0.473	3.78	0.005
	一周到一个月	82	0.52	0.502		
	一个月到三个月	48	0.46	0.504		
	三个月到六个月	24	0.67	0.482		
	六个月以上	126	0.37	0.483		
脱发	一周之内	97	0.25	0.434	5.07	0.001
	一周到一个月	82	0.45	0.501		
	一个月到三个月	48	0.54	0.504		
	三个月到六个月	24	0.54	0.509		
	六个月以上	126	0.50	0.502		
月经问题	一周之内	97	0.21	0.407	3.085	0.016
	一周到一个月	82	0.29	0.458		
	一个月到三个月	48	0.35	0.483		
	三个月到六个月	24	0.33	0.482		
	六个月以上	126	0.42	0.496		

4. 心理健康层面困扰的年级差异

女大学生的学业压力、性格（不自信等）、同辈群体人际关系与年级无关（$p > 0.05$）。

女大学生在专业前景方面的心理困扰存在年级差异（$p < 0.05$）。大二、研究生阶段学生对专业前景的心理困扰较大（见表7）。

表7　女大学生心理困扰年级差异分布

单位：%

心理困扰	分类	大一	大二	大三	大四	研究生阶段	χ^2	p
学业压力	否	27.3	10.9	16.4	18.2	27.3	2.676	0.613
	是	23.8	20.5	15.7	16.2	23.8		

心理困扰	分类	大一	大二	大三	大四	研究生阶段	χ^2	p
同辈群体人际关系	否	22.3	12.4	17.4	21.5	26.4	9.307	0.054
	是	26.9	24.4	14.3	11.8	22.7		
性格(不自信等)	否	22.1	12.3	18.0	18.9	28.7	8.712	0.069
	是	27.1	24.6	13.6	14.4	20.3		
专业前景	否	28.5	12.4	13.1	19.0	27.0	11.321	0.023
	是	19.4	26.2	19.4	13.6	21.4		

5. 不同年级女大学生对自身身体、心理健康自评分数的差异分析

根据以下的单因素方差分析结果可以看出，不同年级女大学生在身体健康自评和心理健康自评中仅有身体健康自评存在差异，显著性 p 值为 0.002<0.05。根据多重比较结果可以看出身体健康自评在年级差异方面，大一、大二、大三女生的身体健康自评分数均高于大四女生，大二女生的身体健康自评分数高于研究生阶段女生，研究生阶段女生高于大四女生的身体健康自评分数。由此可见，大四年级的身体健康自评分数较低。

表8　不同年级女大学生在身体、心理健康自评方面的差异分析

健康自评		均值	标准差	F	p	多重比较
身体健康自评	大一	2.95	0.90	4.377	0.002	1>4,2>4,2>5,3>4,5>4
	大二	3.25	0.87			
	大三	2.89	0.83			
	大四	2.48	0.88			
	研究生阶段	2.83	0.83			
心理健康自评	大一	3.03	0.93	1.147	0.340	/
	大二	3.09	0.94			
	大三	3.08	0.75			
	大四	2.80	0.99			
	研究生阶段	2.81	0.97			

注：1代表大一，2代表大二，3代表大三，4代表大四，5代表研究生阶段。

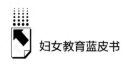

六　大学生的身心健康需求

（一）女大学生对影响身心健康因素的看法

在被调查的女大学生中23%认为生活方式会影响身心健康；21%的女大学生认为生活理念会影响身心健康；20%的女大学生认为健康状态会影响身心健康；19%的女大学生认为社会环境会影响身心健康；仅有17%的女大学生认为健康知识会影响身心健康（见图22）。

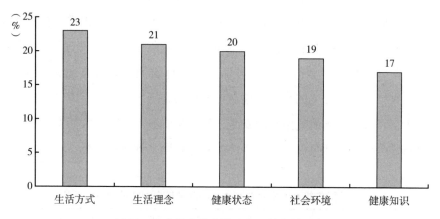

图22　女大学生认为影响身心健康的因素

（二）女大学生对提高身心健康水平方式的看法

如图23所示，24%的女大学生认为改善生活方式是提高身心健康水平的一种方式；22%的女大学生认为改变生活理念是提高身心健康水平的方式；20%的女大学生认为提高健康水平是提高身心健康水平的方式；认为增加健康知识是提高身心健康水平方式的女大学生占19%；仅有15%的女大学生认为调整社会环境是提高身心健康水平的方式。

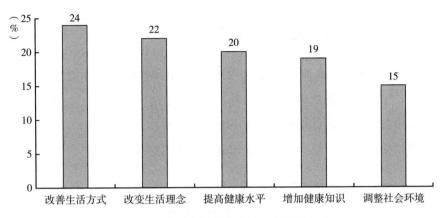

图 23　女大学生提高身心健康水平的方式

（三）女大学生对于获取健康知识的意愿

如图 24 所示，19% 的女大学生愿意获取饮食与健康方面的知识；均有
17% 的女大学生愿意获取女性健康方面的知识和心理健康方面的知识；16%
的女大学生期望获得睡眠问题方面的健康知识；11% 的女大学生愿意获得急
救知识；均有 9% 的女大学生意愿获取流行性感冒的预防及用药方面的健康
知识和传染病防治知识；2% 的女大学生想要获取其他方面的健康知识，如
自律、常见病预防及科普等。

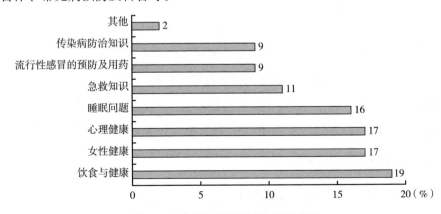

图 24　女大学生获取健康知识的意愿

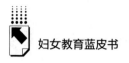

（四）女大学生愿意调整的社会环境

如图 25 所示，28.8%的女大学生愿意接受调整的社会环境是健康的人际关系；女大学生想要调整的社会环境是安全的生活环境，占比为 26.5%；22.5%的女大学生想要调整的社会环境是平等的社会环境；22.1%的女大学生想要调整的社会环境是大众传媒对健康生活的倡导。

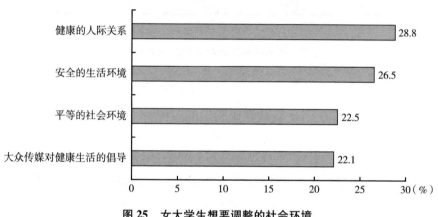

图 25　女大学生想要调整的社会环境

（五）女大学生想要改变的生活方式

根据图 26 可知，22%的女大学生愿意改变的生活方式是不要想太多，行动起来；21%的女大学生想要通过珍惜生活的方式来改变生活方式；想要改变生活方式的女大学生有 19%选择进行适度的锻炼健身；16%的女大学生认为接受失败是一件正常的事情；12%的女大学生选择和另一个人做约定一起行动来改变生活方式；亦有 10%的女大学生会选择通过创建一个早上的例行程序来改变生活方式。

（六）女大学生对提高健康水平方式的看法

如图 27 所示，21.5%的女大学生认为提高健康水平的方式是合理安排

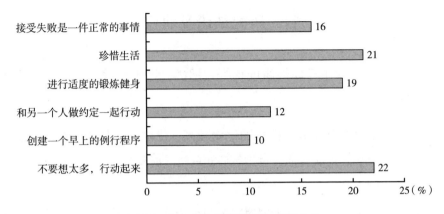

图 26 女大学生想要改变的生活方式

膳食；分别有 20.7% 和 21.3% 的女大学生选择保持健康平和的心态和坚持适当运动的方式来提高健康水平；18.5% 的女大学生想要通过改变不良行为，预防各类疾病的方式来提高健康水平；良好的社会适应能力是 17.8% 的女大学生选择提高健康水平的方式；0.2% 的女大学生选择其他方式来提高健康水平，如出门散心等。

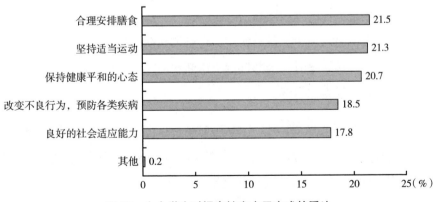

图 27 女大学生对提高健康水平方式的看法

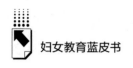

七 研究结论及建议

（一）女大学生身体健康现状令人担忧，处于亚健康水平的女大学生所占比例较高

女大学生存在身体健康困扰的比例较高，出现常见健康问题如口腔疾病、胃肠道疾病、皮肤炎症、过敏等问题的持续时间较长，而全部进行诊断和治疗的比例不高。

通过女大学生对自身身体健康状况的自评分可以看出，大部分女大学生对自己的健康状况表现出较为自信的状态，平均分为 7.32（满分 10 分），但通过亚健康量表评分发现，82% 的女大学生亚健康评分处于令人担忧、需要关注身体健康的状态，主要表现出的亚健康问题为注意力难集中、精力不足，手脚冰凉，烦躁、焦虑，常感身体虚弱无力，以及失眠、难以入睡。

大部分女大学生在过去一年中出现过健康困扰，在女大学生健康困扰中排名前五的是皮肤状态不好、睡眠不足、脱发、情绪问题以及月经问题。有近 1/3 的女大学生出现上述健康困扰的持续时间在六个月以上。皮肤状态不好是女大学生最关注的健康问题。

女大学生所患疾病中，口腔疾病、胃肠道疾病、皮肤炎症类疾病所占比例较高，发生疾病状况时，全部进行了诊断和治疗，目前已治愈的女大学生所占比例不高，仅为 15.0%。

（二）大部分女大学生认为自己存在心理困扰，学业压力是造成女大学生心理困扰的主要原因。超过1/3的女大学生近两周出现过压抑苦闷、焦虑易怒、抑郁消沉等负面情绪

通过女大学生总体心理健康状况自评分可以看出，大部分女大学生对自己的心理健康状况表现出较为自信的状态，自评平均分为 7.49（满分 10 分）。大部分女大学生表示在过去一年中出现过心理困扰，在女大学生出现

的心理健康困扰中，排名前五的分别是学业压力、生涯规划、同辈群体人际关系、性格（不自信等）和专业前景，25.8%的女大学生出现的心理困扰持续了六个月以上的时间。出现心理困扰时大部分学生会向自己的非正式支持资源求助，如家人、同学、朋友等，而向正式资源/专业人员求助的比例不高，寻求专业人员帮助时主要考虑的是保密性及人员的专业素质。

（三）女大学生存在改善身心健康状况的需求，不同年级女大学生的身心健康状况存在差异，可结合不同年级女大学生的需求及学业安排开展健康干预服务

女大学生提高身心健康水平的方式前三位为改善生活方式、改变生活理念以及提高健康水平。女大学生为了改变生活理念愿意多做有意义的事情、多学习多提高以及慢下来，缓解压力；不要想太多，行动起来，珍惜生活，以及进行适度的锻炼健身是女大学生应对改善生活方式选择的行为；女大学生为了提高健康水平选择合理安排膳食、保持健康平和的心态以及坚持适当运动等方式。女大学生愿意参与的活动形式排名前三的有参与公众健康宣传教育、专业人员咨询（如医护人员）以及开展多媒体报告讲座。

考虑到不同年级女大学生的学业规划不同，面临的学业压力不同，健康需求也存在年级差异，建议采用生态系统视角下的个人、群体、校园不同维度的健康干预服务，针对不同年级女大学生的特点通过校园身心健康宣教服务、专题健康讲座、健康咨询、健康主题班会、健康促进小组工作服务等，改善女大学生身心健康状况。

八 女大学生身心健康提升的社会工作干预服务

通过对女大学生身心健康现状、特点及影响因素进行分析，发现在女大学生身心健康方面身体健康、心理健康仍是需要被关注的部分，学业压力、亲密关系是各个年级女大学生关注的共同问题。因此，本研究以 KAP 理论为基础，针对女大学生身体健康部分、心理健康部分、学业压力缓解以及亲

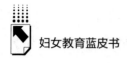

密关系梳理四个主题制定小组工作方案，并进行社会工作介入研究，以提升大学生的身心健康水平。

（一）前期准备

在小组方案设计时需要对小组目标设定、小组名称、小组性质、小组规模、小组人力支持、小组实验设计、组员招募及遴选、小组计划制订等方面进行准备。

1. 小组目标

（1）总目标

K：增加身体健康知识、正视心理健康问题、增加专业认知、认识亲密关系。

A：进一步强化身心健康意识。

P：建立良好健康生活方式。

（2）具体目标

引导小组成员通过增加身体、心理等健康知识来进行自我探索与自我反思，并进行自我整合；

引导小组成员增强互助理念，在组内形成互助理念；

引导小组成员建立良好的互助网络，帮助挖掘良好健康的生活方式的持续性。

2. 小组基本信息

①小组名称：女大学生身心健康小组。

②小组性质：互助小组。

③服务对象：女大学生。

④人力支持：需要记录员以及一名小组领导者，均为Z学院社会工作专业硕士研究生，专业实习时间累计达到6个月以上，具有开展小组工作的理论储备和实务能力。

3. 组员招募

本方案设计根据自愿的原则来招募组员，通过好友推荐介绍以及线上发布海报招募组员。小组招募对象是希望增强自身身心健康意识、改善身心健康不良行为以及愿意倡导健康生活方式的女大学生，社工基于该原则对组员的情况进行调研和评估，进一步确定组员招募。最后招募组员十名，招募对象具体信息如表9所示。

表9　小组成员基本信息

序号	姓名	年级	年龄	专业	学校
A1	YXX	研究生	31~40 岁	社会工作	中华女子学院
A2	FXX	研究生	31~41 岁	社会工作	中华女子学院
A3	GXX	大二	18~24 岁	社会工作	中华女子学院
A4	SXX	大一	18~24 岁	社会工作	中华女子学院
A5	ZXX	大二	18~24 岁	社会工作	中华女子学院
A6	LXX	大二	18~24 岁	社会工作	中华女子学院
A7	CXX	研究生	25~30 岁	社会工作	中华女子学院
A8	ZXX	大二	18~24 岁	社会工作	中华女子学院
A9	ZXX	大二	18~24 岁	社会工作	中华女子学院
A10	PXX	大一	18~24 岁	社会工作	中华女子学院

（二）介入方案

根据数据分析发现女大学生身心健康的需求中身体健康、心理健康方面都有着不同程度的困扰，以往女大学生在解决这些困扰时往往采用自我调整的方法，因此通过增加调整女大学生应对方式的角度以及 KAP 理论的知识影响信念，信念改变行为的思路设计小组介入方案，并根据研究者自身水平以及所有的资源确定小组干预的主要内容，包括女大学生身体健康知识、心理健康知识、学业压力缓解以及亲密关系梳理四个方面。

针对女大学生身心健康的小组介入共分为六次。第一次小组活动的作用主要在于小组成员的相互熟悉。第二次小组活动旨在帮助小组成员探索自我，了解如何促进身体健康，对自我身体进行探索。第三次至第五次小组活动在小组成员对自我有一定探索的基础上，对专业认知、亲密关系以及心理

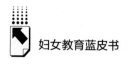

健康进行认识、挖掘。最后一次小组活动的作用在于对整个小组活动进行总结。小组活动方案如表 10 所示。

表 10　小组活动方案

小组活动次数	名称	目标
第一次	您好相逢	建立良好的专业信任关系,让小组成员之间相互认识,为小组成员解答关于小组活动的问题和疑惑
第二次	健康加油站	帮助小组成员探索自我,了解如何促进身体健康,对自我身体进行探索
第三次	躺平or内卷	帮助组员进行专业认知,合理规划自己的学业和生活,重新树立自信
第四次	我们的亲密关系	帮助组员梳理自己身边的亲密关系,引导小组成员反思亲密关系对自己的影响,体会亲密关系的真谛
第五次	心脏感冒了	帮助组员认知心理健康困扰问题是普遍存在的,了解如何正确应对心理问题
第六次	未来启航	帮助组员挖掘良好健康的生活方式的持续性,结案,向组员发放评估问卷,提出小组今后发展的希望

（三）小组工作介入过程与分析

1. 小组开始阶段: 建立团体（第一次）

活动地点: 腾讯会议。

参与人数: 10 人。

目标: 建立良好的专业信任关系, 让小组成员之间相互认识, 为小组成员解答关于小组活动的问题和疑惑。

内容: 研究者先澄清了小组内容, 本次小组活动是为了增强女大学生的身心健康意识、改善身心健康不良行为以及倡导健康生活方式。为了增强组员对小组的归属感, 保证小组有序开展, 研究者与组员一起制定了小组契约（按时参加线上活动, 如有事需要请假, 请提前与社工联系沟通）。最后, 研究者简单总结了本节小组活动内容。

过程分析: 大多数组员在小组活动过程中表现得很积极, 在分享环节,组员会积极地回答，也会开视频，这样进一步促进了组员的相互认识，初步形成了团体凝聚力。小组成员总体表现良好，大部分组员能主动发言，能适时表达自己的感受与想法，可以和社工进行充分的互动；但是由于线上原因，研究者对每个组员个人情绪感情的体验会比较没有把握。另外，本次小组评估到组员部分需求，根据需求会对后期小组进行调整。

组员分享：

参加小组是由于假期过长，期待校园生活。希望通过小组这种类似集体生活来鞭策自己。（ZXX）

2. 小组中期转折阶段：身体、专业认知、亲密关系我知道（第二至四次）

第二至四次主题："健康加油站""躺平 or 内卷""我们的亲密关系"。

活动地点：腾讯会议。

参与人数：分别为 10 人、9 人、8 人（在这三次活动中偶有组员请假，研究者会在会后将本节活动主要内容与请假的同学进行分享）。

目标：帮助小组成员探索自我，了解促进身体健康的知识；进行自我探索，提升专业认知，合理规划自己的学业和生活；以及梳理自己身边的亲密关系，反思亲密关系对自己的影响，体会亲密关系的真谛。

内容：第二次活动的设计根据数据分析中女大学生愿意获取健康知识的领域中比例最高的饮食健康知识为主要内容，运用了健康之轮，分析生活的不同方面的最佳健康态度以帮助小组成员确认想要做的改变。女大学生心理困扰排名前五的学业压力、生涯规划、同辈群体人际关系、性格（不自信等）和专业前景，其中有三项和学业专业有关，第三次活动基于此通过认识到自我效能感，进一步提高专业认知。邀请了研究生组员进行分享，通过彼此敞开心扉的分享使话题进一步深入。第四次活动围绕亲密关系开展，研究者通过前期分析数据，发现心理困扰中同辈群体人际关系、恋爱以及家庭关系对女大学生影响较大，进而归纳为亲密关系的团体。本次活动通过梳理亲密关系，让组员认识到良好的亲密关系会让人拥有更高的自我认同感，也

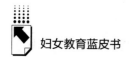

会让人拥有高自尊，从而有益于人的身心发展。

过程分析：这三次活动分享的话题很丰富，关注点也较为具体，组员的共同点很多，开展很顺利。已经开始会互相提问及解答。第三次活动研究生组员分享自己的考学之路，让组员整体氛围活跃，达成预期的目标。在第四次亲密关系分享时，大家表现出比较积极的态度，在这个部分思考和分享得较多。在进行一些需要写东西或思考的活动时，由于是线上小组看不到大家的具体活动情况，会议室有一段时间的沉默。在小组活动中小组成员之间的互动相比线下还是不太理想。通过研究者观察到的第二次活动中小组成员在小组活动中的表现情况来看，大部分小组成员已形成团体意识，积极了解其他小组成员，小组成员能够做到互帮互助，小组成员的关系逐渐表现为接纳，小组凝聚力逐渐形成，而在第四次小组活动时可以说小组凝聚力达到了巅峰，并且小组成员之间共同努力，达成了小组目标。

组员分享：

主要是又认识到了早餐的重要性，近期上网课有时起晚了就不吃早饭了，今晚的知识又让我认识到早餐的重要性，以后一定乖乖吃早饭！（ZXX）

家里人一直在催促考研方向的选定。我想继续学习社工，但我家里人比较传统，一直想让我去当老师，我个人不想，但选择社工的话家里阻力又很大，就很困扰。（ZXX）

我算是大龄考研了，考研之前也是做了不同的工作，也就是慢慢地在尝试吧。我觉得有些事情是在尝试的过程中探索出来的，通过尝试的过程，自己的目标会越来越清晰。很多工作看起来不同，但是核心的能力其实都是相通的，我们在不同的事情里积累的经验，都能作为我们之后的工作和生活中宝贵的财富。非常赞成组员F的看法，不要被世事所束缚，我们的成长与改变，从任何时候开始都不晚。（YXX）

本来来这里是为了学习小组怎么开展，今天真的让我感慨良多！（GXX）

今天的小组活动让我有了互相治愈的感觉（注：为第三次小组活动）。（ZXX）

以下为一组对话。

我不知道是不是因为不自信，不能接受亲密接触。（GXX）

每个人与另一半的相处方式不一样。（YXX）

那就找柏拉图的另一半。（ZXX）

你寻求关系是为了找适合的人，不是为了适合别人。（LXX）

谢谢大家给我机会让俺说出来！（GXX）

我们要互相支持。（SXX）

3. 小组后期成熟阶段：心脏感冒了（第五次）

活动地点：腾讯会议。

参与人数：8人（会后研究者有将本节活动主要的部分进行分享）。

目标：帮助组员认知心理健康困扰问题是普遍存在的，了解如何正确应对心理问题。

内容：98.3%的女大学生表示在过去一年中出现过心理困扰。17.3%的女大学生愿意获取心理健康方面的知识。基于此数据本次小组活动旨在了解正确应对心理问题的方式。通过轻松疗法以及情绪急救等心理学技巧来感受情绪、调整情绪。研究者在社会工作专业的学习和实习中发现，高敏感对于社会工作来说是一把利器。但是需要把握好度，对高敏感人的特征进行分享，并分享如何给自我心理穿上盔甲。由于反响不是很好，研究者添加"猜猜我是谁"热身小游戏。在小组最后，告知大家小组活动还有一次就要结束，请大家做好心理准备。

过程分析：由于本次小组活动开展的时间恰好为星期五，活动安排略微紧密，有几位组员进行了提前请假。研究者发现这些组员明显有些疲乏，活跃度不是很高，但是由于前期的关系建立较为良好，小组活动顺利进行。由于本次研究者加入的高敏感人特征以及识别分享，组员不是很感兴趣，本次活动氛围较为低沉，多为研究者分享。有的组员由于实习加班没能及时参与，跟其他组员分享了自己在实习下班路上的雪景，让沉闷的氛围有一丝活

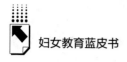

跃。在告知下一次小组活动为最后一次活动时组员表现出一丝不舍。

4. 小组结束阶段：未来启航（第六次）

活动地点：腾讯会议。

参与人数：9人。

目标：帮助组员挖掘良好健康生活方式的持续性，结案，向组员发放评估问卷，提出小组今后发展的希望。

内容：研究者首先邀请组员分享参加团体的收获与感受，组员表达较多的为和大家的关系更进了一步。研究者提到收到其他组员给予的积极反馈，大家进行鼓励。接着研究者带领团队回顾了过去的几次小组活动组织情况，并引导组员通过一句话结束团体活动以及展望未来。最后填写小组反馈表，研究者为了鼓励大家后期有更多互助行为，将互助网延续下去，向小组成员承诺微信群不解散，并会反馈组员漫画版小组全家福。

过程分析：这一次小组活动，主要对之前小组活动进行总结，让小组成员填写《小组满意度量表》，同时小组成员分享在整个小组活动中的收获和变化，了解小组成员对身心健康的认识是否提高，是否会在接下来进行改变，组员也都表示愿意进行改变。本次活动达到令人满意的效果，预期目标基本完成。

组员分享：

> 我觉得每个人都那么可爱，很真实，在这里和大家交流，会觉得彼此的心特别近，我发现原来自己遇到的问题大家也会有，自己的一些困惑有人能给我有效的建议，这种互相支持和陪伴的感觉，让人觉得特别有力量。大家乐观、积极、青春的状态，也会影响到我，这种感觉很棒！（YXX）

> 告诉大家一个神奇的事情，加入这个小组以后我的时间表变得更充实了，就是感觉学习生活正式进入了正轨，开始忙了起来，这个小组是"福灵剂"哦。（PXX）

> 和大家一起交换想法的感觉很奇妙，有回到了之前上自我认知课的

感觉！（ZXX）

让我知道了原来大家都是一样的，都会有烦心事，都会有焦虑不开心的时候。（GXX）

收获真的很大，遇到的老师、同学、朋友、同事都很棒，而且自己走出了原来的舒适圈，又见识到不同的世界啦！（YXX）

（四）小组介入的评估

根据小组成员前后测数据分析，以及组员对小组活动的反馈和研究人员在小组活动中的观察，研究者从数据收集到小组工作介入对小组工作进行了评价。

1. 小组工作的过程评估

（1）收集资料阶段

前期准备阶段，研究者通过问卷调查对女大学生身心健康现状进行了了解。问卷调查所得的数据为研究女大学生身心健康提供了可靠的研究设计依据，为小组活动的开展奠定了必要基础。根据资料的分析状况，分析女大学生身心健康的需求和特点，从而有针对性地制订小组活动方案。

（2）计划制订阶段

在小组工作方案计划的制订阶段，在 KAP 理论的指导下，研究者针对女大学生身心健康的需求和特点，制订了详尽的小组工作方案。通过小组中组员之间的互相分享和互相支撑，形成良性互动，更加关注女大学生自身的优势，以实现女大学生身心健康状态可持续的良好发展。

小组工作计划分为六次活动，包括四个阶段：小组开始阶段、小组中期转折阶段、小组后期成熟阶段、小组结束阶段。小组开始阶段为第一次，主要是建立小组领导者与组员、组员与组员良好的信任关系，形成组员间归属感，为后续的小组开展奠定基础。小组中期转折阶段为第二至四次小组活动，每次根据不同的小组目标和侧重点开展活动。小组后期成熟阶段为第五次小组活动，结束阶段为第六次小组活动，主要是回顾整个小组工作过程以

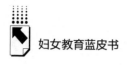

及处理组员的离别情绪。在整个小组工作计划中，研究者注重理论与小组活动环节的紧密结合，以及小组具体目标与小组活动环节的结合，从而更加有效地关注女大学生身心健康的发展。

（3）计划实施阶段

小组基本顺利进行，基本按照干预方案实施。下面对整个介入过程进行评估。第一，小组成员表现。在小组成员刚进入线上小组时，会议室内氛围较为冷清。组员之间比较陌生，因此组员之间较为沉默，由于为线上小组，研究者需要带动氛围，小组气氛会更容易"冷场"。在自我介绍过程中，通过姓名接龙对组员间的一些基本信息进行简单介绍。好在组员的氛围很快好起来。在第一次小组活动后，小组成员开始主动与其他组员分享对校园生活的期盼，以及针对疫情期间学业问题展开短暂的讨论。在小组中期转折阶段，小组的氛围发生明显变化，小组成员都会非常积极地参与分享，虽然由于线上原因组员间的互动较少，但是在部分组员的积极分享下，小组气氛随之活跃起来，小组成员的关系也在分享中慢慢拉近，达到了小组工作应有的活动效果。在小组活动结束时，大部分小组成员表现出了不舍的情绪，希望活动可以每隔一段时间进行一次。小组领导者对离别情绪进行了安抚，离别的情绪被进一步释放。

希望后期咱们还可以在微信群里一起分享快乐。（PXX）

第二，目标实现情况。通过分析小组过程记录，观察和了解小组成员的表现情况以及对活动的感受和反馈，研究者得出活动基本达到目标的结论；在整个小组的过程中小组成员也发生了相应的变化，小组成员开始关注她们的身心健康。虽然小组活动中有沉默，但小组领导者灵活解决问题，推进小组活动的继续开展。

第三，介入技巧的运用。在小组过程中，工作者基本能够正确运用小组工作的技巧，由于是线上小组的原因，工作者在眼神注视上表现不是很好，但可以积极回应组员的表达。工作者由于较为担心小组氛围沉默，有时可能会回应过多,从而影响下一位想要回应的组员,这点需要注意。此外,能够在合适的情境下进行自我表露,运用同理心,合理表达对组员的关心。在互动讨论环节,工作者能够提前准备讨论主题,并在干预方案里准备好应变计划,来预防会出现的问题。工作者做到保持中立态度,尊重而不批判组员的意见,能够合理地引导组员讨论,营造融洽的讨论氛围,以保证讨论的有效性。

2. 小组工作的结果评估

(1) 组员的反馈

在小组结束后发放了《小组满意度量表》,包括小组成员对小组满意度的评估和对工作者表现的评估。反馈情况统计如表11所示,从表11中可以看出,"我觉得这次的小组经验很有意义""我对小组活动设计感到满意""我觉得这个小组使得大家互相信任而且坦诚"三项满意度较高,其中"我觉得这次的小组经验很有意义"满意度达到满分50分,"我对小组活动设计感到满意"满意度达到49分,小组满意度平均分达到47.2分,这说明本次小组是组员喜欢和接受的形式。

表 11 小组满意度评估

单位:分

满意度指标	A1	A2	A3	A4	A5	A6	A7	A8	A9	A10	总计
我喜欢在这次小组中向别人表达我的感受	5	5	4	5	4	4	5	5	5	5	47
我能在这个小组中向别人表达我的感受	5	5	4	5	4	4	5	5	5	5	47
我觉得在这个小组中我学会了如何关怀别人	5	5	4	5	4	4	5	5	5	4	46
我对自己有点了解	5	5	4	4	5	4	4	5	5	5	46
参加这次小组后我对自己越来越有信心	5	5	4	4	4	4	5	5	5	5	46
我觉得这次的小组经验很有意义	5	5	5	5	5	5	5	5	5	5	50
我觉得这个小组使得大家互相信任而且坦诚	5	5	5	5	5	4	4	5	5	5	48
我喜欢领导者的带领方式	5	4	5	4	5	5	5	5	5	4	47

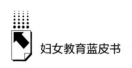

续表

满意度指标	A1	A2	A3	A4	A5	A6	A7	A8	A9	A10	总计
我觉得组员分享过程对我帮助很大	5	4	5	5	4	4	5	5	5	4	46
我对小组活动设计感到满意	5	5	5	5	5	4	5	5	5	5	49
总计	50	48	45	47	45	42	48	50	50	47	47.2

对工作者表现的评估中，题目"工作者协助我做出改变"和"工作者协助我处理自己的问题"得分最低，分别为 44 分和 45 分。得分最高的为"工作者能让我感受到被尊重"，得分为 49 分。从组员的评价结果来看，小组对工作人员的满意度总平均分为 28.1 分，此结果说明组员对工作者表现评估较好（见表 12）。另外，研究者通过观察、记录等对小组进行评估，评估发现每次小组活动目标基本达成，阶段目标任务基本完成，并且介入方法比较能被组员接受，小组活动比较成功。

表 12　小组成员对工作者的表现评估

单位：分

满意度指标	A1	A2	A3	A4	A5	A6	A7	A8	A9	A10	总计
工作者给我很大的鼓励	5	5	5	5	4	5	5	5	5	4	48
工作者协助我做出改变	4	5	5	4	4	5	5	5	3	4	44
工作者协助我处理自己的问题	4	5	5	4	4	5	5	5	4	4	45
工作者让我有机会说出我的想法	5	5	5	5	5	5	5	5	5	4	49
工作者协助我学到有关的东西	4	5	5	5	4	5	5	5	4	4	46
工作者能让我感受到被尊重	5	5	5	5	5	5	5	5	5	4	49
总计	27	30	30	28	26	30	30	30	26	24	28.1

（2）效果评估

研究者通过中国心身健康量表对小组成员身心健康状况进行前后测。由于小组人数有限，研究者选择配对样本 *t* 检验来对同一研究对象进行前后测显著性检验，具体检验结果如表 13 所示。其中，前后有变化的有生殖及内分泌、神经系统、焦虑三个维度，样本量较小，导致数据具有局限性。就目前数据可知，小组工作的介入对于女大学生身心健康水平的提升有显著效果。

表 13 中国心身健康量表前后测对比

指标	均值	标准差	t	p
眼和耳 B	4.6000a	1.26491		
眼和耳 A	4.6000a	1.26491		
消化系统 B	10.6000a	0.96609		
消化系统 A	10.6000a	0.96609		
骨骼肌肉 B	3.9000a	0.31623		
骨骼肌肉 A	3.9000a	0.31623		
呼吸系统 B	7.9000a	1.59513	—	
呼吸系统 A	7.9000a	1.59513		
心血管系 B 统	5.8000a	1.61933		
心血管系统 A	5.8000a	1.61933		
皮肤 B	8.4000a	0.96609		
皮肤 A	8.4000a	0.96609		
生殖及内分泌 B	5.4	1.17379	9.487	0.000
生殖及内分泌 A	1.4	0.5164		
神经系统 B	1.4	0.5164	−6.765	0.000
神经系统 A	4.5	1.2693		
焦虑 B	7.8	1.31656	−4.583	0.001
焦虑 A	8.5	1.77951		
抑郁 B	8.4000a	2.01108	—	—
抑郁 A	8.4000a	2.01108		

注：由于部分指标差值的标准误差为 0，因此无法计算显著性和 *t* 值。

经过对小组工作的过程评估和结果评估，小组工作在整体上达到了预期效果。以女大学生身心健康为出发点，通过调整女大学生应对方式以 KAP 理论的知识影响信念、信念改变行为的思路设计社会工作小组介入方案，并

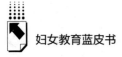

以学习身心健康知识、增强健康管理的信念来促进行为的改变，达到增强女大学生身心健康意识、改善身心健康相关不良行为和倡导健康生活方式的目的，从而影响女大学生的总体身心健康水平。

小组工作通过增加身体健康知识、正视心理健康问题、提升专业认知、认识亲密关系，进一步强化身心健康意识，从而建立良好健康生活方式可持续目标，根据研究对象表现出的身体健康知识、心理健康知识、学业压力缓解以及亲密关系梳理的需求，设计经验分享、案例分析、心理小技巧分享、正念练习等小组活动，帮助组员在身心健康方面得到改善。通过对结果的分析发现，有的部分呈现显著性结果。同时，小组满意度评估结果表明，组员认为这次的小组经验很有意义，并觉得小组使得大家互相信任而且坦诚，其后续也会在微信群中保持积极的联系。由此说明女大学生身心健康小组对于女大学生增加身体健康知识、正视心理健康问题、提升专业认知、认识亲密关系，进一步强化身心健康意识，从而建立良好健康生活方式及可持续发展，有良好的辅助效果。

B.6
社会性别观念与大学生的专业选择、学业表现以及职业成就动机

陈彬莉　马子秀*

摘　要： 传统社会性别规范和学科性别刻板印象无处不在，但国内较少有研究关注其如何影响个体的教育经历和职业选择。本研究基于第三次妇女社会地位调查中的大学生数据，考察了学科性别刻板印象对大学生的专业选择、理工科学生的学业表现以及社会性别观念对理工科大学生职业期望和职业成就动机所产生的影响。研究发现，无论在中小学阶段还是大学阶段，男女生均身处学科性别刻板印象广泛浸润的环境中；老师、父母等重要他人的学科性别刻板印象均抑制了女孩对于理工科专业的选择；大学阶段感知到的学科性别刻板印象并未影响理工科专业女性的自我学术概念和学业表现；理工科女生的学业成就优势在很大程度上与其更多的学习科研时间投入有关；与理工科男生相比，理工科女生职业成就动机更低，更不可能期待自己成为 STEM 学科相关领域的人才；家庭和职业领域的社会性别态度均降低了女生的职业成就动机。因此性别友好的教育和家庭环境的创建十分必要，必须及早针对儿童性别社会化过程中的重要他人开展"去刻板化"干预。另外，有必要在高等教育的通识教育中设置与性别平等相关的课程，以减少传统社会性别态度在当代大学生职业选择和职业态度中所产生的不利影响。

---

* 陈彬莉，社会学博士，北京师范大学社会发展与公共政策学院副教授，主要研究方向为教育社会学、性社会学等；马子秀，北京师范大学社会发展与公共政策学院在读硕士研究生。

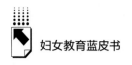

关键词: 性别区隔 学科性别刻板印象 社会性别态度 性别平等 教育平等

一 研究背景及问题

性别是教育不平等的一个基本维度,教育领域中的性别不平等既关系到不同性别群体的教育获得及机会,也关系到他们在未来劳动力市场中的地位以及相应的发展机会。在过去 30 年中,许多国家的女孩和男孩的学业成绩差距已逐步缩小,女孩学业成绩全面赶上甚至优于男孩,其中包括传统"男孩优势"领域,如数学、科学等(Goldin et al., 2006; OECD, 2004; Livingston & Wirt, 2004; Cho, 2007)。这一事实引发了一些国家和社会对于"男孩危机"的关注与讨论。在中国,近年的一些研究也发现,中学阶段女孩在各个方面的学业成就均高于男孩(Lai, 2010; Xu & Li, 2018; 陈彬莉、白晓曦,2020)。

随着女孩学业成就的提升、基础教育的发展以及高等教育的规模扩张,女性在高等教育中的比例也相应扩大,甚至在一些国家超过了男性。以美国和中国为例,1970 年,美国大学生中 58% 为男性,到了 2000 年,56% 的在校大学生为女性(Freeman, 2004:70)。自 1999 年中国高等教育扩招以来,女性的高等教育机会得到大规模扩张,女性在校比例逐步赶上并超过男性。1998 年,普通高等学校在校女生比例仅为 38.30%,2004 年达到 45.65%。到 2009 年,中国大学生中女生比例首次超过了男生,达到 50.48%。[1] 到 2013 年,在校女大学生的比例达到 51.75%[2],比男大学生多出 53.2 万人。2018 年,本专科女性毕业生占到全体毕业生的 52.54%。[3]

---

[1] 《各级各类学校女学生 2009 年教育统计数据》,教育部网站,http://www.moe.gov.cn/jyb_ sjzl/moe_ 560/s4958/s4959/201012/t20101229_ 113482. html,最后访问时间:2022 年 8 月 12 日。

[2] 《各级各类学校女学生 2013 年教育统计数据》,教育部网站,http://www.moe.gov.cn/jyb_ sjzl/moe_ 560/s8492/s8493/201412/t20141216_ 181716. html,最后访问时间:2022 年 8 月 12 日。

[3] 《各级各类学校女学生 2018 年教育统计数据》,教育部网站,http://www.moe.gov.cn/jyb_ sjzl/moe_ 560/jytjsj_ 2018/qg/201908/t20190812_ 394231. html,最后访问时间:2022 年 8 月 12 日。

尽管高等教育规模扩张增加了女性进入高等学校的机会，但大量的研究发现，在高等教育的专业选择方面长久以来存在的严重性别区隔似乎仍然牢不可破。科学领域的专业被视为男性主导的领域，女性学生比例远远低于男性。以美国 2014 年为例，学士学位获得者中数学和统计学中女性的比例只有 43%，物理和技术科学中女性学位获得者的相应比例为 38%，工程学科中女性的比例为 19%，计算机和信息科学中女性的比例仅为 18%；博士学位授予者中，女性在数学和统计学、计算机和信息科学、工程学、物理和技术科学中的相应比例分别为 29%、19%、23% 和 34%（NCES，2014）。中国的情况也不容乐观，《中国大学生成长报告 2015》显示，在首都大学生中，女生就读文学、历史和艺术领域专业的比例超过 65%，分别为 75.8%、66.6% 和 65.3%，而就读理科和工科专业的比例分别仅为 37.2% 和 28.8%（贺光烨、吴晓刚，2015）。马莉萍等（2016）基于 85 所高校大学生抽样调查的研究发现，65.8% 的女生选择了人文和社会学科，而 11.2% 的女生选择了理科，23.0% 的女生选择了工科，男生的相应比例分别为 34.0%、10.2% 与 55.8%。男性比女性更倾向于选择理工科尤其是工科专业。

专业是高等教育的一个重要的横向分层维度（Gerber & Cheung，2008），关系到不同性别群体的职业分流。专业分布上的性别差异使男性有更多机会进入社会经济地位较高的职业，而女性则更可能进入社会经济地位较低的职业，由此进一步导致了劳动力市场中的性别隔离（Gross，1968）。在美国，职业的性别构成解释了 7%~32% 的劳动力市场中性别收入差距，欧盟 12 国中职业的性别构成对收入差距的解释率为 25%（European Commission，2002；贺光烨，2018）。专业分布的性别不平等在具体职业的选择中被进一步强化，相较于获得科学学位的女性在大学毕业生中的比例，女性进入科学职业的比例更低。比如 1993~2003 年，美国化学领域博士学位的获得者中 31.3% 为女性，2002 年科学相关的助理教授职位仅仅雇用了 21.5% 的女性。1976 年，美国物理学科教职工中的女性比例为 7.5%，工程学科中的相应比例不足 1%（Dearman & Plisko，1979）。到 2006 年，这一比例增加到 16%~25%，但仍然远远低于同期在相应学科中的女性博士毕业生

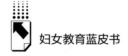

的比例（Ceci et al.，2009）。欧盟在过去的20年科学领域中女性的比例基本稳定在25%，德国的相应比例为18%（Ertl et al.，2017）。具体到中国，贺光烨（2018）基于首都大学生成长追踪调查数据的研究发现，首都大学毕业生中男性选择企业经营管理人员、研究开发人员/技术工人、专业技术人员（如工程师、医生、律师、教师等）这些被称为男性主导职业的比例为68.33%，而女性的相应比例仅为49.37%。

女性在教育领域中的卓越成绩与专业选择和后续的劳动力市场尤其是科学领域中的弱势地位构成了鲜明对比，由此形成了一个有待解决的谜团。何以女性的教育优势并未或者尚未转换为劳动力市场中的优势？何以女性在基础教育阶段的突飞猛进，并未导致其在高等学校的理工科专业选择中的占优？除了能力以外，还有哪些因素也在形塑个体貌似"自愿"的选择？这是本研究所要回答的研究问题。

以往关于教育领域中性别差异的研究均发现，个体的专业选择以及在不同阶段的学业表现，不仅受制于能力，也受制于包括学科性别刻板印象在内的宏观的社会性别规范。学校教育的专业选择、劳动力市场中的职业选择以及相互联结的社会建构奠基于一种由社会文化集体广泛共享的、性别信仰不断强化与形塑的性别差异环境之中（Ridgeway & Correll，2004）。本研究将着重考察除了个体能力外，社会性别规范尤其是与学业能力相关的学科性别刻板印象是如何影响个体大学生尤其是女大学生的专业选择、学业表现以及后期的职业预期和成就动机的。

二 文献综述及假设

（一）学科性别刻板印象与社会性别规范

刻板印象通常被定义为关于某群体内部成员所持有的特征、属性和行为的信念（Hilton & Von Hippel，1996）。在传统社会性别规范中，男性气质被描述为好斗、富有逻辑性和竞争意识、领导力、野心、信心和分析能力，与科学联系更为密切。被描述为情绪化、健谈、深情、温柔、依赖他人、对他人的需求敏感的女性气质，则被认为同人文学科密切相关（Katrina et al.，2018）。简言之，性别刻板印象是传统社会性别规范的一个重要方面，是在长期性别实践中围绕不同性别的个体所形成的一种普遍存在的感知偏差。

学科性别刻板印象是性别刻板印象在学科学习方面的体现，是人们对不同性别的知识、观念和期望组成的认知结构，由认知、情感、社会性动机和文化过程等因素单独或相互作用而来（谢桂华、刘昕毓，2021），比如，认为女性擅长文史领域学习，而男性在理工领域有着更好的天赋（Pseekos et al.，2008）。学科性别刻板印象是社会关于性别、性别气质与学科能力之间关联的一种认知，学科学习中某一性别被认为存在先天性的优势或不足。它简单、片面，却是一种普遍化的，甚至是被集体性的社会文化所接受的信念（Stangor & Schaller，2000）。这些信念通常会对刻板印象中的目标群体，尤其是被赋予负面属性的群体产生重要的影响。

Nosek 等（2002）对大学生的数学内隐信念的研究发现，几乎所有男性和女性都将数学和男性匹配在一起。Carli 及其同事的研究发现，美国本科生更多使用男性特征来描述科学家（Carli et al.，2016）。Smeding（2012）对法国大学生性别和推理的内隐刻板印象的研究也发现，学生更多将理性与男性气质匹配起来，将感性与女性气质关联在一起，工程领域的女大学生刻板印象水平最低。虽然这些观念本质上是一种群体叙事的过于简化的概括和刻板立场（Narayan et al.，2013），客观上却成为女性进入科学领域的真实阻碍。

已有研究发现，学科性别刻板印象无处不在。为了确定学科性别刻板印象是从什么年龄开始的，研究者针对三个不同国家的 4807 名 5~11 岁儿童开展了"科学家肖像测试"（Draw-a-Scientist-Test），结果显示幼儿园和一年级时期的儿童绘画中对于科学家的性别刻板印象罕见，但是从二年级开始就变得普遍起来（Chambers，1983）。2017 年美国的一项研究显示，与同龄男孩相比，6 岁女孩更不相信自己所属性别的成员"真的非常聪明"，且女孩已经开始避免参加脑力型儿童活动（Bian et al.，2017）。Özel（2012）的研究发现，17.9%的五年级学生将科学家描述为女性形象，而在大学阶段，相应比例仅为

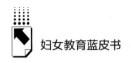

12.3%（Thomas et al., 2006）。儿童时期的刻板印象一经形成，不但具有使个体缩小未来的职业规划范围的长期影响，而且从短期来看，直接降低了儿童在课后花时间参与科学相关的学习娱乐活动的可能。基于中国初中生的研究发现，儿童和儿童家长所持有的学科性别刻板印象随着儿童年龄的增加呈现上升趋势。43.3%的七年级男生家长认为男生更适合学理科，35.2%的七年级女生家长认为男生更适合学数学，九年级的相应比例升高为47.1%和43.8%，同时，59.6%的七年级男生和43.9%的七年级女生认同这一观念，九年级的相应比例为60.0%和56.6%（陈彬莉、白晓曦，2020）。

（二）学科性别刻板印象与学业成就的性别差异

刻板印象影响个体的行为有两种机制，第一种机制是个体内化刻板印象，并且将自己归为目标群体的一员，进而在相应任务中减少投入，使刻板印象威胁成为一个自我实现预言。内化的刻板印象也会导致学习动机和努力程度的降低（Möller & Köller, 1996）。第二种机制为外部的刻板印象，个体并不一定将自己归为目标群体的一员，也不一定相信刻板印象。但是他所面对的刻板印象仍然影响了其对任务难度的感知，增加了压力。对刻板印象的担心也会影响最终的结果（Owens & Massey, 2011）。

已有研究发现，刻板印象威胁会带来一系列后果，主要表现为个体行为上的表现下降和心理上的分离与不认同（阮小林等，2009）。比如，数学性别刻板印象的存在客观上将女性置于不利处境，她们担心自己会验证所属群体的消极刻板印象。在数学的学习过程中，数学性别刻板印象通过学生对自我能力的认知、信心以及领域认同等多种途径来最终影响数学表现（Bian et al., 2017; Spencer et al., 1999）。数学能力低的自我评价会影响女生的自信心以及相应的课堂表现（Muis, 2004; Martinot & Désert, 2007）。那些明显意识到自己是负面刻板印象目标的女生，在评估情境中数学表现下降更为明显（Brown & Pinel, 2003; Smith & White, 2002）。如Smith等学者的研究证明，当女生认同数学性别刻板印象时，其在完成数学任务时表现往往相对较差（Smith & White, 2002; Blanton et al., 2002）。即使在学习中女生取得了优于男生的数学成绩，她们在数学学习过程中也仍然表现出低自信、低估自身能力等特征，其自我报告的数学成绩也要低于男生（Martin & Parker，1995）。

具体到高等教育阶段，社会性别观念尤其是与学科能力相关的性别气质的观念使人们普遍相信女孩难以对理工科知识产生学习兴趣，并缺乏理科思维能力，从而导致女孩在理科教育中处于不利地位（Crowley et al.，2001；Cheryan et al.，2017；Greenwald et al.，2009）以及在 STEM 领域中的代表性不足（Nosek & Smyth，2011）。

如果事实如此，那么处于"传统男性优势学科"中的女性如何应对学科性别刻板印象所带来的不利影响？已有一些基于中学阶段的研究发现，女性可能会通过高投入，也就是勤奋来克服学科性别刻板印象所带来的不利影响（陈彬莉、白晓曦，2020）。

基于以上研究的发现，本研究提出研究假设 1 至研究假设 4。

研究假设 1：与传统的男性优势学科，即 STEM 学科的男生相比，STEM 学科中女生的成绩较低。

研究假设 2：在理工科专业领域中，感知到的学科性别刻板印象对学生的影响具有性别差异。相比较而言，感知到的学科性别刻板印象对女生的学业表现具有负面影响，如表现为学业成绩排名更低。

研究假设 3：在理工科专业领域中，与男生相比，女生的学习科研时间投入更多。

研究假设 4：在理工科专业领域中，与男生相比，女生对自己的专业能力评价较低，进而其学业表现也较低。

（三）社会性别规范、学科性别刻板印象与大学生的专业、职业选择以及职业成就动机

个体的社会性别观念通常受到社会性别规范、社会角色分工、性别关系模式及行为模式等观念的共同影响（刘爱玉、佟新，2014）。社会性别观念不仅影响前述个体在学业和教育过程中的表现及主观体验，还会形塑职业兴趣和相关选择。根据社会角色理论（Eagly，1987），个体的职业兴趣和选择

的性别差异来源于家庭内部的性别分工，女性作为儿童和家庭的主要照顾者通常被认为需要具备以家庭为重、更看重养育和社会情感以及以人为中心的美德，而男性则被认为需要参与更多的竞争。劳动力市场中的性别分工同家务分工具有相似之处。家务分工以及劳动力市场中的性别分工明确又含蓄地助长了对不同性别适合从事不同职业的刻板印象。

具体而言，社会性别规范和学科性别刻板印象通过什么样的途径和机制来影响个体，现有研究的解释路径包括三个方面。第一，社会性别规范通过影响个体的学科偏好，进而影响其未来的专业选择和职业选择。第二，学科性别刻板印象影响个体的自我概念以及对自我能力的认知。第三，社会性别规范以及相应的学科性别刻板印象导致女性的性别角色与科学角色冲突，进而影响了其后续的职业选择以及在科学领域中学习和工作的主观体验。

首先，对于不同学科课程的偏好在很大程度上影响个体的专业选择（Zafar，2011）。而性别社会化过程中社会性别规范对于个体的塑造决定了性别群体的偏好差异。Eccles（1994）的研究发现，不同性别学生的职业价值观差异最早起始于青少年时期。男性更看重金钱、权力、认可、成就、挑战以及冒险，更偏好与物打交道，而女性更为关注公共性，如利他、人际关系等（Eccles，1994；Su et al.，2009）。科学通常被认为阻碍了对于女性有吸引力的目标的实现，如公共关注、社会意义等，而服务领域中的职业则被认为更能够实现女性的目标，由此导致了女性远离科学领域（Diekman et al.，2011）。即使是在科学领域中，女性也更倾向于选择与社区或者人群取向相关的专业，如生物医学、环境工程，而不是机械或者电子工程之类的专业（Ceci & Williams，2011）。客观上，在一些与数学紧密相关的领域，女性在晋升过程中也常常会遭遇到母职惩罚（Ceci et al.，2009）。

那么个体什么时候就有了与科学职业相关的兴趣以及形成了与学科相关的偏好呢？一些研究发现，个体对于科学职业的兴趣产生于中学时期（Maltese & Tai，2010）。而且，随着父母、教师、同伴的影响，这些兴趣不断被强化或者抑制。Ceci 等（2009）的研究发现，对于女性科学能力的偏见可能发生在更早的阶段，存在于父母与子女、教师与学生的互动之中。无论是东方还是西方文化，数学和科学是男性主导的领域这一观念都十分普遍。一项基于美国的研究发现，一、二年级的孩子已经表现出隐性和显性的数学性别刻板印象，与女孩相比，男孩更可能将自己和数学关联起来（Cvencek et al.，2011）。

其次，社会性别规范、学科性别刻板印象会影响到女性对于自我能力的评价以及对于 STEM 领域的归属感、学习动机，进而会影响到大学的专业选择、学业表现以及职业预期（Plante et al.，2013；Lane et al.，2012；Appel & Kronberger，2012；Bian et al.，2017）。在典型男性领域如数学、科学、工程等方面，男孩对自我能力有更高的评价，且通常比女孩更希望取得成功（Parsons et al.，1982；Huang，2013），相比较而言，在数学领域中表现突出的女孩会认为这一点与其性别角色期待相冲突（Muis，2004），相当大比例的高数学能力的女性更为偏好非数学领域的职业，而且更有可能离开与数学相关的职业去谋求发展（Ceci et al.，2009）。由此导致，女性从大学甚至是高中就开始选择不同的教育发展路径以及未来的职业发展方向（谢桂华、刘昕毓，2021）。

女性在大学阶段所感知到的学科性别刻板印象也会显著影响到她们对于 STEM 专业的归属感。一项研究发现，科学专业的教师在招聘实验室管理员时，会更倾向于认为女孩没有男孩能干，而雇用男孩，尽管他们拥有同样的申请材料（Moss-Racusin et al.，2012）。另一项研究发现，两个不同性别的申请者在申请数学运算相关的任务时成绩相同，但男性被聘用的可能性是女性的两倍（Reuben et al.，2014）。这些都充分说明，在男性主导的学科领域中女性缺少可感知到的认可、相似性和归属感，这阻碍了女性的进一步发展（Cheryan & Plaut，2010）。

最后，社会性别规范以及学科性别刻板印象会导致理工科专业女生的性别认同与学科认同之间产生冲突，从而影响到这一群体的心理健康、生活满意度、归属感以及是否会继续在这一领域发展等（Frone et al.，1997）。具体而言，以往的研究发现，置身于 STEM 学科中的女性感知到的自身性别与STEM 学科的相容性越低，其归属感、自信心越低，学业动机越不足

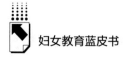

(Rosenthal et al.，2011)。在 STEM 学科中就读的女生，对性别排斥越敏感，越难以建立其自身性别与科学学科的相容性。而较低的相容性又进一步影响了其在专业领域的学业成就（Ahlqvist et al.，2013）。所就读的 STEM 学科领域中女性榜样的缺乏可能会加剧这一群体受挫（Sekaquaptewa & Thompson，2003）。性别与专业的相容性一方面会影响 STEM 学科女生的主观感受，另一方面也会影响其客观的学业成就以及未来的职业选择和职业成就动机。

基于上述文献，本研究提出研究假设 5 至研究假设 8。

研究假设 5：与男生相比，女生选择理工科专业的可能性更低。

研究假设 6：学科性别刻板印象对于专业选择的影响因性别不同而不同。与未感知到学科性别刻板印象的女生相比，感知到这一观念的女生选择理工科的可能性更低。

研究假设 7：社会性别态度对于职业期望的影响因性别不同而不同。社会性别态度的得分越高，社会性别态度越平等，STEM 学科女生越期望自己成为 STEM 专业领域的人才。

研究假设 8：社会性别态度对于职业成就动机的影响因性别不同而不同。社会性别态度的得分越高，社会性别态度越平等，STEM 学科女生的职业成就动机越高。

三 研究方法

（一）数据来源

本研究所使用的数据来源于第三次妇女社会地位调查中"群体数据"中的大学生数据库，调查对象为在校大学生和研究生，问卷发放的方式为非随机抽样。问卷发放选了全国高等院校集中的五个城市，即北京、西安、南京、武汉和兰州，在每个城市考虑到重点院校/普通院校、综合性大学/专科大学这些因素，分别抽取了 3 所大学，共计 15 所大学，最后在每所大学中，按照性别、学历、年级、专业分布等情况抽取最终样本。调查共回收问卷 5027 份，其中本科生 2818 人（男：1390 人；女：1428 人），硕士研究生 1544 人（男：752 人；女：792 人），博士研究生 665 人（男：355 人；女：310 人）。调查样本涵盖了十二大学科门类。本研究在不同部分使用的数据有所不同，在专业选择部分使用全体本科生样本（$N = 2506$），在学业表现以及就业预期部分使用除一年级以外的所有理工科学生的样本（$N = 1923$）。

（二）变量测量

1. 结果变量

（1）专业选择

本研究主要将样本大学生群体所就读的专业划分为理工科（理学、工学、农学、医学）和人文社科（哲学、经济学、法学、教育学、文学、历史学、军事学、管理学）两大类专业，其中理工科为 1，人文社科为 0。

（2）学业表现

本研究通过上一学期的考试成绩排名和综合测评成绩来测量个体的学业表现，考试成绩排名中，1 为优秀（前 10%），2 为良好（10%~30%），3 为一般（30%~70%），4 为不好（后 30%）。综合测评成绩中，1 为优秀（前 10%），2 为良好（10%~30%），3 为一般（30%~70%），4 为不好（后 30%）。

（3）职业期望

本研究通过问题"最希望自己成为什么类型的人才？"来测量理工科大学生的就业预期，在这一题的答案中，1 为党政人才，2 为企业经营管理人才，3 为实用技术人才，4 为科学研究人才，5 为其他。本研究将 1、2 和 5合并为非技术人才，3、4 合并为技术人才。

（4）职业成就动机

本研究通过职业成就动机量表来测量理工科大学生的职业态度，具体包括六个题项：我对自己未来的职业发展有明确规划；我希望拥有一份事业，而不仅仅是工作；我希望自己在事业上能有所作为；我对自己未来的职业发展充满信心；为了成就一番事业我愿意付出艰辛的努力；工作中获得成就感对我来说至关重要。量表形式为李克特量表，选项为非常符合、比较符合、

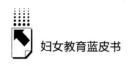

一般、不太符合、很不符合。得分越高，职业成就动机越弱，这个量表具有较好的内部一致性，Cronbach's α 系数为 0.8058。

2. 自变量、调节变量和中介变量

在不同的模型中，本研究所使用的自变量、调节变量以及中介变量不同。在专业选择模型中，自变量为学科性别刻板印象，具体通过个体在基础教育阶段所感知到的学科性别刻板印象的两个指标来测量：一是在中小学阶段是否听老师或父母讲过女孩适合学文科、男孩适合学理科；二是在中小学阶段是否听老师或父母讲过女孩不如男孩聪明。1 为是，0 为否。调节变量为性别，女性被编码为 1，男性为 0。

在学业表现的第一组模型中，自变量为性别，中介变量为学习科研时间投入。在第三次妇女社会地位调查的大学生问卷中，询问了调查对象昨天的学习科研（包括课上和课下）的具体时间，本研究将通过这一指标来测量理工科学生的学习科研时间投入。

在学业表现的第二组模型中，自变量为性别，中介变量为专业能力自我评价。在第三次妇女社会地位调查的大学生问卷中包含一组大学生对自我能力进行评价的量表问题，本研究对量表进行了因子分析，将其归为三个因子，其中一个因子是专业能力，具体包括三个题项，即专业基础知识、计算机水平和外语水平，量表选项为"很弱"、"比较弱"、"一般"、"比较强"和"很强"。本研究将这三个题的得分简单相加，作为专业能力自我评价的得分。得分越高，自我评价越高。

在学业表现的第三组模型中，自变量为理工科学生在大学阶段所感知到的来自教师的学科性别刻板印象，具体通过两个指标来测量：第一，在大学阶段是否听到过老师讲"这个专业不适合女生"；第二，在大学阶段是否听到过老师讲"男生更适合做研究/做科研"。1 为是，0 为否。调节变量为性别，女性被编码为 1，男性为 0。

在职业期望与职业态度的两组模型中，自变量均为社会性别态度。调节变量均为性别。社会性别态度在本研究中主要分为家庭和职业领域。家庭领域中的社会性别态度主要包括以下几个题项：①男人应该以事业为主，女人应该以家庭为主；②挣钱养家主要是男人的事情；③相夫教子是女人最重要的工作；④男人也应该主动承担家务劳动；⑤对妻子而言，更重要的是帮助丈夫成就事业；⑥丈夫的事业发展比妻子重要。该量表具有较好的内部一致性，Cronbach's α 系数为 0.8305。量表形式为李克特量表，选项为"非常赞同"、"比较赞同"、"一般"、"不太赞同"和"很不赞同"。得分越高，表示社会性别态度越平等。职业领域中的社会性别态度主要通过以下几个题项测量：①女性的能力不比男性差；②女性也应该追求自己的一番事业；③对女性而言，事业成功与否并不重要；④事业成功的女人往往没有女人味；⑤女强人往往没有女人味；⑥总体而言，男人比女人更能胜任领导的角色；⑦与男性相比，女性在事业发展过程中遇到的障碍更多。该量表具有较好的内部一致性，Cronbach's α 系数为 0.7022。在对①、②、⑦进行反向赋分的基础上，本研究将这些题项的得分加总，得分越高，表示在职业领域中社会性别态度越平等。

3. 控制变量及其他

由于个体的专业选择、高等教育阶段的学业表现、职业期望以及职业成就动机等还有可能受到其他个体和家庭层面因素的影响，本研究选取了部分个人和家庭层面的特征作为控制变量。其中，个体层面包括学段、就读高中是否为重点高中、是否为独生子女；家庭层面包括父母受教育程度、家庭经济状况、户口等。

除此之外，本研究还选用了心理健康状况变量，具体通过心理健康量表来测量，包括如下 8 个题项：睡不着觉、觉得身心疲惫、烦躁易怒、容易哭泣或想哭、对什么都不感兴趣、感到很孤独、觉得自己没有用、觉得活着没意思。量表形式为李克特量表，选项为"没有"、"偶尔"、"有时"和"经常"。得分越高，表示心理健康状况越差。该量表具有较好的内部一致性，Cronbach's α 系数为 0.8312。

（三）模型选择

本研究的统计主要包括描述统计和模型统计两个部分。其中，第一部分

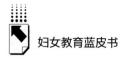

为描述统计，包括样本特征，本科生样本在专业选择、学科性别刻板印象、社会性别观念、专业能力自我评价等方面的性别差异，以及理工科专业样本在学业表现、心理健康状况、职业期望、社会性别态度、学习科研时间投入、专业能力自我评价等方面的性别差异（见表1、表2和表3）。

第二部分为模型统计（见表4至表9）。具体包括三个部分，第一部分通过二元逻辑回归模型来考察中小学阶段所感知的数学性别刻板印象对大学阶段的专业选择所产生的影响（见表4），具体而言，在基础模型的基础上加入数学性别刻板印象两个变量与性别的交互考察数学性别刻板印象对于不同性别的学生专业选择的影响是否具有差异。第二部分通过定序的逻辑回归来考察理工科专业不同性别学生的学业表现是否具有差异（见表5）：首先，考察不同性别学生的学业表现是否具有显著差异；其次，通过将学生的学习科研时间投入以及专业能力自我评价纳入学业表现的基础模型来考察学习科研时间投入以及专业能力自我评价是否为性别与学业表现之间的中介变量（见表6）；最后，在基础模型的基础上加入这一阶段学生所感知到的来自大学教师的学科性别刻板印象与性别的交互来考察学科性别刻板印象的影响是否具有性别差异（见表7）。第三部分通过二元逻辑回归来考察理工科专业不同性别学生的职业期望和职业成就动机是否具有差异（见表8和表9）：首先，考察不同性别学生的职业期望和职业成就动机是否具有显著差异；其次，在基础模型的基础上加入这一阶段学生与家庭分工相关的社会性别态度、与职业相关的社会性别态度与性别之间的交互变量来考察社会性别态度的影响是否具有性别差异。

四　研究发现

（一）描述性统计结果

本研究统计分析所依托的总体样本规模为4224人，其中男生比例（50.62%）略高于女生。本科阶段的学生占比为59.33%。理工科专业学生占比为 48.13%。49.53% 的学生来源于城镇。60.23% 的学生为独生子女，也即家庭中唯一的孩子。35.75% 的学生来自"985"工程院校。38.45% 的父亲受教育程度为初中及以下，24.93% 的父亲受教育程度为专科及以上。母亲受教育程度显著低于父亲受教育程度。自评家庭经济状况较好者所占比例为 11.20%，较差者比例为 29.43%。

在本科生样本中，女生比例（50.08%）略高于男生。在理工科专业样本中，男生比例（55.69%）高于女生。在两个样本中，75% 左右的学生来源于重点高中；城镇来源学生的比例略高于农村来源学生；如同总样本一样，父亲教育程度高于母亲教育程度（见表 1）。

表 1 样本特征描述

单位：人，%

变量	总样本 频数（占比）	本科生样本 频数（占比）	理工科专业样本 频数（占比）
性别			
男	2138（50.62）	1251（49.92）	1071（55.69）
女	2086（49.38）	1255（50.08）	852（44.31）
学段			
本科	2506（59.33）		1117（58.09）
研究生	1718（40.67）		806（41.91）
学科			
理工科	2033（48.13）	1146（45.73）	
人文社科	2191（51.87）	1360（54.27）	
就读高中是否为重点高中			
是	3116（73.77）	1902（75.90）	1442（74.99）
否	1108（26.23）	604（24.10）	481（25.01）
户口			
城镇	2092（49.53）	1317（52.55）	1045（54.34）
农村	2132（50.47）	1189（47.45）	878（45.66）
父亲受教育程度			
初中及以下	1624（38.45）	1006（40.14）	772（40.15）
高中	1547（36.62）	850（33.92）	743（38.64）
专科及以上	1053（24.93）	650（25.94）	408（21.22）

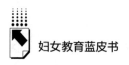

续表

变量	总样本 频数（占比）	本科生样本 频数（占比）	理工科专业样本 频数（占比）
母亲受教育程度			
初中及以下	2282(54.02)	1352(53.95)	1101(57.25)
高中	1270(30.07)	692(27.61)	571(29.69)
专科及以上	672(15.91)	462(18.44)	251(13.05)
是否为独生子女			
是	2544(60.23)	1419(56.62)	1217(63.29)
否	1680(39.77)	1087(43.38)	706(36.71)
所在大学是否为"985"工程院校			
是	1510(35.75)	726(28.97)	
否	2714(64.25)	1780(71.03)	
自评家庭经济状况			
较好	473(11.20)	294(11.73)	181(9.41)
一般	2508(59.38)	1418(56.58)	1123(58.40)
较差	1243(29.43)	794(31.68)	619(32.19)
样本量	4224	2506	1923

在所有的学生样本中，有74.89%的人在中小学阶段听到过父母或者老师所表达的学科性别刻板印象，即女孩适合学文科、男孩适合学理科，48.51%的人在这一阶段听到过父母或者老师所表达的与此相关的隐含的性别刻板印象，即女孩不如男孩聪明。其中，69.71%的女生听到过父母或者老师所表达的学科性别刻板印象，男生的相应比例为79.97%。49.64%的女生听到过与学科相关的性别刻板印象，男生的相应比例为47.40%。

在本科生样本中，75.12%的人在中小学阶段听到过父母或老师所表达的学科性别刻板印象，48.60%的人在这一阶段听父母或老师说过"女孩不如男孩聪明"。其中，82.33%的男生在中小学阶段曾经听到过来自老师或家长的学科性别刻板印象，女生的相应比例为69.64%。50.52%的女生曾经在这一阶段听到过来自老师或家长的相关的性别刻板印象（女孩不如男孩聪明）（见表2）。

表2 大学生专业选择以及中小学阶段所感知到的学科性别刻板印象的性别差异

单位：人，%

变量	本科生样本 频数（占比）	男 频数（占比）	女 频数（占比）	t 值/卡方
专业选择				
理工科	2033（48.13）	647（51.72）	499（39.76）	36.0954 ***
人文社科	2191（51.87）	604（48.28）	756（60.24）	
在中小学阶段是否听老师或父母讲过女孩适合学文科、男孩适合学理科				55.3002 ***
是	3173（75.12）	1030（82.33）	874（69.64）	
否	1051（24.88）	221（17.67）	381（30.36）	
在中小学阶段是否听老师或父母讲过女孩不如男孩聪明				1.4410
是	2053（48.60）	598（47.80）	630（50.20）	
否	2171（51.40）	653（52.20）	625（49.80）	

*** $p<0.001$。

　　上述比例均高于中国教育追踪调查（CEPS）基线调查（2013）基于全国样本的中学生的调查结果。在 CEPS 中，46.65% 的初中生曾经听到过来自父母的学科性别刻板印象，60.76% 的初中生曾经听到过来自周围人的学科性别刻板印象。这一发现暗示随着年级、年龄的增长，个体对他人意见越来越敏感，越来越遵守社会性别规范，且更容易从重要他人那里感知到与性别刻板印象一致的态度。

　　这些数据说明两点，第一，学科性别刻板印象广泛存在，个体浸润在这样一个充满性别刻板印象的环境中。个体身边的重要他人，如父母或者老师，是刻板印象的重要传播者。对于女性来说，这一无处不在的环境会影响到她的专业选择、学业表现以及职业选择。第二，就学科性别刻板印象来说，男生所感知到的比例远远大于女生，一定程度上说明，男孩的家长试图利用这样一种学科性别刻板印象作为增强男孩对于理工科的认同和信心的工具。

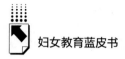

在本研究的所有样本中，女孩的学业表现均优于男孩，将近四分之一（24.80%）的女孩成绩在班级排名的前10%，47.49%的女孩的学业表现排名位于10%~30%。男生的相应比例分别为15.63%和43.13%。具体到理工科专业样本来看（见表3），第一，女孩的学业表现要优于男孩。将近四分之一（24.65%）的女孩成绩在班级中的排名在前10%，而男生的相应比例为14.38%。第二，在这一阶段，39.42%的理工科专业学生从老师那里听到过"这个专业不适合女生"，男生和女生的相应比例分别为40.62%和37.91%；31.51%的理工科专业学生从老师那里听到过"男生更适合做研究/做科研"，男生和女生的相应比例分别为30.72%和32.51%。在这两个指标上不同性别之间无显著差异。第三，从学习科研时间投入来看，男孩的投入显著低于女孩。第四，男孩的心理健康状况得分低于女孩，状况显著优于女孩。第五，不同性别的理工科专业学生的社会性别态度在家庭领域无显著差异，在职业领域存在显著差异，女孩得分高于男孩，也即理工科领域的女孩的社会性别平等意识要强于男孩。第六，51.85%的理工科专业学生期待成为实用技术/科学研究人才，男生和女生的相应比例分别为54.15%和48.94%，女性的比例显著低于男性。这一发现与贺光烨（2018）基于"首都大学生成长追踪调查"的研究发现相互印证，贺光烨的研究发现，相较于男性，女性进入男性主导职业的概率相对较低。除此之外，理工科专业女生的职业成就动机显著低于男生。

表3　理工科专业大学生的部分性别差异

单位：人，%

变量	理工科专业样本 频数(占比)/ 均值(标准差)	男 频数(占比)/ 均值(标准差)	女 频数(占比)/ 均值(标准差)	t值/卡方
在大学阶段是否听到过老师讲"这个专业不适合女生"				1.4544
是	758(39.42)	435(40.62)	323(37.91)	
否	1165(60.58)	636(59.38)	529(62.09)	

续表

变量	理工科专业样本 频数(占比)/ 均值(标准差)	男 频数(占比)/ 均值(标准差)	女 频数(占比)/ 均值(标准差)	t 值/卡方
在大学阶段是否听到过老师讲"男生更适合做研究/做科研"				0.7067
是	606(31.51)	329(30.72)	277(32.51)	
否	1317(68.49)	742(69.28)	575(67.49)	
上一学年考试成绩在班级中的位置				60.6448***
优秀(前10%)	364(18.93)	154(14.38)	210(24.65)	
良好(10%~30%)	883(45.92)	475(44.35)	408(47.89)	
一般(30%~70%)	557(28.97)	351(32.77)	206(24.18)	
不好(后30%)	119(6.19)	91(8.50)	28(3.29)	
职业期望				5.1618**
实用技术/科学研究	997(51.85)	580(54.15)	417(48.94)	
党政/企业经营管理	926(48.15)	491(45.85)	435(51.06)	
学习科研时间投入(小时)	5.502(3.577)	5.298(0.110)	5.758(0.121)	−2.8061**
对社会能力的自我评估得分	28.130(0.091)	28.392(0.125)	27.800(0.132)	3.2358***
对专业能力的自我评估得分	9.416(0.037)	9.463(0.052)	9.356(0.050)	1.4504
家庭领域社会性别态度	20.161(4.664)	18.806(0.132)	21.875(0.155)	−15.1321
职业领域社会性别态度	28.342(3.801)	26.899(0.104)	30.149(0.120)	−20.5357***
心理健康状况	6.860(4.614)	6.175(0.133)	7.740(0.168)	−7.3943***
职业成就动机	23.897(0.077)	23.23(0.117)	24.426(0.098)	7.8751****

*** $p<0.001$，** $p<0.01$。

（二）模型统计结果

1. 女生选择理工科的可能性远低于男生

从表4的模型4-1到模型4-3的统计结果可以看出，女孩选择理工科的可能性远远低于男生，为男性的63.8%。即使是在控制高中类型、户

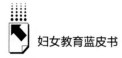

口、父母受教育程度、家庭收入状况等因素的条件下，女孩选择理工科的可能性仍然低于男孩。这一点与以往的研究基本一致（王伟宜、李洁，2015），说明在大学的理工科专业中，女孩的代表性不足。研究假设5得到支持。

表4　大学生专业选择的二元逻辑回归的结果（$n=2506$）

变量	模型 4-1 OR(SE)	模型 4-2 OR(SE)	模型 4-3 交互作用 OR(SE)	模型 4-4 女生样本 OR(SE)
性别(参照组:男)	0.638 *** (0.052)	0.610 *** (0.051)	0.733 * (0.132)	—
是否为重点高中毕业(参照组:否)	1.287 *** (0.126)	1.282 * (0.126)	1.268 ** (0.124)	1.665 *** (0.247)
是否为独生子女(参照组:否)	1.073 (0.108)	1.073 (0.109)	1.069 (0.108)	0.942 (0.135)
户口(参照组:城镇)	0.828 * (0.090)	0.822 * (0.089)	0.826 * (0.090)	0.849 (0.133)
父亲受教育程度:高中阶段(参照组:初中及以下)	1.102 (0.113)	1.091 (0.112)	1.094 (0.112)	1.040 (0.155)
专科及以上	0.834 (0.125)	0.834 (0.125)	0.835 (0.126)	0.942 (0.203)
母亲受教育程度:高中阶段(参照组:初中及以下)	0.986 (0.107)	0.987 (0.107)	0.980 (0.107)	0.918 (0.141)
专科及以上	0.976 (0.161)	0.965 (0.159)	0.960 (0.159)	0.628 ** (0.145)
家庭收入状况:一般(参照组:较好)	1.391 ** (0.196)	1.389 ** (0.196)	1.382 ** (0.195)	1.342 (0.270)
较差	1.463 ** (0.234)	1.453 ** (0.233)	1.435 ** (0.231)	1.617 ** (0.374)
在中小学阶段是否听老师或父母讲过女孩适合学文科、男孩适合学理科(参照组:否)	—	0.728 *** (0.072)	0.933 (0.142)	0.598 *** (0.0.78)

续表

变量	模型 4-1 OR(SE)	模型 4-2 OR(SE)	模型 4-3 交互作用 OR(SE)	模型 4-4 女生样本 OR(SE)
在中小学阶段是否听老师或父母讲过女孩不如男孩聪明	—	1.124 (0.094)	0.971 (0.113)	1.294** (0.158)
女孩适合学文科、男孩适合学理科×性别	—	—	0.644** (0.129)	—
女孩不如男孩聪明×性别	—	—	1.360* (0.229)	—
样本规模	2506	2506	2506	1255
伪 R^2	0.022	0.025	0.027	0.032
Log Likelihood	−1689.6493	−1684.1511	−1680.7107	−1684.1511

注：括号中为标准误。*** $p<0.001$, ** $p<0.01$, * $p<0.05$。

中小学阶段感知到来自父母或老师的学科性别刻板印象以及与之相关的性别刻板印象对不同性别学生专业选择的影响具有显著差异。具体而言，在中小学阶段曾经听到过父母或老师讲"女孩适合学文科、男孩适合学理科"对女孩是否选择理工科具有负面的影响。与未从父母或老师那里感知到这一观念的女生相比，感知到这一观念的女生选择理工科的可能仅为前者的59.8%。研究假设6得到支持。与之形成强烈对比的是，另外一种较为隐含的性别刻板印象，即"女孩不如男孩聪明"所产生的影响也具有性别差异，但差异的方向有所不同。具体而言，曾经从父母或老师那里感知到这一刻板影响的女孩更容易选择理工科。可能的原因为这一观念对感知到的女孩起到了反向激励的作用。

除此之外，与一般的普通高中相比，重点高中毕业的学生更有可能选择理工科专业（OR=1.287）；农村户口的学生更不容易选择理工科专业（OR=0.828）；家庭经济条件越差，越有可能选择理工科专业（OR=1.391，OR=1.463），可能的原因在于，与人文社科专业相比，理工科专业在劳动力市场上的回报更高。与初中及以下文化程度的母亲相比，具有高等教育学历的母亲其

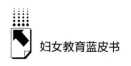
女儿选择理工科的可能性仅仅为前者的 62.8%。可能原因主要有以下两个方面：第一，受教育程度高的母亲可以为子女的成长提供更多的文化资本，从而使其在人文社科的竞争中处于相对优势；第二，也可能是由于受教育程度高的母亲，对理工科专业学习过程的辛苦以及就业竞争中的性别不平等有更多的洞察。

2. 理工科女生学业成就的排名显著优于男生

从表 5 的模型 1 至模型 3 的统计结果可以看出，理工科专业女生的学业成就排名显著优于男孩，即使是在控制高中类型、户口、父母受教育程度、家庭收入状况、是否为独生子女的条件下，女孩的排名仍然优于男孩（见表 5）。这一发现与近年来一些关于高等教育中学业表现以及奖学金获得的性别差异研究的发现一致（吴晓刚、李忠路，2017；李文道等，2009；岳昌君，2010）。研究假设 1 未得到支持。

何以女生会优于男生？可能的一个解释是女孩的学习科研时间投入多于男孩。从表 5 模型 5-3 可以看出，不同性别学生在学习科研时间投入的差异部分解释了理工科不同性别学生的学业表现差异，也即学习科研时间投入是性别与理工科大学生学业成就之间的中介变量，起到了部分中介的作用。从学习科研时间投入来看，理工科大学的女生比男生更为努力和勤奋。以往基于中学生数学成绩的一项研究也发现，女孩的学习时间投入要多于男孩（陈彬莉、白晓曦，2020）。研究假设 3 得到支持。

表 5　学习科研时间投入的中介效应分析

变量	模型 5-1 OR(SE)	模型 5-2 学习科研时间投入 OR(SE)	模型 5-3 学习科研时间投入的中介作用 OR(SE)
性别(参照组:男)	1.943 *** (0.171)	0.433 *** (0.164)	1.911 *** (0.168)
本科生(参照:研究生)	0.500 *** (0.044)	-0.64 *** (0.167)	0.514 *** (0.046)
是否为重点高中毕业(参照组:否)	1.415 *** (0.142)	0.136 (0.192)	1.408 *** (0.142)

续表

变量	模型 5-1 OR(SE)	模型 5-2 学习科研时间 投入 OR(SE)	模型 5-3 学习科研时间投入的 中介作用 OR(SE)
是否为独生子女 (参照组:否)	1.391 *** (0.147)	-0.137 (0.2)	1.400 *** (0.148)
户口(参照:城镇)	0.919 (0.100)	-0.032 (0.208)	0.915 (0.101)
父亲受教育程度: 高中阶段(参照组: 初中及以下)	0.802 ** (0.083)	-0.141 (0.196)	0.812 ** (0.085)
专科及以上	0.769 * (0.120)	0.729 ** (0.297)	0.744 * (0.116)
母亲受教育程度: 高中阶段(参照组: 初中及以下)	1.245 ** (0.137)	0.039 (0.209)	1.245 ** (0.137)
专科及以上	1.362 * (0.249)	-0.245 (0.347)	1.381 * (0.253)
家庭收入状况:一 般(参照组:较好)	0.860 (0.135)	-0.222 (0.296)	0.865 (0.136)
较差	0.937 (0.166)	0.227 (0.333)	0.920 (0.163)
学习科研时间投入	—	—	1.056 (0.013)
样本规模	1923	1923	1923
伪 R^2 或 R^2	0.021	0.021	0.037
Log likelihood	-2239.2962	—	-2229.3675

注：括号中为标准误。*** $p<0.001$，** $p<0.01$，* $p<0.05$。

已有研究发现，学科性别刻板印象通过降低女性的自我学术概念，进而影响了女性的学业表现。本研究发现，在理工科专业中，女生的专业能力自我评价显著低于男生（见表6模型6-1）。研究假设4部分得到支持。在将专业能力自我评价得分加入学业表现的基准模型5-1之后，女性的学业竞争优势进一步扩大。也就是专业能力自我评价的差异扩大了性别之间的差距（见表6模型6-2）。但在本研究中，"学科性别刻板印象降低女性的自我学术概念以及学业表现"并未得到支持。首先，不同性别理工科专业学生所感知到的学科性别刻板印象之间不存在显著差异；其次，对于理工科专业的女性来说，感知到学科性别刻板印象的群体与未感知到的群体之间在专业能力自我评价以及学业表现方面并不存在显著差异。由此，研究假设 4 部分未得到支持。

表6　专业能力自我评价的中介效应分析

变量	模型 5-1 OR(SE)	模型 6-1(线性回归) 专业能力自 我评价 OR(SE)	模型 6-2 专业能力自我评估 的中介作用 OR(SE)
性别 (参照组:男)	1.943 *** (0.171)	-0.126 *** (0.076)	2.166 *** (0.194)
专业能力自我评价	—	—	1.510 (0.043)
样本规模	1923	1923	1923
伪 R^2 或 R^2	0.033	0.073	0.080
Log likelihood	-2239.2962	—	-2124.19

注:括号中为标准误。*** $p<0.001$。基于篇幅考虑，未列出控制变量的结果。

3. 理工科专业的女生在大学阶段所感知到的学科性别刻板印象并未对其学业成就产生负面影响

在高等教育阶段，理工科学生从大学老师那里听到的"这个专业不适合女生"并未对男生和女生产生不同的影响（见表7）。相反，从大学教师那里感知到的"男生更适合做研究/做科研"这一带有学科性别刻板印象的观念对女生产生了积极的影响。可能的原因在于，能够进入大学的 STEM 学科进行学习的女生，已经在一定程度上克服了学科性别刻板印象所产生的不利影响，而自身学习成功的经历可能在相当大的程度上弥补甚至反过来激励女生在学业表现中更为优秀。这一发现与以往研究中的发现有契合之处，即工程专业的女生，尤其是那些完成了高级数学课程的女性对于数学性别刻板印象的认同相对较低（Crisp et al.，2009）。研究假设 2 未得到支持。

表7 理工科专业学生学业表现的定序逻辑回归结果

变量	模型 5-1 OR(SE)	模型 7-1 OR(SE)	模型 7-2 OR(SE)
性别(参照组:男)	1.943 *** (0.171)	1.941 *** (0.171)	2.228 *** (0.271)
本科生(参照组:研究生)	0.500 *** (0.044)	0.512 *** (0.046)	0.513 *** (0.046)
是否为重点高中毕业(参照组:否)	1.415 *** (0.142)	1.416 *** (0.143)	1.425 *** (0.144)
是否为独生子女(参照组:否)	1.391 *** (0.147)	1.390 *** (0.147)	1.399 *** (0.148)
户口(参照:城镇)	0.919 (0.100)	0.917 (0.101)	0.921 (0.101)
父亲受教育程度:高中阶段 (参照组:初中及以下)	0.802 ** (0.083)	0.800 ** (0.083)	0.797 ** (0.083)
专科及以上	0.769 * (0.120)	0.761 * (0.119)	0.768 * (0.120)
母亲受教育程度:高中阶段 (参照组:初中及以下)	1.245 ** (0.137)	1.246 ** (0.137)	1.248 ** (0.138)
专科及以上	1.362 * (0.249)	1.369 * (0.250)	1.376 * (0.252)
家庭收入状况:一般 (参照组:较好)	0.860 (0.135)	0.866 (0.136)	0.870 (0.136)
较差	0.937 (0.166)	0.943 (0.167)	0.951 (0.168)
在大学阶段是否听到过老师讲"这个专业不适合女生"(参照组:否)	—	0.970 (0.087)	0.998 (0.120)
在大学阶段是否听到过老师讲"男生更适合做研究/做科研"(参照组:否)	—	1.187 * (0.112)	1.378 * (0.176)
这个专业不适合女生×性别	—	—	0.928 (0.168)
男生更适合做研究/做科研×性别	—	—	0.715 * (0.135)
样本规模	1923	1923	1923
伪 R^2	0.033	0.033	0.034

注：括号中为标准误。 *** $p<0.001$， ** $p<0.01$， * $p<0.05$。

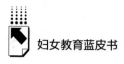

妇女教育蓝皮书

除此之外，理工科专业学生的学业表现还受到是否为重点高中、是否为独生子女、父亲和母亲的受教育程度的影响。父亲的受教育程度越高，子女的学业表现越差，而母亲的受教育程度越高，子女的学业表现就越好。父母亲受教育程度的影响之所以具有差异，可能源于他们在子女的教育以及成长中的投入不同。

4. 与男生相比，女生更不可能期待自己成为与 STEM 学科相关领域的人才

与男生相比，女生期待成为与 STEM 学科相关领域的技术人才的可能性是男生的 77.9%（见表 8）。家庭领域中的社会性别态度对不同性别学生职业期望的影响具有差异，与男性相比，家庭领域中的社会性别态度更有可能降低女性选择科学相关职业的概率。相比较而言，职业领域中的社会性别态度对于理工科专业学生的职业期望的影响无性别差异。为什么家庭作为非职业领域中的社会性别态度的影响具有性别差异，可能的原因在于与劳动力市场或者职业领域相比，个体对于家庭以及其中的社会性别分工规范相对较为熟悉，因此不同性别群体所受影响更为深刻。尽管理工科女生在一定程度上克服了学科性别刻板印象的负面影响且学业表现优于男生，但与男生相比，期待自己成为与 STEM 学科相关领域的人才的可能性仍然较低。可能的解释是社会性别态度。个体对于传统的社会性别规范的内化会影响到他们对于理想男性和理想女性的界定，进而会影响到他们的职业期待。

表8　理工科专业学生职业期望二元逻辑回归结果

变量	模型 8-1 OR(SE)	模型 8-2 OR(SE)	模型 8-3 交互作用 OR(SE)
性别(参照组:男)	0.779** (0.075)	0.702** (0.075)	3.470 (2.761)
学业成绩排名:后 30% (参照组:前 10%)	0.596** (0.133)	0.608** (0.136)	0.581** (0.131)
30%~70%	0.701** (0.098)	0.708** (0.100)	0.695** (0.098)

242

续表

变量	模型 8-1 OR(SE)	模型 8-2 OR(SE)	模型 8-3 交互作用 OR(SE)
10%~30%	0.884 (0.114)	0.893 (0.115)	0.881 (0.114)
本科生 (参照组:研究生)	0.555 *** (0.055)	0.532 *** (0.053)	0.541 *** (0.055)
家庭领域中的社会性别态度	—	1.007 (0.016)	1.051 (0.018)
职业领域中的社会性别态度	—	1.030 ** (0.013)	1.022 ** (0.021)
家庭领域中的社会性别态度×性别	—	—	0.958 * (0.024)
职业领域中的社会性别态度×性别	—	—	0.969 (0.030)
LL	−1290.3547	−1286.023	−1282.5199
样本规模	1923	1923	1923
伪 R^2	0.0310	0.0342	0.0369

注:括号中为标准误。*** $p<0.001$,** $p<0.01$,* $p<0.05$。基于篇幅考虑,未列出控制变量的结果。

除此之外,学业表现、学段以及父亲受教育程度等因素也与个体的职业期望有关。具体而言,与学业表现优秀者相比,在班级排名中处于 30% 及以后的学生更不可能期待成为与科学领域相关的人才(OR=0.701;OR=0.596)。

5. 与男生相比,理工科专业女生的职业成就动机更低

家庭领域和职业领域中的社会性别态度对职业成就动机所产生的影响具有性别差异,具体而言,与男生相比,社会性别态度对女性职业成就动机所产生的影响更为负面。对于理工科专业女生来说,家庭领域的社会性别态度越平等,其职业成就动机越高,同样,职业领域中的社会性别态度越平等,其职业成就动机也越高(见表9)。除此之外,学业成绩排名越落后,其职业成就动机也越低。与父亲受教育程度为初中及以下者相比,父亲受教育程度为高中阶段者,其职业成就动机更高。

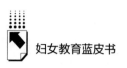
表9　理工科专业学生职业成就动机的线性回归结果

变量	模型 9-1 B（SE）	模型 9-2 B（SE）	模型 9-3 交互作用 B（SE）
性别（参照组:男）	1.470 *** （0.156）	2.051 *** （0.169）	9.011 *** （1.251）
学业成绩排名:后 30%（参照组: 前 10%）	2.650 *** （0.360）	2.492 *** （0.353）	2.366 *** （0.350）
30%~70%	1.544 *** （0.228）	1.486 *** （0.223）	1.416 *** （0.221）
10%~30%	0.888 *** （0.208）	0.829 *** （0.204）	0.787 *** （0.202）
本科生 （参照组:研究生）	0.043 （0.160）	0.156 （0.159）	0.206 （0.157）
是否为独生子女 （参照组:否）	−0.130 （0.187）	−0.093 （0.184）	−0.153 （0.182）
户口（参照组:城镇）	−0.022 （0.194）	−0.031 （0.190）	−0.093 （0.188）
父亲受教育程度:高中阶段（参照 组:初中及以下）	−0.306 * （0.183）	−0.342 * （0.180）	−0.288 * （0.178）
专科及以上	−0.323 （0.276）	−0.313 （0.272）	−0.272 （0.269）
母亲受教育程度:高中阶段（参照 组:初中及以下）	0.182 （0.196）	0.177 （0.192）	0.169 （0.190）
专科及以上	0.025 （0.324）	0.028 （0.317）	−0.105 （0.314）
家庭收入状况:一般（参照组:较 好）	0.031 （0.276）	0.169 （0.271）	0.160 （0.268）
较差	0.097 （0.311）	0.185 （0.305）	0.223 （0.302）
家庭领域中的社会性别态度	—	0.025 （0.020）	0.090 （0.026） ***
职业领域中的社会性别态度	—	−0.207 （0.025） ***	−0.142 （0.033） ***
家庭领域中的社会性别态度×性别	—	—	−0.141 （0.039） ***

续表

变量	模型 9-1 B(SE)	模型 9-2 B(SE)	模型 9-3 交互作用 B(SE)
职业领域中的社会性别态度×性别	—	—	-0.143 (0.049)**
样本规模	1923	1923	1923
R^2	0.0650	0.1016	0.1205

注：括号中为标准误。*** $p<0.001$，** $p<0.01$，* $p<0.05$。

五　研究结论

基于 2010 年中国妇女社会地位调查群体数据中的大学生数据库，系统考察了学科性别刻板印象对大学生的专业选择，以及学科性别刻板印象、社会性别态度对理工科大学生的学业表现、职业期望以及职业成就动机产生的影响。研究主要有以下结论。

无论是曾经在中小学阶段从父母或老师那里所感知到的，还是理工科大学生从大学老师那里所感知到的学科性别刻板印象，均说明学科性别刻板印象以及更大的社会性别规范无所不在，不同性别的个体均浸润于这样一种社会观念体系之中。社会性别规范对于不同性别个体的定位和期望不同，通过长期的性别社会化过程，尤其是通过家庭、学校（教师、同伴）、媒体等过程与机制，不同性别的个体形成了有差别的偏好、能力、兴趣、品位以及相应的知识积累（贺光烨，2018）。具体而言，在本研究中，来自重要他人的学科性别刻板印象对女生的专业选择产生了负面的影响，导致在大学的专业分布中，理工科尤其是工科中女生的代表性严重不足。虽然大学专业机会的分配是以学科能力为基础，但不可否认的是，学科性别刻板印象尤其是女生所感知到的来自重要他人的学科性别刻板印象产生了不可忽视的负面影响。这一点在以往的研究中得到充分证实。

在高等教育领域中，女生的学业成就优于男生已经成为一个不争的事

245

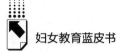
实，即使是在传统的男性优势学科，即理工科，女生的学业成就排名仍然比男生要靠前。这在一定程度上说明，在教育领域中，如果仅从学业表现来看，性别差异已经大大缩小，甚至女性已经反超男性。理工科女生在高等教育阶段所感知到的来自大学老师的学科性别刻板印象并未抑制其学业表现。这一结论与现有研究的发现也基本一致，现有一些研究发现，与人文社科类专业女生相比，理工科专业，尤其是工科专业的女生，对于学科性别刻板印象的认同程度最低。可能的原因在于这一群体能够通过严苛的高考选拔进入"男性主导"的学科领域，同时又能在这些学科取得比男性更为优异的成绩，这些成功的个体经历和经验在很大程度上已经抵抗甚至证明了学科性别刻板印象这一社会认知的不合理性。在这一阶段，理工科女生的学业成就优势在很大程度上与其更多的学习科研时间投入有关。与学业成就的相对优势形成强烈反差的是，在理工科专业学生中，女生心理健康状况处于相对劣势。

无论是本科生样本还是理工科专业学生，与女生相比，男生的社会性别态度更为保守。这一发现既与基于所有年龄群体的研究发现一致，也与邱济芳（2015）以及孙莹等（2020）基于更新的大学生样本研究得出的结论基本一致。向慧桃（2019）基于2006年、2010年和2015年的中国综合社会调查（CGSS）中青年群体的性别角色态度的研究发现，总体而言，女性的态度要比男性更为现代化，随着受教育程度的提高，性别角色态度更加现代化，但在研究生教育阶段，不同性别群体的性别角色态度得分趋势产生了分化，男性更加趋于传统化，而女性更加趋于现代化。

当不同性别个体将目光或者选择转向劳动力市场和未来的职业发展时，社会性别规范的影响进一步凸显。在本研究中，与个体的成长以及生活关系最为紧密的家庭领域的社会性别态度对理工科女生未来的职业期望产生了更为负面的影响。对于女生来说，家庭领域中的社会性别态度越传统，越不可能期望自己成为与科学和技术相关的人才。与男性相比，家庭和职业领域的社会性别态度均有效降低了女生的职业成就动机。女性何以会避免期望或进入"男性主导的职业领域"或者降低自身的职业成就动机？社会性别规范在其中起到了关键的作用，社会性别规范中不仅包含对男性和女性学科能力的差异化期待，同时也包含对不同性别群体的社会角色期待。已有研究发现，社会性别规范通常要求女性为家庭做出牺牲（Eccles et al.，1999），初入 STEM 领域的女性就业者通常面临最优的生育年龄和追求终身教职之间的矛盾，而社会也通常要求女性为家庭做出更多的牺牲。即使是那些拥有高数学能力和科学兴趣的女性，其生活方式的价值观也会在 30 岁中期出现改变。随着子女的出生，她们不得不转而更关注工作的弹性。而男性则没有此类后顾之忧。

劳动力市场中持续的性别隔离与不平等并不是一个孤立的领域，而是源自更早的学校教育中的性别区分，比如学科和专业的选择。一般来说，个体早期所做的与职业生涯有关的决定，会相当程度地决定未来不同的职业发展方向（Correll，2001）。

如果将大学专业选择、高等教育过程中的学业表现以及职业期望或者成就动机作为一个时间序列的话，那么对于大学生来说，在每一个重要选择的关口，学科性别刻板印象以及与之相关的更大的社会性别规范均产生了重要的影响。这些影响对女生尤其是处于理工科专业的女生产生了不利的影响。大学的专业选择意味着教育由通用性转向专用性，不同专业在知识结构、课程设置等方面的差异导致不同专业的学生具有不同的专业技术能力和人力资本，而人力资本的差异又潜在地决定了个体未来的职业可能（贺光烨，2018）。从这个意义上说，早期专业选择的性别分层同后期劳动力市场中的性别隔离有着内在关联。

六　政策建议与研究不足

第一，建立一个性别友好的教育和家庭环境对于降低学科性别刻板印象和社会性别态度对女孩的不利影响意义重大。在本研究中发现，教育体制中的女性无论处于哪一阶段，都处于一个非性别友好的环境之中。而充斥着刻板印象的社会环境在很大程度上会导致不同性别的群体不断地内化这些观念

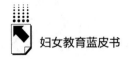

体系，进而导致教育竞争乃至劳动力市场竞争中的性别差距加大，不平等程度加深。由此，建立一个性别友好的教育环境，尤其是对个体性别社会化过程有至关重要影响的重要他人（教师、家长）进行干预尤为迫切。

第二，性别友好教育环境和家庭环境的建立应该越早越好。一些基于西方国家的研究发现，在小学阶段甚至更早的阶段，女孩已经开始部分拥有学科性别刻板印象，大量的研究发现，到了中学阶段，学生已经形成鲜明的"科学兴趣"。而在本研究中也发现，从环境的角度来说，在大学生成长的中小学阶段家长和教师的学科性别刻板印象显著影响了其高等教育阶段的专业选择。因此，创建性别友好环境的关键在于，从小学甚至更早阶段就开始对家长和教师进行性别平等教育，尤其是"去刻板化"干预。

第三，针对高等教育阶段男生的社会性别态度更为保守，而女生更为平等的状况，本研究认为，有必要在高等教育的通识教育过程中设置与性别平等相关的课程以塑造一个性别平等友好的教育环境，从而减少后期职业选择中的性别不平等以及劳动力市场中的性别隔离。一项基于台湾的质性研究发现，理工科专业的男生通过"我群"和"他群"的性别分类逻辑，强化男性在理工科专业的正统地位，同时将就读理工科专业的女性视为"非我族类"的性别信仰，强化了理工科领域中的性别区隔（彭莉惠、熊瑞梅，2011）。

第四，从学业表现和职业成就动机的比较来看，教育场域中的性别平等状况相对好于劳动力市场。当女性从教育场域向职业场域过渡时，其前期在教育中的成功经验似乎发生了断裂，而形塑不同性别个体未来社会地位的社会性别规范作用进一步加强。可能的一种原因是教育场域，包括理工科专业教育场域中的女性可以通过高投入、高期望等后致性因素来克服社会性别规范所带来的不利影响。而在职业场域中，社会性别规范是强约束规范，包括家庭微观领域中的性别分工规范，和具体职业中的性别隔离以及相应的性别规范。不同领域的性别规范往往组成难以抵抗的合力，促使女性在面对职业场域时不得不持有一种较为消极的，更可能顺应和强化社会性别规范的态度。

    研究有以下不足之处。第一，本研究采用的是第三次妇女社会地位调查中的大学生数据，数据相对较旧（2010 年），而且是非随机抽样的数据。但总体来说，目前国内尚未有其他包括学科性别刻板印象与社会性别态度的大学生公开数据。第三次妇女社会地位调查有对大学生的社会性别态度的调查，这一数据尤为宝贵，且目前开放利用较少。而从性别与教育领域研究现状来看，对于不同性别个体主观经验、性别经验与教育经验的交互研究相对不足。本研究在学科性别刻板印象与社会性别观念的描述部分结合现有的其他一些可能的数据进行了进一步分析。第二，研究对于学科性别刻板印象的测量相对较为粗略。在国外的研究中，对于学科性别刻板印象的测量有一系列的指标，而在本研究中由于数据局限，仅分别通过两个指标对个体在中小学阶段和大学阶段所感知到的学科性别刻板印象和职业期望进行测量，较为粗略，有待日后进行弥补。

参考文献

Ahlqvist, S., London, B., & Rosenthal, L. 2013. "Unstable Identity Compatibility: How Gender Rejection Sensitivity Undermines the Success of Women in Science, Technology, Engineering, and Mathematics Fields." *Psychological Science*, 24 (9): 1644-1652.

Appel, M. & Kronberger, N. 2012. "Stereotypes and the Achievement Gap: Stereotype Threat Prior to Test Taking." *Educational Psychology Review*, 24 (4): 609-635.

Bian, L., Leslie, S. J., & Cimpian, A. 2017. "Gender Stereotypes about Intellectual Ability Emerge Early and Influence Children's Interests." *Science*, 355 (6323): 389-391.

Blanton, H., Christie, C., & Dye, M. 2002. "Social Identity Yersus Reference Frame Comparisons: The Moderating Role of Stereotype Endorsement." *Journal of Experimental Social Psychology*, 38 (3): 253-267.

Bolger, N. & Kellaghan, T. 1990. "Method of Measurement and Gender Differences in Scholastic Achievement." *Journal of Educational Measurement*, 27 (2): 165-174.

Brown, R. P. & Pinel, E. C. 2003. "Stigma on My Mind: Individual Differences in the Experience of Stereotype Threat." *Journal of Experimental Social Psychology*, 39 (6): 626-633.

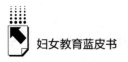

Carli, L. L., Alawa, L., Lee, Y., Zhao, B., & Kim, E. 2016. "Stereotypes about Gender and Science: Women ≠ Scientists. " *Psychology of Women Quarterly*, 40 (2): 244–260.

Ceci, S. J. & Williams, W. M. 2011. " Understanding Current Causes of Women's Underrepresentation in Science. " *Proceedings of the National Academy of Sciences*, 108 (8): 3157–3162.

Ceci, S. J., Williams, W. M., & Barnett, S. M. 2009. "Women's Underrepresentation in Science: Sociocultural and Biological Considerations. " *Psychological Bulletin*, 135 (2): 218.

Chambers, D. W. 1983. " Stereotypic Images of the Scientist: The Draw-A-Scientist Test. " *Science Education*, 67: 255–265.

Cheryan, S., Ziegler, S. A., Montoya, A. K., & Jiang, L. 2017. "Why Are Some STEM Fields More Gender Balanced Than Others?" *Psychological Bulletin*, 143: 1–35.

Cheryan, Sapna & Plaut, Victoria C. 2010. "Explaining Underrepresentation: A Theory of Precluded Interest. " *Sex Roles*, 63 (7–8): 475–88.

Cho, D. 2007. "The Role of High School Performance in Explaining Women's Rising College Enrollment. " *Economics of Education Review*, 26 (4): 450–462.

Crisp, R. J., Bache, L. M., & Maitner, A. T. 2009. "Dynamics of Social Comparison in Counter-stereotypic Domains: Stereotype Boost, Not Stereotype Threat, for Women Engineering Majors. " *Social Influence*, 4: 171–184.

Crowley, K., Callanan, M. A., Tenenbaum, H. R., & Allen, E. 2001. " Parents Explain More Often to Boys Than to Girls During Shared Scientific Thinking. " *Psychological Science*, 12: 258–261.

Correll, S. J. 2001. "Gender and the Career Choice Process: The Role of Biased Self-assessments. " *American Journal of Sociology*, 10 (6): 1691–1730.

Cvencek, D., Greenwald, A. G., & Meltzoff, A. N. 2011. " Measuring Implicit Attitudes of 4-year-olds: The Preschool Implicit Association Test. " *Journal of Experimental Child Psychology*, 109 (2): 187–200.

Dearman, N. B. & Plisko, V. W. 1979. "The Condition of Education (Statistical Report-National Center for Educational Statistics) . " Washington: Government Printing Office.

Diekman, A. B., Clark, E. K., Johnston, A. M., Brown, E. R., & Steinberg, M. 2011. "Malleability in Communal Goals and Beliefs Influences Attraction to Stem Careers: Evidence for a Goal Congruity Perspective. " *Journal of Personality and Social Psychology*, 101 (5): 902.

DiPrete, T. A. & Buchmann, C. 2006. "Gender-specific Trends in the Value of Education and the Emerging Gender Gap in College Completion. " *Demography*, 43 (1): 1–24.

Dunlap, S. T. & Barth, J. M. 2019. "Career Stereotypes and Identities: Implicit Beliefs and Major Choice for College Women and Men in STEM and Female-dominated Fields." *Sex Roles*, 81 (9): 548-560.

Eagly, A. H. 1987. "Reporting Sex Differences." *American Psychologist*, 42: 756-757.

Eccles, J. S., Barber, B., & Jozefowicz, D. 1999. "Linking Gender to Educational, Occupational, and Recreational Choices: Applying the Eccles et al. Model of Achievement-related choices." In W. B. Swann, Jr., J. H. Langlois, & L. A. Gilbert (Eds.), *Sexism and Stereotypes in Modern Society: The Gender Science of Janet Taylor Spence* (pp. 153 - 192). American Psychological Association.

Eccles, J. S. 1994. "Understanding Women's Educational and Occupational Choices: Applying the Eccles et al. Model of Achievement-related Choices." *Psychology of Women Quarterly*, 18 (4): 585-609.

Ertl, B., Luttenberger, S., & Paechter, M. 2017. "The Impact of Gender Stereotypes on the Self-concept of Female Students in STEM Subjects with an Under-representation of Females." *Frontiers in Psychology*, 8: 703.

European Commission. 2002. *Employment in Europe 2002: Recent Trends and Prospects*. Luxembourg: Office for official publications of the European Communities.

Freeman, C. E. 2004. "Trends in Educational Equity of Girls & Women: 2004. NCES 2005-016." National Center for Education Statistics. p. 70.

Frone, M. R., Russell, M., & Cooper, M. L. 1997. "Relation of Work-family Conflict to Health Outcomes: A Four-year Longitudinal Study of Employed Parents." *Journal of Occupational and Organizational psychology*, 70 (4): 325-335.

Gerber, T. P. & Cheung, S. Y. 2008. "Horizontal Stratification in Postsecondary Education: Forms, Explanations, and Implications." *Annual Review of Sociology*, 34: 299-318.

Goldin, C., Katz, L. F., & Kuziemko, I. 2006. "The Homecoming of American College Women: The Reversal of the College Gender Gap." *Journal of Economic Perspectives*, 20 (4): 133-156.

Greenwald, A. G., Poehlman, T. A., Uhlmann, E. L., & Banaji, M. R. 2009. "Understanding and Using the Implicit Association Test: III. Meta-analysis of Predictive Validity." *Journal of Personality and Social Psychology*, 97 (1): 17.

Gross, E. 1968. "Plus CA Change...? The Sexual Structure of Occupation over Time." *Social Problems*, 16 (2): 198-208.

Harter, C. L., Becker, W. E., & Watts, M. 1999. "Who Teaches with More Than Chalk and Talk?" *Eastern Economic Journal*, 25 (3): 343-356.

Hilton, J. L. & Von Hippel, W. 1996. "Stereotypes." *Annual Review of Psychology*, 47 (1): 237-271.

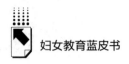

Huang, C. 2013. "Gender Differences in Academic Self-efficacy: A Meta-analysis." *European Journal of Psychology of Education*, 28 (1): 1–35.

Katrina, Piatek-Jimenez, Jennifer Cribbs, & Nicole Gill. 2018. "College Students' Perceptions of Gender Stereotypes: Making Connections to the Underrepresentation of Women in STEM Fields." *International Journal of Science Education*, 1–23.

Lai, F. 2010. "Are Boys Left Behind? The Evolution of the Gender Achievement Gap in Beijing's Middle Schools." *Economics of Education Review*, 29 (3): 383–399.

Lane, K. A., Goh, J. X., and Driver-Linn, E. 2012. "Implicit Science Stereotypes Mediate the Relationship Between Gender and Academic Participation." *Sex Roles*, 66: 220–234.

Livingston, A. & Wirt, J. 2004. "The Condition of Education 2004 In Brief." NCES 2004–076. National Center for Education Statistics.

Maltese, A. V. & Tai, R. H. 2010. "Eyeballs in the Fridge: Sources of Early Interest in Science." *International Journal of Science Education*, 32 (5): 669–685.

Martin, C. L. & Parker, S. 1995. "Folk Theories about Sex and Race Differences." *Personality and Social Psychology Bulletin*, 21 (1): 45–57.

Martinot, D. & Désert, M. 2007. "Awareness of a Gender Stereotype, Personal Beliefs and Self-perceptions Regarding Math Ability: When Boys Do Not Surpass Girls." *Social Psychology of Education*, 10 (4): 455–471.

Möller, J. & Köller, O. 1996. "Attributionen und Schulleistung." *Emotionen, Kognitionen und Schulleistung*, 115–136.

Moss-Racusin, C. A., Dovidio, J. F., Brescoll, V. L., Graham, M. J., & Handelsman, J. 2012. "Science Faculty's Subtle Gender Biases Favor Male Students." *Proceedings of the National Academy of Sciences*, 109 (41): 16474–16479.

Muis, K. R. 2004. "Personal Epistemology and Mathematics: A Critical Review and Synthesis of Research." *Review of Educational Research*, 74 (3): 317–377.

Narayan, R., Park, S., Peker, D., & Suh, J. 2013. "Students' Images of Scientists and Doing Science: An International Comparison Study." *Eurasia Journal of Mathematics, Science and Technology Education*, 9 (2): 115–129.

Newall, C., Gonsalkorale, K., Walker, E., Forbes, G. A., Highfield, K., & Sweller, N. 2018. "Science Education: Adult Biases Because of the Child's Gender and Gender Stereotypicality." *Contemporary Educational Psychology*, 55: 30–41.

Nosek, B. A. & Smyth, F. L. 2011. "Implicit Social Cognitions Predict Sex Differences in Math Engagement and Achievement." *American Educational Research Journal*, 48 (5): 1125–1156.

Nosek, B. A., Banaji, M. R., & Greenwald, A. G. 2002. "Math = Male, Me = Female,

Therefore Math≠ me. " *Journal of Personality and Social Psychology*, 83（1）: 44.

Organization for Economic Cooperation and Development（OECD）. 2004. "Learning for Tomorrow's World. " Paris: PISA. Retrieved from http: //www. pisa. oecd. org.

Owens, J. & Massey, D. S. 2011. "Stereotype Threat and College Academic Performance: A Latent Variables Approach. " *Social Science Research*, 40: 150-166.

Özel, M. 2012. "Children's Images of Scientists: Does Grade Level Make a Difference?" *Educational Sciences: Theory and Practice*, 12（4）: 3187-3198.

Parsons, J. E. , Adler, T. F. , & Kaczala, C. M. 1982. "Socialization of Achievement Attitudes and Beliefs: Parental Influences. " *Child Development*, 53: 310-321.

Plante, I. , De la Sablonnière, R. , Aronson, J. M. , & Théorêt, M. 2013. "Gender Stereotype Endorsement and Achievement-related outcomes: The Role of Competence Beliefs and Task Values. " *Contemporary Educational Psychology*, 38（3）: 225-235.

Pseekos, A. C. , Dahlen, E. R. , & Levy, J. J. 2008. "Development of the Academic Stereotype Threat Inventory. " *Measurement and Evaluation in Counseling and Development*, 41 （1）: 2-12.

Reuben, E. , Sapienza, P. , & Zingales, L. 2014. "How Stereotypes Impair Women's Careers in Science. " *Proceedings of the National Academy of Sciences*, 111（12）: 4403-4408.

Ridgeway, C. L. & Correll, S. J. 2004. "Unpacking the Gender System: A Theoretical Perspective on Gender Beliefs and Social Relations. " *Gender & Society*, 18（4）: 510-531.

Rosenthal, L. , London, B. , Levy, S. R. , Lobel, M. 2011. "The Roles of Perceived Identity Compatibility and Social Support for Women in a Single-sex STEM Program at a Co-educational University. " *Sex Roles*, 65: 725-736.

Sekaquaptewa, D. & Thompson, M. 2003. "Solo Status, Stereotype Threat, and Performance Expectancies: Their Effects on Women's Performance. " *Journal of Experimental Social Psychology*, 39（1）: 68-74.

Smeding, A. 2012. "Women in Science, Technology, Engineering, and Mathematics （STEM）: An Investigation of Their Implicit Gender Stereotypes and Stereotypes' Connectedness to Math Performance. " *Sex Roles*, 67（11）: 617-629.

Smith, J. L. & White, P. H. 2002. "An Examination of Implicitly Activated, explicitly Activated, and Nullified Stereotypes on Mathematical Performance: It's Not Just a Woman's Issue. " *Sex Roles*, 47（3）: 179-191.

Spencer, S. J. , Steele, C. M. , & Quinn, D. M. 1999. . "Stereotype Threat and Women's Math Performance. " *Journal of Experimental Social Psychology*, 35（1）: 4-28.

Stangor, C. & Schaller, M. 2000. "Stereotypes as Individual and Collective Representations. " In C. Stangor（Ed. ）, *Stereotypes and Prejudice: Essential Readings*（pp. 64-82）. Psychology Press.

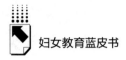

Su，R.，Rounds，J.，& Armstrong，P. I. 2009. "Men and Things，Women and People：A Meta-analysis of Sex Differences in Interests." *Psychological Bulletin*，135：859-884.

Thomas，M. D.，Henley，T. B.，& Snell，C. M. 2006. "The Draw a Scientist Test：A Different Population and a Somewhat Different Story." *College Student Journal*，40（1）：140-148.

U. S. Department of Education，National Center for Education Statistics（NCES）. 2014. "Digest of Education Statistics." Retrieved from https：//nces. ed. gov/programs/digest/2014menu_ tables.

Xu，D. & Li，Q. 2018. "Gender Achievement Gaps Among Chinese Middle School Students and the Role of Teachers' Gender." *Economics of Education Review*，67：82-93.

Zafar，B. 2011. "College Major Choice and the Gender Gap." *SSRN Electronic Journal*，364.

陈彬莉、白晓曦：《女孩的数学成绩何以优于男孩？——基于 CEPS 2013 年的基线调查数据》，《中国研究》2020 年第 1 期。

贺光烨、吴晓刚：《市场化、经济发展与中国城市中的性别收入不平等》，《社会学研究》2015 年第 1 期。

贺光烨：《专业选择与初职获得的性别差异：基于"首都大学生成长追踪调查"的发现》，《社会》2018 年第 2 期。

李路路：《中国大学生成长报告 2015》，中国人民大学出版社，2015。

刘爱玉、佟新：《性别观念现状及其影响因素——基于第三期全国妇女地位调查》，《中国社会科学》2014 年第 2 期。

马莉萍、由由、熊煜、董璐、汪梦姗、寇焜照：《大学生专业选择的性别差异——基于全国 85 所高校的调查研究》，《高等教育研究》2016 年第 5 期。

邱济芳：《青年性别角色态度：从中学到大学的变化研究》，《青年探索》2015 年第 3 期。

阮小林、张庆林、杜秀敏、崔茜：《刻板印象威胁效应研究回顾与展望》，《心理科学进展》2009 年第 4 期。

孙莹、范叶超、杨磊：《大学生的性别角色态度与环境关心》，《社会发展研究》2020 年第 3 期。

向慧桃：《媒体使用对青年性别角色态度的影响研究》，硕士学位论文，厦门大学，2019。

谢桂华、刘昕毓：《数学的性别——性别观念对初中生数学水平的影响》，《社会学研究》2021 年第 4 期。

王伟宜、李洁：《高等教育入学机会性别差异的多维分析》，《教育研究》2015 年第 8 期。

彭莉惠、熊瑞梅：《性别信仰对科系与职业选择之影响：以台湾为例》，《社会科学论丛》2011 年第 1 期。

吴晓刚、李忠路：《中国高等教育中的自主招生与人才选拔：来自北大、清华和人大的发现》，《社会》2017 年第 5 期。

李文道、孙云晓、赵霞：《中国大学生国家奖学金获奖者的性别差异研究》，《青年研究》2009 年第 6 期。

岳昌君：《高等教育与就业的性别比较》，《清华大学教育研究》2010 年第 6 期。

B.7
女大学生就业质量研究：
2009~2019年

蒋 承 陈其然*

摘 要： 大学生就业关系国计民生，尤其是女大学生就业深刻影响着社会的公平稳定。本报告通过对 2009~2019 年全国高校毕业生就业状况调查数据开展定量分析，首先从女大学生毕业去向、求职偏好和就业结果三个方面把握近十年女大学生就业的整体情况和变化趋势，其次从就业起薪、就业满意度和就业匹配度三个方面刻画近十年女大学生的就业质量，最后通过横向对比男女生的就业起薪和就业满意度，全面地分析女大学生在劳动力市场上的处境及就业质量。研究发现，女大学生毕业去向以就业为主呈现多元化趋势，升学和创业意愿逐渐凸显；女大学生期望起薪波动上升，单位类型偏好稳定；女大学生实际就业以企业单位类型为主，行业选择集中于教育行业和金融业；女大学生就业起薪城乡差异较大，就业满意度持续上升，学历匹配度较高，专业匹配度较低；近十年，男生就业起薪持续显著高于女生，二者就业满意度差异较小。

关键词： 女大学生 就业质量 起薪 满意度

---

* 蒋承，北京大学教育学院研究员、博士生导师，主要研究方向为教育制度与劳动力市场；陈其然，清华大学教育研究院研究助理。

一　研究背景及研究问题

（一）研究背景

近年来，随着高校扩招，毕业生数量不断上升，女性毕业生数量也随之增加。然而，由于劳动力市场存在性别歧视的情况，相关就业政策中对女性劳动者的保障尚不完善，女大学生就业成为社会各界关注的热点话题。我国高校扩招政策起始于 1999 年教育部所颁布的《面向 21 世纪教育振兴行动计划》。同一年国务院提出《关于深化教育改革全面推进素质教育的决定》，进一步确定了高校扩招政策的改革方向。《面向 21 世纪教育振兴行动计划》提出：到 2010 年，高等教育毛入学率将达到适龄青年的 15%。"这不仅仅是高校招生规模的增加，同时这也意味着我国高等教育由精英化逐渐迈向大众化。"①

党的十九届五中全会强调，强化就业优先政策，千方百计稳定和扩大就业，完善重点群体就业支持体系。2020 年发布的《教育部关于做好 2021 届全国普通高校毕业生就业创业工作的通知》提到，为贯彻落实党中央、国务院"稳就业""保就业"决策部署，教育部决定实施"2021 届全国普通高校毕业生就业创业促进行动"，进一步完善高校毕业生就业支持体系，全力促进高校毕业生更加充分更高质量就业，服务加快构建以国内大循环为主体、国内国际双循环相互促进的新发展格局。在推动高质量就业的进程中，女大学生就业成为影响甚至决定大学生整体就业质量的关键因素。女性就业同时也是重大的社会命题，2021 年 8 月 25 日召开的国务院常务会议审议通过了《中国妇女发展纲要（2021—2030 年）》，该纲要要求贯彻落实男女平等基本国策，保障妇女平等享有接受教育、就业创业、参与决策和管理等权利，全面落实男女同工同酬，拓展支持家庭与妇女全面发展的公共服务，针对妇女特殊需求完善社会保障体系，加强对困难妇女基本保障和关爱服务，健全保障

---

① 赵毅博：《中国高校扩招对城乡青年人口迁移的影响》，《人口学刊》2019 年第 4 期，第 94~103 页。

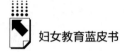
妇女合法权益的法律体系，在男女发展差距方面"坚持男女两性平等发展。贯彻落实男女平等基本国策，在出台法律、制定政策、编制规划、部署工作时充分考虑两性的现实差异和妇女的特殊利益，营造更加平等、包容、可持续的发展环境，缩小男女两性发展差距"。

1999 年的高等教育扩招政策使得大学生数量呈井喷式增长，其中，女大学生的增幅远远超越男大学生。根据《中国统计年鉴》的数据得知，大学本科生中女性所占的比例为 51.03%，硕士研究生中女性所占的比例为 51.46%，均超过一半。与此同时，女性已然在毕业生就业数量上与男性平分秋色。《2016 中国劳动力市场发展报告》显示，硕士及以上女性高校毕业生群体正在壮大。女大学毕业生如今已成"半边天"态势，比例在 51% 左右；女硕士毕业生从 1998 年的 1.2 万人增长到 2015 年的 25.4 万人，占比从 1998 年的 29.8% 增加到 2015 年的 50.9%，年均增速达到了 17%；女博士毕业生年均增速则为 20%。另外，尽管就业率与男性差距不大，但庞大的女大学生群体在就业市场中并未表现出应有的实力。

（二）相关研究综述

1. 大学生就业质量的概念界定

就业质量研究起源于 20 世纪初学者们对于生产效率的关注和重视。弗雷德里克·温斯洛·泰勒的"就业者工作效率"、马克斯·韦伯的"人与岗位的匹配"等关于劳动者就业状况的论说，是就业质量内涵的最初体现。[①]之后，就业质量在全球范围内受关注和重视的程度越来越高，一些学者和组织陆续提出了与就业质量相关的概念，从美国职业培训和发展委员会的"工作生活质量"到国际劳工组织的"体面劳动"和欧盟的"工作质量"，就业质量的内涵也在不断深化和拓展，研究就业质量的视角日益丰富多元。[②] 目前，国内学界关于大学生就业质量没有形成统一的概念界定，多数

[①] 〔德〕韦伯（Max Weber）：《韦伯作品集》，康乐、简惠美译，广西师范大学出版社，2004。

[②] 楚旋、张莉：《国内外高校毕业生就业质量评价研究述评》，《现代教育科学》2016 年第 4 期，第 137~141 页。

学者根据自己研究的需要，为"大学生就业质量"赋予了不同的内涵。其中，比较有代表性的界定是刘敏、陆根书提出的，他们认为大学生就业质量是"大学生在自由、公平条件下获得相对满意与匹配的工作，从而与生产资料结合并就此获得报酬和发展机会的优化程度"。[①] 可以说，该界定涵盖了主观认知和客观评价两方面的内容，给出了高质量就业的内涵要素和就业质量获得的前提和条件，对本研究具有较大的借鉴意义。

2.女性就业的相关研究

目前对女性就业的影响因素的相关研究都证明，人力资本、家庭禀赋是女性就业的推力，来自家庭责任的拉力则阻碍女性就业。有研究证明，文化程度越高的女性就业可能性越大，拥有一定技能的女性就业概率更高，但在业女性的收入不受人力资本影响；家庭经济资本越高，社会资本越丰富，女性就业可能性越大，就业后的收入也越高；有子女的女性就业概率下降，其就业后的工资收入也较低；婚姻状况不会影响失地女性的就业概率，但会影响其工资收入，已婚女性就业收入更高；人力资本、家庭禀赋和家庭责任对不同地区、不同户籍女性的影响效果有差异。[②] 据此，需要在政府、家庭等层面采取一定帮扶举措，推动女性顺利就业，提升其就业质量。劳动成本降低和生产率提升是女性就业份额影响企业出口规模的可能渠道。不同维度的异质性分析表明，女性就业份额提升对企业出口规模具有促进作用，且在外资企业、技能密集型企业、女性密集行业、高技术行业和女性受教育水平低地区的影响更大。

女性就业的现存问题包括以下两点。第一，女性在整个就业结构中的失衡。2009年发布的《中国劳动统计年鉴》数据显示[③]，到2008年底，女性就业人员占全国就业人员总数的37.6%，即1/3多一些，与女性劳动人口占总

---

① 刘敏、陆根书：《高校毕业生就业质量的性别公平研究》，《广西社会科学》2016年第7期，第205~209页。

② 马继迁、朱玲钰、王占国：《人力资本、家庭禀赋、家庭责任与失地女性就业——基于CFPS数据的分析》，《华东经济管理》2021年第8期，第95~102页。

③ 《中国劳动统计年鉴》。

体劳动人口一半的情况相去其远。具体来看，在传统的第一、第二产业中，如农林牧副渔、采矿、建筑等，女性就业比例远低于男性，这与其本身生理特点直接相关，而在第三产业如金融、餐饮、教育和卫生事业中，女性就业比例要略高于男性或基本与男性持平。这说明现代服务业是吸纳女性就业的主要行业。第二，性别角色造成女大学生就业机会不均等。2010 年 8 月，全国妇联发布了新的"女大学生就业创业状况调查"报告，报告显示，91.9%的被访女大学生感受到用人单位的性别偏见，女大学生就业难的主要表现是遭受就业性别歧视。从平均值来看，被访女生平均投出 44 份简历，才有可能得到一个意向协议；平均投出 9 份简历，才有可能得到一次面试或笔试的机会。机会不均等造成事实上的不平等，女性尤其是女大学生的整体发展状况显然劣于男性。[①]

3. 女大学生就业质量的相关研究

随着我国高等教育的大众化，大学毕业生择业、就业难成为一个重要的社会问题。在激烈的就业竞争中，高校就业弱势群体毕业生的择业、就业更是难上加难。如果长此以往，将不利于大学生人力资源的有效发挥，也会极大地影响社会的稳定和进步。高校就业弱势群体毕业生主要指的是即将毕业的女大学生、学业落后生、经济困难生、冷门专业生、残疾生等。其中涉及面最广的人群是女大学生，她们就业处于弱势地位的原因是性别因素，以及由此带来的社会心理因素如性别刻板印象、偏见和歧视、自我效能感缺失、性别角色认同与冲突等，这些都成为令人关注的话题。研究发现，在工作特征满意度、职业匹配度和就业总体满意度等维度的就业质量测量指标上多数存在显著的性别差异。女生感知的就业单位的职位、地理位置和稳定性等工作特征满意度和职业匹配度、就业总体满意度水平要显著高于男生。性别因素对于大学生的就业质量及其与影响因素之间的关系具有重要的调节作用。[②]

---

① 童路明：《女性主义、性别视角与当代女大学生就业问题》，《河南社会科学》2010 年第 6 期，第 131~133 页。

② 彭正霞、陆根书：《大学毕业生就业质量的性别差异：基于多群组结构方程模型的分析》，《复旦教育论坛》2020 年第 1 期。

有研究表明，女大学生整体就业质量不高。其中，就业质量指就业中所面临的求职机会、待遇问题、工作环境、歧视问题、提升的机会和满意状况等。[①] 女大学生当前的就业质量不尽如人意，首先是求职机会不均等、性别歧视明显。前述"女大学生就业创业状况调查"报告中，56.7%的女大学生在求职过程中感到"女生机会更少"。[②] 其次是就业的层次不高。女性在政府机关和社会团体（公共管理和社会组织）中就业的只占总就业人数的27.7%。全国妇联的调查显示，在高端技术研究领域女性也只占全部就业人数的36.98%。

（三）研究问题与数据说明

在我国经济发展的转型期和高等教育扩招政策深入推进的阶段，对女大学生就业情况的全面把握，总结发展经验和发现问题是十分必要的。对学生来说，本研究可以帮助学生全面获取劳动力市场上女性就业的相关信息，及时调整毕业去向选择，有助于女生个人的职业发展和个人价值的实现；对高校来说，本研究有助于高校的学生就业部门为女大学生提供有针对性的帮助与服务，更利于高校制定和完善人才培养方案，根据女性就业特点对其进行个性化培养；对社会来说，女大学生就业质量的提升有助于规范劳动力市场竞争机制，进一步实现社会公平和社会稳定。

基于以上研究意义，本研究将全面总结女大学生就业的整体情况，深入分析女大学生就业特征和变化趋势，科学全面地评估女大学生就业质量。根据其就业特点和现状，提出提升女大学生就业质量的有效政策建议。

本研究的数据来源是"全国高校毕业生就业状况调查问卷（2009~2019）"。为全面准确了解我国高校扩招后的毕业生就业状况，为完善相关决策和高校人才培养机制改革提供更丰富、有效的信息，北京大学教育经济

---

① 张抗私、盈帅：《性别如何影响就业质量？——基于女大学生就业评价指标体系的经验研究》，《财经问题研究》2012年第3期，第83~90页。
② 童路昭：《女性主义、性别视角与当代女大学生就业问题》，《河南社会科学》2010年第6期，第131~133页。

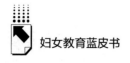

研究所自 2003 年开始，每两年开展一次全国高校毕业生就业状况的问卷调查工作。至今，调查数据已被广泛用于各类重要课题。问卷调查对象是当年的应届毕业生，调查样本的确定主要参照我国高等教育的地区结构、学校类型结构、专业结构、性别结构等，尽可能确保调查样本具有较好的代表性。在发放问卷时，对每所抽样高校根据毕业生学科和学历层次按一定比例发放 500~1000 份问卷，虽然每所高校调查数据并不能代表该校的毕业生总体，但是全部调查高校的汇总数据作为全国高校毕业生的样本具有代表性。问卷内容包括高校毕业生的基本信息、求职过程、就业状况、接受高等教育状况等四部分。

二　近十年女大学生就业的整体情况分析

（一）近十年女大学生毕业去向的变化

通过对近十年来大学生就业数据的描述统计，女大学生主要的毕业去向分为已确定单位、升学（国内）、出国、出境、自由职业、自主创业、其他灵活就业、待就业、不就业拟升学、其他暂不就业、其他，共 11 类。由表 1 和图 1 可知，2009~2019 年十年内，女大学生就业率、升学率和创业率等毕业去向的基本情况。

1. 女大学生就业率上升

从女大学生毕业后的就业率来看，女大学生就业率呈现波动上升的趋势。已就业女大学生包括已确定单位、自由职业和其他灵活就业的三类女大学生群体。

具体来说，女大学生毕业后已确定单位的占比呈现明显的波动和小幅上升的特征，并始终是多类毕业去向中的主要方向。2009 年，在女性毕业生群体中有 27.98% 的人确定了就业单位，经过十年的发展，到 2019 年，在被调查的女性毕业生中已确定就业单位的人数占比为 32.17%，占被调查者总数的 1/3 左右，平均每年增长 0.5 个百分点。受到经济复苏和互联网技术迅速发展的影响，2011 年已确定就业单位的占比为 72.79%，为十年内最高，但随后又迅速恢复到正常水平。在被调查的女大学生中，毕业后从事自由职业的人数占比有小幅度提升。2009 年，有 3.26% 的女大学生选择从事自由职业，到 2019 年，有 4.48% 的女大学生选择从事自由职业。在此十年内，从事自由职业的人数占比最高的年份是 2017 年，这也得益于国内的经济形式不再局限于实体经济，形式更加丰富，且 4G 网络的全面覆盖，为从事自由职业提供了更大的可能和便捷，为女大学生提供了更多样化的职业选择和就业机会。在被调查的女大学生中，其他灵活就业的人数占比波动较大，呈现先上升后下降的变化趋势特征。2009 年，女大学生其他灵活就业的占比为 6.18%，高于选择自由职业人数的占比。2011 年，这一比例下降至 5.01%，2013 年又迅速上升至 8.39%，而到了 2015 年这一比例持续上升至 18.86%，是 2009 年的三倍多。在随后的 2017 年和 2019 年的调查中，这一比例持续回落，分别是 9.55% 和 8.18%。这说明，其他灵活就业的随机性和敏感度较大，会受到当年的社会经济环境、劳动力市场情况的显著影响。

2. 女大学生升学人数增加

从女大学生毕业后的升学率来看，呈现以国内升学为主、出国/出境留学人数不断增加的特征。具体来说，第一，女大学生在毕业后选择国内升学逐渐成为仅次于就业的主流毕业去向之一。大学毕业生"考研热"现象近年来被公众所热议，对我国大学生就业、人才利用现状产生了巨大的影响。2009 年，在被调查的女大学生中，有 19.22% 的人选择国内升学，包括考研和专升本考试。接下来十年，这一比例总体保持稳步上升。到 2019 年，选择继续升学的人数占比达到 27.15%，成为十年里增速最快的毕业去向之一。

第二，女大学生在毕业后选择出国、出境留学的人数占比从 3.35% 上升至将近 6%。随着改革开放和经济全球化的不断推进，我国的经济实力和人民的收入水平不断提高，越来越多的中国学生选择出国、出境留学。2009 年，被调查者中的出国、出境人数占比仅为 3.35%，2011 年下降为 0.96%，2013 年、2015 年、2017 年连续上升，到 2017 年，出国、出境留学人数占比达到 5.97%。出国、出境留学的人数受到经济条件、学校层次和个人学习成绩的影响，而随时间产生了一定的波动。从上述数据描述可以看出，女大学生对提升自身学历进而增加其人力资本的普遍需求。其中，大多数女生受到经济条件和其他综合原因的限制而选择国内升学，小部分女生则选择出国、出境留学这种相对成本较高的选项。同时，也能看出劳动力市场对女性劳动力的学历或能力提出了更高的要求，女大学生毕业后进入劳动力市场面临更加激烈的竞争。

3. 女大学生创业意愿明显

从女大学生毕业后的创业率来看，在被调查的女大学生中选择自主创业的人数占比呈现小幅上升趋势，但在多种毕业去向中其所占比例仍然较低。随着我国经济社会飞速发展、现代技术突飞猛进，"互联网+"背景下的创业人群规模不断扩大。创业是一种受多因素共同作用的复杂行为，在创业群体中，大学生创业者具有特殊性，其敢拼敢闯，具备创业活力。但是女性创业者面临严重的资源约束是造成其创业率偏低的主要原因之一。

2009年，仅有1.84%的被调查者选择自主创业，随后的两个时期内，创业人数的比例几乎没有变化。截止到2013年，女性毕业生中仍然仅有1.84%的人选择自主创业。近十年内，2015年自主创业人数占比达到最高，为3.85%。然后，在2017年和2019年的调查中，自主创业的人数占比分别为3.37%和2.15%。2015年和2017年自主创业人数占比的提升，大概率得益于互联网的发展。女大学生自主创业人数占比的提升得益于宽松的金融政策和良性的市场环境。有研究表明①：互联网的使用对女性创业意愿有显著的正向作用，并能够通过影响传统观念、人力资本、社会资本等作用机制，增加女性的技能、经验积累，淡化性别歧视的负面作用，以拓展社会网络的方式积累创业的信息资源、资金等，从而影响女性创业意愿，提高女性创业率。从女大学生较低的创业率来看，该群体的创业态度是十分谨慎的，这也意味着女大学生自主创业面临更艰难的市场环境和明显的性别弱势。社会和

① 吴磊、刘纠纠、闻海洋：《农村女性创业具有"数字红利"吗？——基于CGSS 2015数据的实证分析》，《世界农业》2021年第8期，第53~68、119~120页。

政府应为女大学生创造良好的宏观经济环境、宽松的制度文化背景；正视性别差异、精准施策，重视拓展女大学生创业社会网络和改善大学生创业的生态环境；正确对待基础设施的影响，在经济落后地区和一般本科高校积极开展促进女大学生创业的指导工作。

表1 2009~2019年女大学生毕业去向基本情况

单位：%

毕业去向	2009年	2011年	2013年	2015年	2017年	2019年
已确定单位	27.98	72.79	33.90	27.70	35.86	32.17
升学（国内）	19.22	4.14	14.19	19.82	21.57	27.15
出国、出境	3.35	0.96	2.72	5.70	5.97	4.76
自由职业	3.26	3.18	2.91	4.88	5.49	4.48
自主创业	1.84	1.87	1.84	3.85	3.37	2.15
其他灵活就业	6.18	5.01	8.39	18.86	9.55	8.18
待就业	30.32	9.07	30.38	14.64	12.05	13.42
不就业拟升学	3.86	0.85	2.25	2.40	3.75	4.01
其他暂不就业	2.49	1.22	2.30	1.40	1.48	2.42
其他	1.49	0.89	1.12	0.76	0.92	1.35

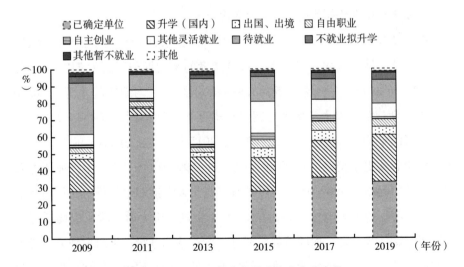

图1 2009~2019年女大学生毕业去向变化

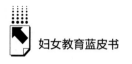

（二）近十年女大学生求职偏好的变化

基于上文对女大学生毕业去向的整体把控，进一步分析 2009～2019 年女大学生求职偏好的变化趋势特征。大学生的求职偏好作为其初次就业的重要影响因素，有着重要的研究意义和作用。例如，在期望起薪的设定上，过高的期望起薪会造成就业难的情况，过低的期望起薪则会导致人力资本的浪费；地区偏好的不同会直接影响劳动力和高质量人才的区域间流动，进而影响区域经济；不同的单位类型偏好，可以显现出不同单位的就业吸引力，以及此类单位在劳动力市场上的议价能力。当然，不同的社会期待和社会角色也决定着求职偏好存在一定的性别差异。女性更倾向于公务员、教师等职业，男性则更倾向于计算机、金融等职业。有研究表明，女大学生在求职时更重视职业的非货币化特征，如工作稳定性、福利待遇等；男性则更重视职业的货币化特征，如薪酬奖金、升迁机会等。合理的职业目标、符合自身情况的求职偏好能够帮助女大学生在求职就业时更快找准定位，适应劳动力市场和工作职场，进而提升其就业质量。本研究主要从两个方面去刻画女大学生的求职偏好，分别是期望起薪和单位类型偏好。

1. 女大学生期望起薪增加，增速变化较大

由图 2 和表 2 可知，从女大学生的期望起薪来看，十年内经历了从缓慢波动到加速上涨的过程。2009 年，被调查者的平均期望起薪为 2180.31 元。而在 2011 年的调查中，这一指标有微弱的下降，平均期望起薪为 2140.70 元。2013 年以后，女大学生平均期望起薪迎来了飞速增长的时期。2013 年，被调查者的平均期望起薪为 2751.63 元；2015 年，上涨至 3613.90 元；2017 年，期望起薪更是突破了 4500 元大关，为 4599.04 元；2019 年，被调查者的平均期望起薪为 4989.38 元。可以看出，女大学生期望起薪的变化趋势受到宏观经济形势的影响，例如，在 2008 年金融危机之后，就业市场低迷导致期望起薪持续走低；而随着经济复苏、产业结构升级，国内劳动力市场需求增加，就业形势逐渐明朗，女大学毕业生的期望起薪也不断被拉高。从微观影响因素来看，学校学历层次、人力资本和社会资本的积累、工作地点、

工作岗位、所处区域等因素都会对女大学生初次就业期望起薪产生影响。例如，2017年后，期望起薪的增速明显放缓的原因可能是产业结构的升级转型对劳动力素质提出了更高的要求，本科生就业不再具有优势，本科生在劳动力市场上的议价能力下降；也可能是近几年本科毕业生返乡就业的占比增加，其就业期望起薪相对较低。结合前文所描述的女大学生毕业去向变化可以看出，初次就业的期望起薪也影响着其毕业去向的选择。在期望起薪较低甚至下降的年份，选择升学和留学的人数占比有所增加。在期望起薪较高的年份，则毕业生的就业意愿相对强烈。

2. 女大学生求职偏好集中在国家机关、国有单位

通过对近十年女大学生求职的单位类型偏好进行描述统计发现，单位类型偏好占比排名前三位总是从以下四个单位类型中产生，分别是：国有企业、国家机关、学校科研单位和其他事业单位。在历年的问卷中，邀请被调查者回答"在以下单位中你主要向哪类单位求职，第一类是？"这一问题，并提供七个选项，包括：国家机关、学校科研单位、其他事业单位、国有企业、三资企业、民营企业、其他。2009年，在被调查者中，求职时首选单位类型为国有企业的占比为29.91%，首选单位类型为国家机关的占比为21.08%，而首选为学校科研单位的占比为16.65%，选择这三类单位的女大学生在全部被调查大学生中占比将近70%。2011年，首选国有企业所占比例变化较小，为28.19%；首选国家机关所占比例下降近5个百分点，为16.33%；首选单位类型为学校科研单位的人数占比跌出前三名，取而代之的是其他事业单位，占比为15.95%。2013年以后，冲进女大学生求职单位类型偏好前三名的就只有国家机关、国有企业、学校科研单位。在2013年的调查中，女大学生在求职中最偏好的岗位类型仍是国有企业，虽然有所下降，但占比仍高达24.82%，首选国家机关的女大学生占比为21.72%，首选学校科研单位的女大学生占比为17.19%。2015年，三类单位的占比较为相似，都约为21%。2017年，国有企业和国家机关占比约为20%，学校科研单位占比为17.19%。2019年，三类单位人数占比分布较为均匀，约为20%。

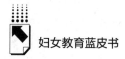

　　从上述描述统计可以看出，女大学生在求职时的单位类型偏好正在由单一走向多元，求职单位不再集中于某一类型，而是呈现均匀分布的特征。而从女大学生求职偏好中可以看出，其偏好的单位类型普遍具有以下特点：工作环境稳定，收入稳定，社会地位较高，有一定的隐性福利且就业门槛较高。这些特点产生的原因可能是女性的社会期望和社会分工，女大学毕业生在工作后可能会面临结婚生育的人生安排，所以对工作的稳定性、福利待遇和时间自由度要求比较高。由此看来，家庭责任成为女性就业选择时的重大负担，使其无论是被迫还是主动地选择晋升渠道较窄、挑战性较小的工作岗位和单位类型。同时，也造成了某个行业或单位的性别比例失调的情况。

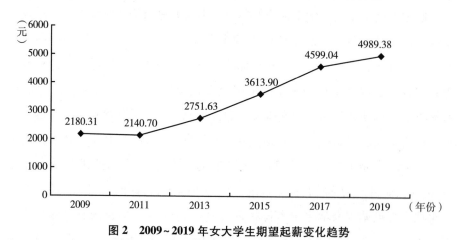

图 2　2009~2019 年女大学生期望起薪变化趋势

表 2　2009~2019 年女大学生求职偏好基本情况

单位：元，%

求职偏好	2009 年	2011 年	2013 年	2015 年	2017 年	2019 年
期望起薪	2180.31	2140.70	2751.63	3613.90	4599.04	4989.38
单位类型偏好	国有企业(29.91)	国有企业(28.19)	国有企业(24.82)	国家机关(21.82)	国有企业(20.76)	国家机关(20.73)
	国家机关(21.08)	国家机关(16.33)	国家机关(21.72)	学校科研单位(21.44)	国家机关(20.70)	学校科研单位(20.59)
	学校科研单位(16.65)	其他事业单位(15.95)	学校科研单位(17.19)	国有企业(21.34)	学校科研单位(17.19)	国有企业(20.50)

（三）近十年女大学生就业结果分布特征

除了对女大学生毕业和求职特征的分析，本研究将继续分析已就业女大学生就业结果的分布情况，包括单位类型分布和行业分布两方面的情况。

1. 女大学生实际就业多集中于企业，与求职偏好有偏差

从已就业单位类型分布来看，近十年来，女大学生就业以私营企业和国有企业两种单位类型为主，但与其求职偏好有较大的差异。十年内，就业人数占比有显著增长的单位类型有其他企业和其他事业单位，就业人数占比比较稳定的是教育和医疗两种类型的单位，就业人数占比有显著下降的单位类型为私营企业。具体来说，由表3可知，2009～2019年，每次调查都有超过1/3的女大学生在私营企业就业；2011年，在已就业女大学生中有将近半数的人选择在私营企业工作；自此以后，这一比例就在不断下降，到2019年，在私营企业就业的女大学生所占比例下降至38.70%，但仍是所有单位类型中，吸纳女大学生人数占比最多的。对于国有企业来说，近十年内始终是仅次于私营企业的能够吸纳女大学生的主要单位；虽然其占比有小幅的波动下降，从22.27%下降至18.24%。受到金融危机和市场经济环境波动的影响，2009年、2015年都有超过20%的女大学生选择在国有企业类型单位就业。对于教育类型和医疗类型单位，其就业人数占比始终保持稳定，这是由于，这一类型单位的门槛相对较高，且以专业技术类岗位就业为主，人员流动性较弱等。

另外，值得关注的有：三资企业的女大学生就业人数占比不断下降，从7.10%下降至3.93%；科研单位就业人数占比大多在1%以下，但在2013年和2015年时分别达到了3.07%、1.45%两个峰值；其他事业单位就业女大学生人数占比从2.88%增长到7.12%，2019年约为2009年的两倍。推测其背后的原因有以下三点。一是随着国内经济的发展，市场经济不断成熟，国有企业和私营企业的薪酬待遇有显著提升，三资企业在劳动力市场的优势逐渐消失。二是科研单位对劳动者的学历水平和综合素养提出更高的要求，科研单位的门槛效应使得其吸纳劳动力的能力有限，但由于全球知识经济浪潮和劳动力市场对科研人才的需求，其就业人数占比在一段时期内产生波动。三是越来越多的女大学生选择事业单位就业的现象，可能是在国家政策和性别特征等综合作用下形成的。

表3 2009~2019年女大学生就业结果基本情况

单位：%

单位类型	2009年	2011年	2013年	2015年	2017年	2019年
(1)国家机关	7.78	3.91	4.53	3.82	4.30	4.67
(2)国有企业	22.27	18.08	19.67	20.39	17.72	18.24
(3)私营企业	44.07	48.80	42.99	43.42	42.10	38.70
(4)三资企业	7.10	6.38	6.87	5.93	6.27	3.93
(5)乡镇企业	0.85	0.87	1.74	—	—	—
(6)其他企业	2.73	6.25	7.34	6.26	9.17	10.70
(7)科研单位	0.85	0.50	3.07	1.45	0.79	0.93
(8)高等教育单位	2.32	1.79	1.27	3.07	2.78	2.22
(9)中初教育单位	5.25	6.23	4.19	6.56	5.78	7.86
(10)医疗卫生单位	1.44	1.86	1.46	1.87	1.87	1.64
(11)其他事业单位	2.88	3.15	4.70	5.75	6.32	7.12
(12)部队	0.09	0.07	0.11	—	—	—
(13)其他	2.38	2.10	2.05	1.48	2.92	3.96

2. 女大学生就业以教育行业和金融业为主

从已就业行业分布情况来看，女大学生就业主要集中在第三产业服务业，其中以教育行业和金融业为主。由表4可知，近十年内，在被调查的女大学生中，选择在教育行业就业的人数占比持续稳定增长，从11.42%增长到18.31%；在信息传输、计算机服务、软件业就业的女大学生人数占比显著下降，从11.21%下降至2.69%；选择在金融业就业的女大学生人数占比经历了先增后降的显著波动，从9.54%上升至13.28%后下降至8.88%；选择在文化体育娱乐行业就业的女大学生，2019年的人数占比为2009年的2.62倍；选择在制造业就业的女大学生人数占比有显著下降，从 14.19% 下降至 8.17%。

在被调查的各类行业中，从产业类型来看：女大学生在属于第一产业的农林牧渔行业就业的人数占比稳定维持在 2%~5%。包括采矿业，制造业，电力、煤气和水的生产和供应业，建筑业在内的第二产业，就业人数占比在持续下降，从 2009 年的不到 25%，下降至 2019 年的 19% 左右。在采矿业就业的女大学生人数占比稳定在 2% 左右；在制造业就业的女大学生人数占比下降显著，十年内下降了约 6 个百分点；在电力、煤气和水的生产和供应业就业的女大学生人数占比有小幅上升，从 4.35% 上升至 6.77%；在建筑业就业的女大学生人数占比则从 3.49% 下降至不到 2%。

以服务业为主的第三产业，在近十年内吸纳了大量的女大学生。在第三产业中，女性就业人数出现萎缩的行业有：信息传输、计算机服务、软件业，金融业，租赁和商务服务业，以及公共管理与社会组织行业。例如，在被调查的女大学生中，在信息传输、计算机服务、软件业就业的人数占比从 11.21% 下降至不到 3%，金融业就业的人数占比从 9.54% 下降至 8.88%，租赁和商务服务业从 4.20% 下降至 3.40%，公共管理与社会组织行业从 3.93% 下降至 2.95%。

女性就业人数占比出现膨胀的行业有：交通运输、仓储和邮政，批发零售，教育，以及文化体育娱乐。例如，女大学生选择在交通运输、仓储和邮政行业就业的人数占比从 2.27% 上升至 4.21%，人数占比翻了一倍左右；女大学生从事批发零售行业的人数占比从 5.22% 上升至 10.53%，人数占比翻了一倍左右；女大学生从事教育行业的人数占比从 11.42% 上升至 18.31%，有显著增长；女大学生中从事文化体育娱乐行业的人数占比从 2.50% 上升至 6.55%，人数占比翻了近两倍。

推测上述变化的原因可能有以下几点。信息传输、计算机服务、软件业的工作时长较长，该行业逐渐被男性劳动者垄断，行业中出现性别不均衡的情况。而租赁和商务服务业从业人数占比下降是由于随着大数据的发展，这种行业逐渐被智能化和科技设备所替代，其吸纳劳动力的能力也相应下降。对于教育行业、文化体育娱乐行业女性人数占比的膨胀，应归因于这类行业的性质更符合女性就业的需求，且女性逐渐在劳动力市场上崭露头角，展现其管理能力和更丰富的感受力，这正是这些行业所需要的。无论是第一、第二产业中女性人数的占比较小，还是第三产业中某些行业女性人数占比不断膨胀，都可以归因于我国产业结构转型升级、知识经济飞速发展、劳动力市场上的性别歧视逐渐缩小等。

表4　2009~2019年女大学生行业分布特征

单位：%

行业	2009年	2011年	2013年	2015年	2017年	2019年
(1)农林牧渔	3.04	2.02	3.19	4.79	3.40	4.28
(2)采矿业	2.50	1.56	3.28	2.52	2.51	2.07
(3)制造业	14.19	11.32	9.04	5.97	6.90	8.17
(4)电力、煤气和水的生产和供应业	4.35	2.79	2.77	1.94	2.26	6.77
(5)建筑业	3.49	4.77	8.17	6.88	5.76	1.88
(6)交通运输、仓储和邮政	2.27	3.32	3.25	4.00	2.63	4.21
(7)信息传输、计算机服务、软件业	11.21	10.74	9.49	7.61	9.04	2.69
(8)批发零售	5.22	4.55	5.54	5.94	4.42	10.53
(9)住宿餐饮	3.10	5.38	3.11	4.43	3.90	2.72
(10)金融业	9.54	12.24	13.28	13.06	14.08	8.88
(11)房地产	1.61	3.41	3.96	2.33	3.40	2.33
(12)租赁和商务服务业	4.20	4.42	2.85	3.52	4.02	3.40
(13)科学研究、技术服务、地质勘查	2.95	1.56	2.26	2.70	2.51	2.79
(14)水利环境公共设施管理	0.60	0.15	0.76	0.73	0.70	0.58
(15)居民服务	1.46	0.66	1.67	1.00	1.84	1.69
(16)教育	11.42	11.89	10.51	13.76	13.21	18.31
(17)卫生、社会保障与福利	3.01	3.45	2.09	3.55	3.10	2.63
(18)文化体育娱乐	2.50	2.61	3.05	3.46	4.87	6.55
(19)公共管理与社会组织	3.93	2.37	3.53	3.64	3.72	2.95
(20)其他	9.42	10.79	8.19	8.18	7.75	6.55

三　关于女大学生就业质量的定量研究

随着高等教育扩招的持续深入，大学生就业质量成为社会各界关注的热点话题。为更全面深入地研究十年来女大学生就业情况和变化趋势，就必须讨论女大学生的就业质量的发展与变化。

衡量就业质量的指标有：女大学生初次就业的起薪，作为客观的就业质量的代理变量，起薪即劳动力价格，能够客观准确反映女大学生的劳动力价值；女大学生就业满意度，作为主观的就业质量的代理变量，通过五点量表测量其对初次就业的整体满意度；女大学生初次就业的匹配度，包括专业匹配度和学历匹配度两个指标，能够更全面地反映女大学生的就业质量，从教育投资收益的角度，提升匹配度指标是为了保障女性毕业生就业时学有所用，并避免学历浪费的情况。

（一）女大学生就业起薪研究

由表5可知，2009~2019年十年内，女大学生整体平均起薪的变化、不同学历层次平均起薪差异的变化，以及女大学生平均起薪的城乡差异变化。就业起薪对高校毕业生相当重要，较高的工资起点不仅有利于提高生活水平，也有助于个人未来的职业发展。此外，高校毕业生就业起薪的高低更是评估工作能力的一项重要指标。一般而言，雇主会给工作能力较强的求职者支付较高的工资。作为刚进入劳动力市场的生力军，高校毕业生在很多方面具有共性，如缺乏工作经验、未受过在职培训等。因此，毕业生的就业起薪水平更明显地受到受教育程度的影响。[1] 研究发现，中国高等教育质量的提升对于毕业生起薪有显著的促进作用。[2]

---

[1] 岳昌君、陈昭志：《"211"高校本科毕业生的就业起薪分析》，《北京大学教育评论》2015年第3期。

[2] 封世蓝、谭娅、金文旺、蒋承：《中国高等教育质量与高校毕业生起薪——基于全国高校毕业生就业状况调查的定量研究》，《世界经济文汇》2019年第3期。

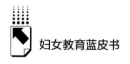

从整体平均起薪来看，在不考虑物价上涨和通货膨胀的情况下，女大学生的整体平均起薪快速增长，从将近1900元上涨至约4800元，翻了近两倍。由于受2008年金融危机的影响，2009~2011年整体平均起薪增速缓慢，年均增长不到150元；但2011~2019年，由于宏观调控政策和经济进入新的发展时期等影响，女大学生整体平均起薪迅速增长，年均增长约为326元。虽然到后期，增速逐渐放缓，但整体平均起薪已经达到了一个较高的水平。

1. 本科女生就业起薪高于专科女生，差距持续扩大

分学历层次来看，本科平均起薪无论是绝对值还是起薪增速都始终高于专科平均起薪（见表5和图3）。不同学历层次的女性毕业生平均起薪的差异也在不断扩大。2009年，本科学历的女大学生平均起薪约为2200元，而专科学历的女大学生平均起薪只有约1450元，平均月收入相差约750元；2011~2015年，本科学历和专科学历的女大学生平均起薪都有一定程度的上涨，五年内起薪上涨都接近1000元，但平均月收入差距均在600~800元；2017年，女性本科毕业生的平均起薪将近4600元，女性专科毕业生的平均起薪更是首次突破3500元大关，且平均起薪的学历差距进一步扩大至1000元以上；2019年，女性本科毕业生的平均月收入约为5052元，女性专科毕业生的平均月收入约为4023元，平均起薪的学历差距持续维持在约1000元。由此可以看出，从起薪的角度看女性本科毕业生比女性专科毕业生更有就业优势。由于学历层次和高校类型的分流，不同高等学校有着不同的教育目标，这是高等教育体制具有差异化和层次化的原因。

2. 城镇女生就业起薪高于农村女生，但后者增速更快

从生源所在地来看，近十年内，来自城镇的女大学生的平均起薪基本高于农村女大学生，虽然城镇女性的起薪绝对值在持续上升，但从增速来看，农村女性的起薪增速更快（见表5和图4）。2009年，城镇女大学生的起薪接近2000元，农村女大学生平均起薪则接近1700元，差距约为300元；2011~2013年，城镇女大学生的优势不断缩小，分别约为200元、100元，城镇女大学生起薪从约2200元上涨至约2900元，农村女大学生起薪从约2000元上涨至约2700元；2015年，农村女大学生的平均起薪首次超过城镇

女大学生，农村女大学生的平均起薪约为 3222 元，城镇女大学生的平均起薪约为 3173 元，差距不到 100 元。到 2015 年，城镇和农村女大学生的起薪差距始终维持在 500 元以内。但 2017 年城镇女大学生的平均起薪涨幅约为 1200 元，其平均起薪为 4419.61 元，而农村女大学生的平均起薪未达到 4000 元，二者差距进一步拉大到超过 400 元。到 2019 年，二者差距缩小至不到 200 元，城镇女大学生起薪为 5107.99 元，农村女大学生起薪为 4920.92 元。由此可以看出，城镇女大学生在就业市场上更有优势，农村女大学生始终处于劣势地位。就业市场上应更注重提升农村女大学生的待遇，增强其自身价值和工作价值。

为了进一步提升女大学生就业质量，可以从三个方面进行完善，首先要提升整体起薪水平，制定科学合理的薪酬制度，通过合理涨薪对女性劳动者起到激励作用；其次要将本科、专科女大学生的起薪差距控制在合理范围内，为大学生提供专升本等更多的升学渠道，通过更多的职业培训提升女性专科生在劳动力市场上的溢价能力，基于明瑟方程，发现认知能力和质量可比的教育对个体劳动具有显著正向的影响，综合认知能力每增加一单位标准差，个体收入会提高 8%[①]；最重要的是缩小女大学生起薪水平的城乡差距，消除招聘过程中的地区歧视，弱化我国劳动力市场上的二元结构分割。

表5　2009~2019 年女大学生平均起薪特征

单位：元

起薪	2009 年	2011 年	2013 年	2015 年	2017 年	2019 年
整体平均起薪	1876.59	2145.12	2828.75	3368.98	4279.39	4753.04
本科平均起薪	2176.48	2603.94	2994.37	3543.55	4596.07	5051.69
专科平均起薪	1450.25	1857.81	2330.64	2836.58	3573.65	4022.65
城镇生源平均起薪	1994.72	2219.62	2867.57	3173.10	4419.61	5107.99
农村生源平均起薪	1690.58	2028.93	2738.53	3221.77	3967.28	4920.92

---

① 张晓云、杜丽群：《认知能力、质量可比的教育与收入——基于对明瑟方程拓展的实证分析》，《世界经济文汇》2017 年第 6 期。

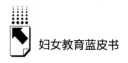
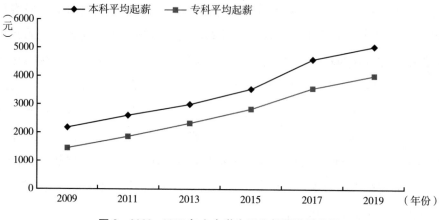

图 3　2009~2019 年女大学生平均起薪学历差异

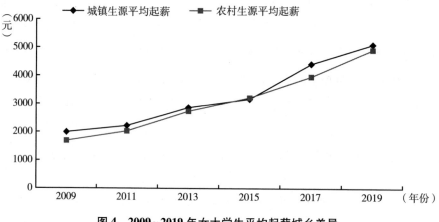

图 4　2009~2019 年女大学生平均起薪城乡差异

（二）女大学生就业满意度研究

就业满意度作为衡量就业质量的重要指标之一，其整体变化和不同群体特征也是需要我们重点关注的。由表6可知，2009~2019年十年内，女大学生整体平均满意度的变化、不同学历层次就业满意度的差异，以及女大学生就业满意度的城乡差异变化。就业满意度既反映了该群体的就业质量，又是激励劳动者的重要因素，也是劳动力市场的"晴雨表"，较高的就业满意度有助于吸引和留住人才。

从整体平均满意度来看，近十年内，女大学生的就业满意度呈现持续上升的趋势。按照满意度五点量表打分，最不满意为1，最满意为5。2009年，女大学生的就业满意度为3.49，2011年就业满意度上涨至3.51；从2011年到2015年，女大学生就业满意度迎来较大的涨幅，从3.51上涨至3.99，接近4分。从2015年到2019年，女大学生的就业满意度有缓慢上涨，从3.99上涨至4.03，并继续上涨到4.11。

1. 专科女生就业满意度反超本科女生

从学历层次角度来看，近十年内，本科女生的就业满意度从3.54上升至4.08，专科女生的就业满意度从3.43上升至4.14，在大部分时候本科女生就业满意度略高于专科女生。专科女生的就业满意度得分保持大幅上升，本科女生的就业满意度得分上升速度较为波动。2009～2011年和2015～2017年，本科女生在就业满意度方面高于专科女生，2009年、2011年、2015年、2017年本科女生的就业满意度分别为3.54、3.58、4.06、4.07，专科女生的就业满意度分别为3.43、3.46、3.90、3.99；而在2013年和2019年，专科女生的就业满意度超过本科女生，本科女生的就业满意度分别为3.59、4.08，专科女生的就业满意度分别为3.68、4.14，二者差距较大。专科女生就业满意度较高的原因，首先是专科女生的动手实践能力更强，其次是我国职业教育的飞速发展。

2. 城镇女生就业满意度更高，城乡均保持稳定提升

从生源的城乡分布来看，近十年内，城镇女大学生的就业满意度普遍高于农村女大学生，且二者就业满意度在十年内保持了稳定的增长。2009年、2011年，城镇女大学生的就业满意度分别为3.57、3.56，没有太大变化。从2011年以后，城镇女大学生的就业满意度开始持续上升，并在2017年的调查中，满意度首次超过4，为4.09，2019年更是上升至4.13。对于来自农村的女大学生而言，在十年内的6次调查中，就业满意度分别为3.36、3.43、3.57、3.87、3.91、3.97，增速较快的年份是2013年，平均每年增长0.2，但截至2019年，农村女大学生的就业满意度仍未超过4。由数据可

知，农村生源女性的就业满意度普遍较低，但其保持了较快的增速。这大概是与工作保障和生活稳定性相关。有研究者提出，北上广等一线城市因其完善的社会保障体系、优质的公共资源和服务、丰富的就业机会和广阔的发展空间，对高校毕业生更具吸引力，但严格的户籍制度给毕业生就业配置效率带来的扭曲也是值得深思的问题。① 来自农村的女性，选择在城市就业就要面临较高的生活成本和生存压力，如果就业单位不能提供相应的保障或补贴，就会导致异地就业的农村女性工作满意度降低。

影响女大学生就业整体满意度的因素比较复杂，包括主观因素和客观因素，如就业预期、薪酬待遇、宏观就业环境、工作稳定性和工作强度等。有研究显示，高校毕业生的专业兴趣会显著提升其毕业落实率，对正规就业毕业生的就业满意度有显著正向促进作用。随着我国户籍制度的变化，城乡女大学生就业满意度也出现差异。户籍政策在 2011 年前后从宽松转向管制。北京新"国八条"出台，一方面，导致毕业生留京难度加大；另一方面，购房也与户口捆绑起来。上海在 2011 年后限制了外地户口的购房权限，在广州就业的毕业生也优先考虑获得户口。提升大学生的就业满意度，应多方面加强大学生就业教育，多方面满足大学生的就业需要，多平台展示大学生的就业成就。

表 6　2009~2019 年女大学生就业满意度的特征分布

就业满意度	2009 年	2011 年	2013 年	2015 年	2017 年	2019 年
整体平均满意度	3.49	3.51	3.62	3.99	4.03	4.11
本科生就业满意度	3.54	3.58	3.59	4.06	4.07	4.08
专科生就业满意度	3.43	3.46	3.68	3.90	3.99	4.14
城镇生源满意度	3.57	3.56	3.65	3.84	4.09	4.13
农村生源满意度	3.36	3.43	3.57	3.87	3.91	3.97

---

① 封世蓝、蒋承：《就业满意度、专业匹配与户籍管制——基于 2003—2015 年全国高校毕业生就业调查数据》，《社会科学战线》2018 年第 7 期。

（三）女大学生就业匹配度研究

除了起薪和就业满意度两个衡量就业质量的传统指标之外，近年来许多研究也将就业匹配度作为衡量就业质量的重要参考。就业匹配度包括学历匹配度和专业匹配度两个维度。高等教育扩招引发了一些过度教育或专业不匹配的情况，以及进一步的就业难问题。研究发现，高等教育规模扩大后，大学生所学专业和工作岗位相匹配的比例明显降低；完全匹配的比例在不同就业单位间存在较大的差异；大学生在就业中实现所学专业和工作岗位相匹配能显著增加他们的工资收入。[①]

由表7可知，近十年来，女大学生就业的学历匹配度较高，学历层次的差异保持在合理范围内；但女大学生的专业匹配度整体上并不高，同时有波动上涨的趋势。

1. 女大学生学历匹配度较高，专科女生学历不足的情况较为普遍

从学历匹配度来看，根据问卷中的问题设置，本研究将工作需求学历和自身学历相符合的情况的基准线设置为0，大于0的视为工作要求学历高于自身学历的学历不足，小于0的则视为工作要求低于自身学历的过度教育。概括来说，近十年内虽然存在学历不匹配的情况，但不匹配程度较低；整体上过度教育和学历不足的情况都存在，大部分时间本科生存在过度教育的问题，专科生则在就业中存在学历不足的问题；从绝对值来看，专科生学历不匹配的程度要高于本科生，专科生更倾向于寻找岗位要求本科学历的工作，反映了劳动力市场对毕业生的学历要求普遍较高。

具体来说，2009年，整体女大学生就业的学历匹配度为0.01，本科女性的学历匹配度为-0.14，专科女生的学历匹配度为0.31。2011年和2013年，整体上和本科女生，都存在过度教育的情况，分别是-0.05（整体2011年）和-0.07（整体2013年）、-0.16（本科2011年）和-0.028（本科

---

① 周必彧、翁杰：《大学生所学专业与工作岗位的匹配度及其对工资水平的影响》，《教育发展研究》2010年Z1期。

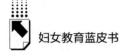
2013年）；而在专科生女生中，学历不足的情况依然较为严重，匹配度指数为0.23（专科2011年）和0.29（专科2013年）。2015年，过度教育的现象有所缓解，整体学历匹配度为0.03，本科女生的学历匹配度为-0.12，专科女生的学历匹配度为0.18。2017年，女大学生就业整体上不存在学历不匹配的情况，匹配度为0.00；本科女生的匹配度为-0.038，专科女生的匹配度为0.19。2019年，女大学生就业普遍存在学历不足的情况，整体上学历匹配度为0.06，本科女生匹配度为0.07，专科女生匹配度为0.30。说明随着我国经济发展转型以及进入高质量发展阶段，劳动力市场上的学历要求进一步提高。

学历匹配度指数在一定程度上说明，一旦在就业中实现学历和工作岗位的匹配，就能显著地增加大学毕业生的工资收入。从人力资本理论的角度看，大学生积累的部分人力资本具有较高的专用性，这些人力资本在不同的职业之间不能实现完全的转移，一旦学历和工作岗位不匹配，这些与专业和学历有关的专用性人力资本就不能被利用，这种损失直接体现在工资水平的降低上。

2. 女大学生专业匹配度较低，本科女生专业匹配更高

从专业匹配度来看，根据问卷中设置的五点评分量表，最不匹配为1，最匹配为5，请被试者进行打分。概括来说，近十年来女大学生整体上的专业匹配度不高，呈现波动上升的趋势；本科女生的专业匹配度普遍高于专科女生的专业匹配度，但其专业匹配度提升速度慢于专科女生，即专科女生的专业匹配度提升较快。具体来说，2009年，女大学生群体的整体专业匹配度为3.46，本科女生专业匹配度为3.58，专科女生的专业匹配度为3.28；2011年，三项指标继续上升至3.50、3.68、3.39；但是在2013年的调查中，本科女生的专业匹配度略有些下降，从3.68下降至3.58，但专科女生和整体专业匹配度仍保持上升趋势。2013年以后，本科女生专业匹配度持续上升，整体专业匹配度从2013年的3.53上升至2019年的3.80；但在2017年的调查中，专科女生的专业匹配度有所下降，从3.52下降至3.46，当年的整体专业匹配度也从3.62下降至3.60；2017~2019年，专科女生专业匹配度由 3.46 大幅上涨至 3.78，涨幅约为 9.2%，而本科女生的专业匹配度只上涨了 0.1；2019 年，整体女生群体的专业匹配度为 3.80，本科女生专业匹配度为 3.81，专科女生专业匹配度为 3.78，二者的差距进一步缩小。

引起专业不匹配的宏观层面原因大概有以下几点。第一，高校扩招后大学毕业生数量急剧增加，就业市场上供需总量的矛盾进一步加剧。大学生的就业压力增加，许多大学生找不到与专业完全匹配的工作，大学毕业生就业率不断降低。第二，高等院校的培养机制有待完善。学校没有完全遵照以市场为导向的原则培养大学生，致使学校传授的专业知识与劳动力市场需求脱节，导致大学生的专业和职业匹配程度下降。第三，高校培养模式的转变也是导致专业和职业匹配程度下降的原因之一。许多院校的本科教育越来越强调"强基础，宽口径"，培养模式向大专业的培养方向靠拢。高校的教学内容、培养模式等仍然有较强的计划色彩，又受到师资力量、硬件设施等办学条件的制约，容易导致学校对劳动力市场、用人单位的实际需求无法完全满足。第四，大学生就业态度的转变亦导致专业和职业匹配程度下降。大学生在首份工作选择上可能有些轻率和盲目，缺乏对专业匹配度的关注和重视。

表 7　2009~2019 年女大学生就业匹配度的特征分布

匹配度		2009 年	2011 年	2013 年	2015 年	2017 年	2019 年
学历匹配度	整体	0.01	-0.05	-0.07	0.03	0.00	0.06
	本科	-0.14	-0.16	-0.028	-0.12	-0.038	0.07
	专科	0.31	0.23	0.29	0.18	0.19	0.30
专业匹配度	整体	3.46	3.50	3.53	3.62	3.60	3.80
	本科	3.58	3.68	3.58	3.67	3.71	3.81
	专科	3.28	3.39	3.46	3.52	3.46	3.78

（四）近十年大学生就业质量的性别差异

为了全面了解女大学生在劳动力市场上的处境和近十年的就业情况，除

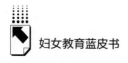

了对女大学生群体就业的各项指标进行纵向分析，还需要与男大学生群体的就业指标进行横向比较。接下来本研究将对比男女大学生的就业起薪和就业满意度两项指标，探究二者的差异，并推断其背后的原因。

由表 8 可知，概括来说，在就业起薪方面，大学生群体的性别差异显著，男生起薪普遍显著高于女生，二者差距较大，且男大学生起薪保持快速增长的趋势，但女大学生起薪的增长速度相对较慢；在就业满意度方面，男女就业满意度普遍不高，性别差异不显著，男生的就业满意度一般高于女生，二者的差距不算太大且都保持增长的趋势。

1. 就业起薪性别差异显著，男生起薪更高

具体来说，针对就业起薪的指标，2009 年，男生的就业起薪为 2357. 29 元，女生的就业起薪为 1876. 59 元，相差接近 500 元。2011 年，男生的就业起薪小幅上涨至 2584. 93 元，女生的就业起薪小幅上涨至 2145. 12 元。2013 年，男生的就业起薪迎来了大幅上涨，涨幅接近 1000 元，同年女生的就业起薪涨幅不到 700 元，该年男女工资差距较大。2015 年，男生起薪略有下降，但仍显著高于女生起薪，同年女生起薪依然在持续上升，男女起薪分别是 3577. 81 元和 3368. 98 元，就业起薪的性别差异达到最小。此后，2017 年，男生起薪增长超过 1000 元达到 4675. 41 元，同年女生的起薪为 4279. 39 元，起薪的男女差异再次扩大。2019 年，男生的起薪为 5247. 01 元，女生则为 4753. 04 元，起薪的性别差异显著。

2. 就业满意度普遍较低且性别差异较小

针对就业满意度的指标，2009 年，男生的就业满意度为 3.41，低于女生的就业满意度 3.49，但并不在统计学上显著。2011 年，男生的就业满意度有大幅提升，达到 3.57，并显著高于女生的就业满意度 3.51，该年也是在就业满意度指标上男女呈现显著差异的年份。2013 年，男生的就业满意度有微弱的提升，达到 3.60，而女生的就业满意度再次反超男生达到 3.62，同样并不在统计学上显著。2015 年，男生的就业满意度首次突破 4，为 4.03，而女生的就业满意度仍未达到 4，为 3.99。在 2017 年的调查中，男女两组群体的就业满意度同时超过 4，分别为 4. 10、4. 03。2019 年，男女的就业满意度分别为 4.17、4.11，男生就业满意度仍然高于女生。由数据可知，就业满意度指标的性别差异并不显著，且普遍较低。应同时提升两个群体的就业满意度。

表 8 样本 t 检验

变量		2009 年	2011 年	2013 年	2015 年	2017 年	2019 年
就业起薪(元)	男	2357.29***	2584.93***	3583.59***	3577.81***	4675.41***	5247.01**
	女	1876.59***	2145.12***	2828.75***	3368.98***	4279.39***	4753.04**
就业满意度	男	3.41	3.57***	3.60	4.03	4.10	4.17
	女	3.49	3.51***	3.62	3.99	4.03	4.11

注： ** $p<0.05$， *** $p<0.01$。

四 主要结论及政策建议

（一）主要结论

本研究围绕女大学生就业质量的主题进行论述分析，通过对北京大学教育学院 2009~2019 年全国高校毕业生就业状况调查数据开展定量分析，首先从女大学生毕业去向、求职偏好和就业结果三个方面把握近十年女大学生就业的整体情况和变化趋势，其次从就业起薪、就业满意度和就业匹配度三个方面刻画近十年女大学生的就业质量，最后通过横向对比男女生的就业起薪和就业满意度，全面地分析女大学生在劳动力市场上的处境及就业质量。

通过研究可得出以下结论。

第一，女大学生毕业去向方面，以就业为主呈现多元化趋势，升学和创业意愿逐渐凸显。由此可以看出女大学生对提升自身学历和增加人力资本的普遍需求。也能看出劳动力市场对女性劳动力的学历或能力提出了更高的需求，女大学生毕业后进入劳动力市场面临更加激烈的竞争。

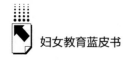

第二，女大学生求职偏好方面，期望起薪波动上升，单位类型偏好稳定，以国家机关、国有企业和学校科研单位为主。女大学生期望起薪的波动容易受到宏观经济形势、劳动力市场信号等外界因素的影响。但女性对单位类型的偏好十分稳定，在近十年的调查中，偏好得分前三位的单位类型具有社会地位较高、工作环境稳定、时间较为轻松的共同特征。

第三，女大学生就业结果方面，实际就业以企业单位类型为主，与期望有一定偏差，行业选择集中在第三产业的教育行业和金融业。通过数据分析发现，在第三产业中，女性就业人数出现萎缩的行业有：信息传输、计算机服务、软件业，金融业，租赁和商务服务业，以及公共管理与社会组织行业。女性就业人数占比出现膨胀的行业有：交通运输、仓储和邮政，批发零售，教育，以及文化体育娱乐。

第四，女大学生就业质量方面，就业起薪城乡差异较大，专科女生就业满意度更高，学历匹配度较高，专业匹配度较低。基于我国劳动力市场的二元结构，就业起薪也有一定的城乡差异，但在合理范围内。专科女生具有更高的满意度，可能是由于专科女生的职业预期比较合理，且对于工作或职位的要求较低等因素。学历匹配度较高说明我国劳动力市场仍以吸纳本科学历毕业生为主。专业匹配度较低说明我国高等教育的专业性、实践性和对学生的生涯规划或就业指导有待加强。

第五，从就业质量的性别差异来看，近十年男生就业起薪持续显著高于女生，但二者就业满意度差异较小且普遍较低。说明我国劳动力市场存在一定程度的性别歧视，男生就业更有优势。但由于匹配度、预期差异和工作条件等因素，不论是男生还是女生，其就业满意度都有待提高。

（二）政策建议

1.高校应加强对女生的就业指导和升学、创业支持

拓宽女大学生毕业去向选择，为女大学生提供升学支持，如课题参与机会或研究生考试的针对性训练；为女大学生提供一定的创业支持，如开展模拟创业活动或提供创业资金的支持。

加强就业指导。加大对女大学生就业指导的针对性、有效性和贯彻落实力度，实现更充分、更高质量的就业。各学院设立专职就业辅导老师，学校加强学生就业处的服务，将就业知识、理念全面详细地传达给学生，影响到更多的大学生，并且能从更早期为大学生提供就业指导，这将更有利于学生认清形势，合理发展。根据不同性别大学毕业生对就业单位工作特征的要求，有针对性地提供更适宜的指导和培训。

2. 高校应注重优化专业设置，提升女大学生的综合能力

建立高校毕业生就业年度报告制度，健全专业预警和退出机制。招生部门应根据就业部门、学生工作部门和教务部门提出的相关意见，对相关专业的招生计划等做出及时调整。对于那些社会需求量大、毕业生满意、用人单位欢迎的专业，适当扩大招生。对连续两年就业率较低的专业，应减少招生计划直至停招。

国内社会对人才素质的要求已从知识型转向知识、能力和人格协调发展的综合素质型。高校应在课程中设有实习以及寒暑假的社会实践、产学合作等教学项目，对女大学生了解专业特点、积累实践经验有切实的帮助，并配套增加有效的监督考核措施。

3. 女大学生要树立正确的就业观和合理的就业期望，重视职业生涯规划

大学生自身的期望值也是至关重要的，过高的就业期望会导致学生求职初期的挫败感，并降低其就业满意度。合理评估自身能力，积极适应劳动力市场的变化，树立正确的就业观是提升女大学生就业质量的重要途径。

女大学生应尽早进行职业生涯规划，根据经济和就业形势及时调整专业选择和毕业去向，避免某个行业或单位类型女大学生扎堆现象，合理减轻竞争压力。注重大学期间的能力提升和人力资本积累，提高自身在劳动力市场上的溢价能力。积极参与社会实践活动，提升自身的综合素养。保持与劳动力市场的信息畅通，并结合自身实际进行择业与就业。女大学生可以通过提升分析与解决问题能力、沟通与交往能力、信息获取与利用能力、逻辑思维能力、自我管理能力、创新能力等职业技能和职场素养，进一步提升自身的

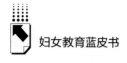

就业匹配度和满意度。

4. 政府构建透明高效的信息平台，完善就业政策，鼓励多渠道就业

政府应进一步丰富鼓励就业的政策，如提高社会福利保障，针对女性劳动者调整单位福利待遇，为女大学生减轻生活压力。积极调整国有企事业单位招聘额度，为女大学生提供更多的就业岗位。拓宽女大学生职业晋升渠道，建立健全女性劳动者薪酬绩效制度，进一步提升其就业起薪和就业满意度。

为了进一步推动女大学生就业，政府应从以下四个方面发力。一是着力完善女大学生就业支持政策。落实就业优先政策，加大支持女大学生就业政策落实力度，促进大学生多渠道就业创业，为女大学生充分参与高质量发展创造有利条件。二是着力加强女大学生职业技能培训。完善终身职业技能培训制度，大力培育知识型、技能型、创业型女性劳动者。三是着力健全大学生就业服务体系。进一步加大招聘服务活动力度，提供精准的人岗对接服务。四是着力维护女性劳动保障权益。加强用工指导，督促用人单位规范用工行为，依法签订劳动合同，推动签订女职工权益保护专项集体合同。

另外，政府还需要积极推动户籍制度改革，使户籍制度与其他一系列政策协同发挥作用，积极引导女大学生就业。实现人才的地区合理配置，缓解高学历女性群体在主要劳动力市场中的就业竞争压力。政府还需重视和加强就业市场供给侧制度改革，鼓励女大学生参与多种形式的创业就业，提高高层次女性人才的配置效率，从而更好地为经济发展服务。

（三）研究展望

高校扩招以来，大学生就业尤其是女大学生群体的就业情况一直是教育学相关研究领域的重点内容。大学生就业质量的提升作为经济高质量发展的基础，更是政府和社会关注的热点议题。在人力资本相似的情况下，男女大学生群体的求职、就业和结果评价是否存在差异、存在怎样的差异及其背后的原因，将成为研究大学生就业、薪酬制度、劳动力市场歧视等方面的有效切入点。当然这样深入的数据探索需要建立在全面科学的抽样调查数据及跟踪调查数据的基础上。

B.8
低收入家庭女大学生发展及其群体差异

石　彤　刘晓敏*

摘　要： 低收入家庭女大学生是高校学生中的一个特殊群体，相比于同样来自低收入家庭的男生或高校中的其他学生而言，她们面临更加复杂的环境和特殊的机遇。本报告通过对 2018 年"中国大学生追踪调查"数据进行统计分析发现，低收入家庭女大学生在学习、就业、身心发展、社会交往、公共事件参与等方面处于弱势境地。另外，低收入家庭女大学生内部存在明显的群体差异，农业户口、经济较为困难、外貌条件一般的低收入家庭女生相较非农户口、经济一般困难、外貌条件好的女生，发展更为受限。需要国家、学校、社会三方共同努力，促进低收入家庭女大学生更好地发展。

关键词： 低收入家庭女大学生　弱势境地　群体差异　劣势累积效应

导　言

一般而言，"高校女生"指国家统一招收、全日制在读的高校女性本科生、硕士研究生和博士研究生。依据教育部相关文件，低收入家庭学生指本人及其家庭所能筹集到的资金难以支付其在校学习期间的学习和生活基本费

---

* 石彤，硕士，中华女子学院学报原主编，社会工作学院教授，主要研究方向为性别社会学；刘晓敏，华中科技大学社会学院 2019 级硕士，现为华中科技大学新闻与信息传播学院 2022 级博士研究生，主要研究方向为媒介社会学。

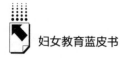
用的学生。本报告所指的低收入家庭女大学生为能够提供当地政府出具的家庭经济困难证明，由学校审核批准，通过一定标准进行甄别，在库内接受资助的高校女生。低收入家庭女大学生是高校学生中的一个特殊群体。虽然中国高等教育在市场化、信息化和大众化方面取得了长足的发展和进步，越来越多的女性成为高等教育大众化发展的受益者，但录取的新生中男女生人数比例均衡的事实背后是明显的阶层分离，来自低收入家庭的女性比例明显少于一般家庭的女性，以及同样来自低收入家庭的男性（李洁、石彤，2014）。为了深入了解和理解中国低收入家庭女大学生这一特殊群体的实际学习、生活和发展状况，本报告以2018年中国社会科学院的"中国大学生追踪调查"（PSCUS）数据为基础，对其进行深入分析。

一 文献综述

随着高等教育的发展，我国低收入家庭高校生的数量逐渐扩大并引发严重问题（庞丽娟等，2004），其中低收入家庭女大学生群体更为特殊，在接受高等教育的机会上，女性往往更容易受到家庭经济条件的制约。尽管部分低收入家庭的女性幸运地步入高等教育的殿堂，然而，相比于同样来自低收入家庭的男性或其他女性而言，她们面临更加复杂的环境和机遇（杨珺，2006；李洁、石彤，2014）。目前已有不少研究关注低收入家庭女大学生群体，主要集中在以下几个方面。

（一）心理状况

有不少研究表明，低收入家庭女大学生存在一定程度的心理健康问题。有学者探讨了低收入家庭女大学生的心理健康状况，分析其心理问题产生的原因，并积极找寻相应对策（李美英，2004）。有学者从心理压力与应对方式入手，认为低收入家庭女大学生相对于男大学生心理健康问题更为严重，主要体现在虚荣心理、自卑心理、依赖心理等方面，其采取的应对方式也相对消极（杨珺，2006）。有学者运用定量方法探讨了低收入家庭女大学生孤独感的群体异质性，并对孤独感与人格和社会支持的关系进行了分析（谭雪晴，2008）。在消费主义盛行的当今社会，有学者从低收入家庭女大学生消费水平、消费来源、消费态度、消费结构等方面进行调查分析，研究了低收入家庭女大学生的消费心理状况，认为大部分低收入家庭女大学生能够理性消费，但也有一小部分低收入家庭女大学生有消极的一面（高莎莎，2016）。

（二）社会支持

作为弱势群体，社会支持对低收入家庭女大学生的身心健康有重要的影响。有学者研究了低收入家庭女大学生的社会支持状况及其内部的群体异质性，并进一步探究了社会支持对低收入家庭女大学生心理健康的影响，发现不同经济条件的低收入家庭女大学生在客观社会支持以及总体社会支持方面具有显著差异，主观社会支持对低收入家庭女大学生的心理健康也有重要影响（肖慧欣等，2013）。有学者分析了低收入家庭女大学生社会支持的结构特征，发现低收入家庭女大学生的社会支持利用状况较差，其对不同种类的社会支持需求程度显著不同，社会支持渠道较为单一（肖群鹰等，2007）。有学者将社会支持从单一维度拓展为多项维度，从支持结构、支持载体与支持路径的角度探讨低收入家庭女大学生的社会支持，认为低收入家庭女大学生整合式社会支持体系是以社会支持载体为依托，通过社会支持路径，输送社会支持结构中的各类资源、救助和服务的体系（刘梦阳、石彤，2019）。

（三）就业

女性参与高等教育将产生较高的社会和个人经济效益，然而低收入家庭学生的现状却严重地制约了这种效益的获得（沈华、沈红，2005）。现已有不少研究关注低收入家庭女大学生的就业问题。有学者认为，低收入家庭女大学生面临经济困难和身为女性的双重压力，走出校门即面临失业困境，并从经济视角分析该困境出现的原因及影响，提出解决低收入家庭女大学生就业问题的对策（滕悦，2007）。有学者探究了低收入家庭女大学生的就业心理问题，发现低收入家庭女大学生与非低收入家庭女大学生在就业渴望程

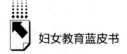

度、就业区域选择、就业单位性质等方面存在差异，低收入家庭女大学生就业心理存在一定障碍（姬咏华、杜咏梅，2016）。有学者认为低收入家庭女大学生的就业现状令人担忧，应依托辅导员、就业创业机构、心理健康中心提升低收入家庭女大学生的人力资本、社会资本和心理资本，以此来提高其就业能力（李丽、沈艳梅，2016）。

此外，学界对低收入家庭女大学生的研究还涉及人际交往、教育、心理援助等领域（朱楠、王硕鹏，2014；向红、刘丽平，2014；董迅石，2014；亓迪，2013）。

综上所述，以往的研究多从低收入家庭女大学生的某一侧面来考察其发展状况，缺少全国范围内综合、全面地深入调查和分析。除此之外，以往研究大多将低收入家庭女大学生当作一个整体进行考察，忽略了该群体内部的异质性。本报告将以全国性的调查数据为基础，将低收入家庭女生与低收入家庭男生、普通女生、普通男生三个群体进行比较，从学习、就业、身心发展、社会交往等多个方面深入分析低收入家庭女大学生的发展状况，试图刻画在经济与性别双重劣势下更丰富的低收入家庭女大学生图像。另外，本报告试图探究低收入家庭女大学生的内部群体差异，更深入地考察其发展状况，以便在此基础上提出更有针对性的建议。

二　研究方法

本报告基于中国社会科学院社会学研究所实施的 2018 年"中国大学生追踪调查"（PSCUS），该调查每年实施一次，在校生将从入学被追踪到毕业，并对毕业生进行年度追踪。该调查以网络问卷调查为主，并配合以面访调查、电话调查、焦点小组访谈等多种调查方法，另外，调查以教育部承认学历的中国大陆地区高等学校为总抽样框，依照多阶段、分层、随机的抽样原则从"学校-专业-班级"三个层次的抽样单元进行抽样。"中国大学生追踪调查"数据包括大学生的基本情况、家庭情况、学校生活与学习、就业预期与就业选择、消费与网络、态度与价值观、健康状况与健康行为、两性交往等方面的内容。

本报告关注低收入家庭女大学生群体，依靠问卷中"接受助学金的金额"问题识别低收入家庭学生，而硕士研究生与博士研究生不论家庭收入高低都接受助学金，并不能通过此问题识别其家庭经济状况。因此本报告剔除了硕士研究生与博士研究生，只分析专科与本科低收入家庭女大学生群体。

三　低收入家庭女大学生发展状况

在剔除了研究生群体之后，PSCUS 2018 数据库中共计有高校生 11901人，其中低收入家庭女生 1642 人，低收入家庭男生 1330 人，普通女生 4634人，普通男生 4295 人，低收入家庭女生占高校学生总体的比例约为 14%。

（一）低收入家庭女大学生的学校生活与学习

调查资料显示，在学校生活与学习中，低收入家庭女生发展尚可，具体表现为：综合成绩较好、校内实践参与程度较高、对学历有一定追求。然而该群体又具有以下劣势：外语能力差、在学校社团中担任重要角色少、攻读博士学位意愿低。

1. 学习成绩：综合成绩较好，外语能力较差

有研究表明，低收入家庭女生是高校女生中的一个特殊群体。在第三期中国妇女社会地位调查中发现，这是一个自尊自强、勤奋努力、细腻敏感、希望通过教育改变自己和家庭命运、懂得感恩和体谅他人的群体。低收入家庭女生克服了各种物质和经济条件上的不利因素，在学习成绩上一般有不错的表现（宋秀岩，2013）。我们的分析支持了这一观点。

通过比较不同群体间的学习成绩，我们可以发现，低收入家庭女生的学习成绩显著高于普通男学生，也略高于低收入家庭男生和普通女生，但是在综合成绩排名前 10% 的部分中，低收入家庭男生所占比例略高于低收入家庭女生。在外语能力上，低收入家庭女生劣势较为明显，只有 2.20% 的低

收入家庭女生外语能力很好，低于其他三个群体。外语能力一般的低收入家庭女生比例达到49.17%，显著高于其他三个群体（见表1）。

表1　低收入家庭女生与其他群体学习成绩比较

单位：%

	低收入家庭女生	低收入家庭男生	普通女生	普通男生
综合成绩				
综合成绩排名前10%	17.02	17.63	14.79	12.57
综合成绩排名前10%~25%	26.27	21.40	23.46	17.35
综合成绩排名25%~50%	30.56	27.35	31.45	29.42
综合成绩排名50%~75%	19.53	19.52	21.79	25.53
综合成绩排名75%~90%	4.72	9.72	6.02	9.51
综合成绩排名后10%	1.90	4.37	2.49	5.62
外语能力				
很好	2.20	3.09	5.39	5.74
较好	26.82	23.13	39.53	30.64
一般	49.17	40.92	37.82	35.28
不太好	16.96	23.21	14.12	19.45
很不好	4.84	9.65	3.14	8.91

注：$p < 0.01$。

2. 校内实践：参与程度较高，担任重要角色比例较低

大家普遍认为，担任学生干部的经历对高校学生的求职具有一定的正向影响。这不光是因为担任学生干部的经历会提高他们的综合管理能力，更重要的是，在学生竞选或者老师任命学生干部时，学生的综合管理能力原本就是一个重要的参考指标。所以，不论真实的原因是什么，大家都认为具有学生干部经历的高校学生通常具有更高的综合管理能力，并因此在求职中被高看一眼。在是否有学生干部经历这一问题上，高校四个群体之间具有显著差异。我们发现，低收入家庭学生相对于普通学生担任学生干部的比例更高，低收入家庭学生具有担任学生干部经历的比例为80.83%，普通学生具有学生干部经历的比例为78.28%。另外，在低收入家庭学生内部，是否具有学

生干部经历的性别差异并不显著，低收入家庭女生具有学生干部经历的比例
为 80.65%，低收入家庭男生具有学生干部经历的比例为 81.01%（见表2）。

表2　低收入家庭女生与其他群体学生校内实践比较

单位：%

	低收入家庭女生	低收入家庭男生	普通女生	普通男生
学生干部经历				
有	80.65	81.01	79.94	76.61
无	19.35	18.99	20.06	23.39
社团经历				
从未加入任何社团	16.47	20.87	17.15	24.55
曾经加入过，只是普通社员	55.05	46.04	57.81	48.24
曾经加入过，自己是社团组织者、骨干或积极分子	28.48	33.08	25.04	27.21

注：$p<0.01$。

在校内社团方面，低收入家庭女生参加校内社团的比例最高，显著高于
其他三个群体，只有 16.47% 的低收入家庭女生从未加入任何社团。这说
明，低收入家庭女生对加入高校趣缘群体的积极性较高。但是，在社团中的
角色承担上，低收入家庭女生具有一定的劣势，超过半数的低收入家庭女生
在社团组织中只是一名普通社员，此比例显著高于低收入家庭男生与普通男
生。另外，只有 28.48% 的低收入家庭女生是社团组织者、骨干或积极分
子，显著低于低收入家庭男生。我们从以上分析可以看出，低收入家庭学生
较普通学生参与社团比例更高；不论是低收入家庭学生还是普通学生，在社
团组织中承担的角色都具有显著的性别差异，女生在其中承担组织者、骨干
或积极分子的比例要显著低于男生。

3. 对学历有一定追求，但对攻读最高学位意愿并不强烈

当今社会背景下，越来越多的高校本科学生渴望获得更高的学历，在计
划攻读更高学位意愿方面，高校不同群体之间具有显著差异。高校女生相较
于男生来说，更倾向于计划攻读更高学位。在高校女生内部也存在较大差

异，61.18%的低收入家庭女生计划攻读更高学位，而普通女生计划攻读更高学位的比例则达到 65.54%，相较于低收入家庭女生高了 4.36 个百分点（见表 3）。我们认为，高校男生相较于高校女生攻读更高学位意愿更低的原因有两个，一是男生的就业机会相对于女生更多，在面临严峻的就业形势时，高校女生更倾向于继续攻读更高学位，提升自身学历，延迟就业。二是男生的生存压力更大，如果继续攻读更高学位，没有积蓄承担较高的房车成本。在高校女生内部存在的差异，低收入家庭女生相对于普通女生的意愿并不强烈，我们推测是由于家庭提供经济资源并不充裕所致，低收入家庭女生的家庭难以提供充足的经济成本支持其继续攻读更高学位。

表 3　低收入家庭女生与其他群体学历追求比较

单位：%

	低收入家庭女生	低收入家庭男生	普通女生	普通男生
攻读更高学位意愿				
计划攻读更高学位	61.18	57.95	65.54	59.55
无计划攻读更高学位	10.72	15.52	8.97	14.20
还没决定	28.11	26.53	25.49	26.25
期望学历				
博士研究生	23.94	28.18	24.21	28.47
硕士研究生	34.29	33.16	39.81	34.95
大学本科	39.31	34.06	33.23	31.29
大专及以下	2.45	4.60	2.75	5.29

注：$p < 0.01$。

在期望学历方面，四个群体之间具有显著差异。有趣的是，尽管女生比男生计划攻读更高学位的比例更高，但是在期望获得博士研究生学历方面，女生比例显著低于男生，其中低收入家庭女生期望获得博士研究生学历的比例最低，为 23.94%，其次是普通女生，为 24.21%，低收入家庭男生与普通男生期望获得博士研究生学历的比例相差不大，普通男生比例略高。另外，我们还可以发现，期望获得硕士研究生学历的低收入家庭女生比例低于普通女生，期望获得大学本科学历的低收入家庭女生却在四个群体中占比最高。从以上分析中我们不难看到，低收入家庭女生具有一定的学历追求，但是其在追求较高学历方面则显示出劣势。这在一定程度上可以表明低收入家庭女大学生是一个自尊自强、勤奋努力的群体，但是由于社会结构因素以及家庭因素，她们的发展又受到较大限制。

（二）低收入家庭女大学生的就业

低收入家庭女大学生在就业方面处于显著劣势境地，尽管她们实习经历丰富，但是其对就业普遍缺乏信心，预期收入较低，更倾向于在中小城市工作。

1. 实习经历丰富

实习是高校学生在学校与社会的一个中间状态，对于高校学生的求职具有重要影响。在实习经历方面，低收入家庭女生相比于其他几个群体具有较大优势。普通男生与普通女生有校外、非学分性质的兼职或实习经历的皆不足半数，而有校外、非学分性质的兼职或实习经历的低收入家庭女生比例高达64.30%，略高于低收入家庭男生的60.74%（见表4）。我们推测这是由于低收入家庭女生的家庭状况普遍不好，需要自己勤工俭学赚取薪资来补贴自己的日常生活。

表4 低收入家庭女生与其他群体实习经历比较

单位：%

	低收入家庭女生	低收入家庭男生	普通女生	普通男生
有校外、非学分性质的兼职或实习经历	64.30	60.74	49.88	44.79
无校外、非学分性质的兼职或实习经历	35.70	39.26	50.12	55.21

2. 就业预期：缺乏信心，追求稳定

在就业方面，低收入家庭女生表现出了不同程度的劣势。首份工作期望

收入体现了高校生的自我认知以及对于工作的要求，我们从四个群体首份工作期望收入的比较中可以发现，高校男生的期望收入显著高于高校女生，而在高校女生中，低收入家庭女生又是"弱势"中的"弱势"。具体来说，如图1所示，低收入家庭女生的首份工作期望收入为4761.31元，普通女生的首份工作期望收入为5201.19元，低收入家庭男生的首份工作期望收入为6677.96元，普通男生的首份工作期望收入为6961.17元，低收入家庭女生的首份工作期望收入远低于低收入家庭男生与普通男生群体，稍低于普通女生群体，为四个群体中最低。

在社会的大环境下，男性收入显著高于女性收入是不争的事实，高校男生群体的首份工作期望收入高于高校女生群体符合我们的固有认知。然而在高校女生群体内部仍然具有显著差异，低收入家庭女生显著低于普通女生说明低收入家庭女生相对于普通女生来说具有较低的自我认知。

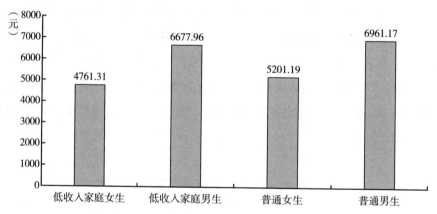

图1　低收入家庭女生与其他群体首份工作期望收入比较

我们通过高校四个群体期望工作地的比较发现，高校四个群体在工作地的选择方面具有显著差异。低收入家庭女生相对于其他三个群体选择北上广深等一线大城市的比例最低，为31.17%；低收入家庭女生期望工作地为二线省会城市或非省会的比例较高，为45.44%，高于普通男女生，但是略低于低收入家庭男生；低收入家庭女生选择三、四线中小城市，县级市/县城，以及不确定未来工作地的比例较高，分别为 9.19%、4.59%、7.96%，皆显著高于其他三个群体。从以上分析中，我们可以发现，低收入家庭女生相较于其他三个群体，选择北上广深等一线大城市的较少，选择二线省会城市或非省会，三、四线中小城市以及县级市/县城的比例则较高，我们猜测这可能是由于一线城市的高额生活成本使她们望而却步，另外这也在一定程度上解释了为何低收入家庭女生群体首份工作期望收入较低，小城市薪资收入较大城市薪资收入低。

从表 5 中我们可以发现，高校学生在找满意工作的信心程度方面存在显著的性别差异。总体来说，高校男生比高校女生在找到满意工作方面更有信心。其中低收入家庭女生的弱势十分明显：低收入家庭女生"充满信心"的比例远低于低收入家庭男生"充满信心"的比例；低收入家庭女生"有一点信心"的比例为 35.58%，低于其他三个群体；另外，低收入家庭女生"有一点没信心"和"几乎没信心"的比例在四个群体中最高，分别为 9.19% 和 3.49%。这再次说明，低收入家庭女生在四个群体中的自我认知最低，她们对自己未来的工作相对来讲没有太大信心。这很有可能会影响其未来发展。

表 5　低收入家庭女生与其他群体就业比较

单位：%

	低收入家庭女生	低收入家庭男生	普通女生	普通男生
就业城市				
北上广深等一线大城市	31.17	33.08	38.27	40.27
二线省会城市或非省会	45.44	48.46	41.82	42.01
三、四线中小城市	9.19	7.76	7.60	6.09
县级市/县城	4.59	2.71	2.84	2.40
小乡镇	0.49	0.08	0.19	0.19
农村	0.43	0.83	0.19	0.35
其他	0.06	0.23	0.26	0.35
不确定	7.96	5.50	7.26	5.92
无所谓	0.67	1.36	1.56	2.42

续表

	低收入家庭女生	低收入家庭男生	普通女生	普通男生
就业信心				
充满信心	17.58	30.07	16.92	28.26
有一点信心	35.58	38.43	37.36	37.02
一般	34.17	23.89	34.55	26.79
有一点没信心	9.19	5.80	7.82	5.43
几乎没信心	3.49	1.81	3.36	2.49

注：$p < 0.01$。

（三）低收入家庭女大学生的身心发展

低收入家庭女大学生的健康问题主要体现在身体方面，低收入家庭女生显示了性别与经济的双重劣势，身体健康相较低收入家庭男生和普通女生更差。在心理方面，低收入家庭女生与其他群体的差异不显著。

1. 身体素质不佳

PSCUS 2018 中用量表采集了高校学生的身体指标，包括视力、听力、食欲、胃肠部等，被调查者根据自身情况填答 1~10 的分数，分数越高，则代表该项身体指标越好。统计分析发现，高校四个群体的身体健康状况具有显著差异。其中，低收入家庭女生身体健康状况得分均值为 57.86 分，低收入家庭男生的身体健康状况得分均值为 60.86 分，普通女生的身体健康状况得分均值为 58.86 分，普通男生的身体健康状况得分均值为 60.56 分，很显然，男生的身体普遍比女生的身体更加健康，这可能与男生更加热爱运动有关（见图 2）。在高校女生内部也具有微弱差异，低收入家庭女生的身体健康得分比普通女生的身体健康得分更低，我们推测这可能与低收入家庭女生身体摄入营养不够充足有关。

2. 心理健康没有群体差异

已有不少研究表明，低收入家庭女大学生具有一系列的心理问题，包括

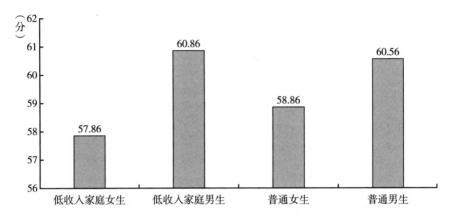

图2 低收入家庭女生与其他群体身体健康状况比较

自我意识问题、人际交往问题、依赖顺从心理、虚荣心理，以及自卑、封闭、嫉妒、逆反、抱怨、情感等问题，更容易产生低自我效能感，缺乏正面积极的自我认知。她们个性缺陷突出，不良情绪严重，人格更容易发生变化，甚至可能出现精神病症状（宋秀岩，2013）。我们的统计分析却并未证实该观点。PSCUS 2018 同样也使用量表采集了高校学生的心理指标，我们经过简单的转换之后，得分越高表示该学生心理状况越好。统计结果显示，低收入家庭女生的心理状况得分均值为 55.37 分，低收入家庭男生的心理状况得分均值为 55.33 分，普通女生的心理状况得分均值为 55.79 分，普通男生的心理状况得分均值为 55.54 分。这些群体的心理状况得分相差无几，也没有通过显著性检验。因此，我们可以说，低收入家庭女生的心理健康并未见明显劣势。

（四）低收入家庭女大学生的社会交往状况

低收入家庭女大学生的社会交往状况不佳。总体来讲，低收入家庭女生的社交活动较少。低收入家庭女生较普通女生来讲，与家人沟通频率更低。在两性交往方面，有过交往经历的比例较高，但交往朋友的数量较低，对于婚前性行为的态度较为保守。

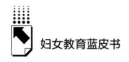
1. 社会交往活动较少，频次较低

马斯洛的需求层次理论认为，人的需求从低到高依次为：生理需求、安全需求、社交需求、尊重需求以及自我实现需求。社会中的每个个体都有与他人发生联结的需要，社会交往是社会生活中不可或缺的一部分，它也会在一定程度上影响个体所获得的社会支持。社会支持是个体或群体获取资源的有效途径，是一种以个体或群体为中心，由人际交往与社会互动关系构成的资源节点，它表现为情感、物质、信息、行为等多种手段，既可以是从不同互动过程中获得的亲密关系，也可以是其外部可利用的主客观资源，对于个体的发展具有重要作用（谭敏，2019）。PSCUS 2018 通过量表收集了高校学生家庭、朋友、伙伴以及与其交流的信息，处理之后，得分越高的高校学生，表明其与他人的交往越密切。如图 3 所示，相比较而言，家庭经济困难在男生中并没有导致社会交往的差异，但对女生群体却产生了影响。低收入家庭女生的社会交往得分最低，明显低于普通女生，但和其他两组男生之间的得分差异并不大。

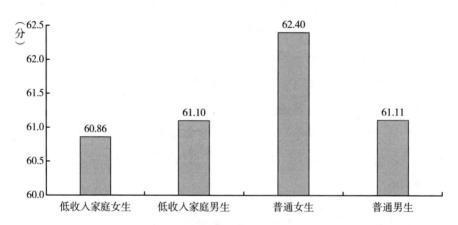

图3 低收入家庭女生与其他群体社会交往状况比较

2. 家人交往：沟通频次较低

以吉利根为代表的女性主义学者指出了性别发展的差异，女性的发展始终与自己和家人及他人的"联系"有关，更关注责任与关怀。与男性不同，

女性认同的发展恰恰不是基于他们是否获得了"独立性",而是取决于她们如何在家人、朋友及职业中安放自己的位置(吉利根,1999)。对女性发展而言,人际互动、合作和共识的建立更为重要。图4描述了高校学生与家人用电子媒介交流的情况。PSCUS 2018 的相关测量包括"与家人打电话交流""与家人视频通话交流""与家人发短信、qq 或微信交流""给家人发电子邮件交流",我们将四种沟通方式的分数相加,分数越高表示与家人沟通的频率越高。我们通过高校四个群体的对比可以发现,高校学生与家人沟通状况具有显著的性别差异,低收入家庭女生与普通女生的沟通状况得分分别为 18.21 分与 18.76 分,低收入家庭男生与普通男生的沟通状况得分分别为 17.66 分与 17.60 分,显然,女生更注重与家人的联系。而在高校女生内部,低收入家庭女生与普通女生又具有轻微的差异,低收入家庭女生与家人沟通的频率略低于普通女生。

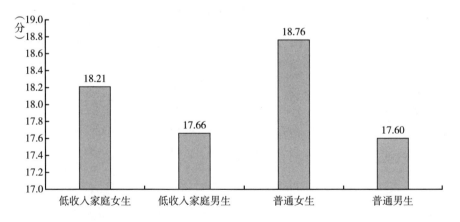

图4 低收入家庭女生与其他群体家人沟通状况比较

3.两性交往:趋于保守

如表6所示,高校男生有过男(女)朋友的比例高于高校女生,在高校女生内部,低收入家庭女生有过男(女)朋友的比例略高于普通女生。

表6 低收入家庭女生与其他群体两性交往比较

单位：%

	低收入家庭女生	低收入家庭男生	普通女生	普通男生
是否有过男（女）朋友				
有过	63.26	66.84	62.46	64.30
不曾有过	36.74	33.16	37.54	35.70
对自身婚前性行为看法				
应保持贞洁，任何情况	27.56	15.15	23.22	12.99
如果与对方有感情，可以有	24.49	43.26	30.58	44.14
如果准备和对方结婚，可以有	35.64	31.80	31.93	28.93
有无感情都可以有	0.73	2.41	2.51	4.31
不确定	10.96	7.08	11.22	9.09
其他	0.61	0.30	0.54	0.54
对伴侣婚前性行为看法				
我不接受伴侣有过婚前性行为	22.60	22.46	17.65	20.12
接受伴侣有过婚前性行为	22.35	27.88	27.03	30.73
不确定，视情况而定	54.87	49.51	55.10	48.94
其他	0.18	0.15	0.22	0.21
是否有过婚前性行为				
有过	9.43	22.16	9.25	19.14
不曾有过	90.57	77.84	90.75	80.86
对不正当性行为的了解				
完全不了解	5.66	7.59	4.36	7.01
了解一点点	35.87	33.16	30.90	30.66
有一些了解	40.32	37.67	40.31	36.48
比较了解	16.08	18.05	20.65	20.70
非常了解	2.07	3.53	3.78	5.15

注：$p < 0.01$。

改革开放以来，随着经济的发展、现代化水平的提升、教育的推进，以及西方"性自由"等思想观念的传播，我国正在由传统的性观念向自由主义的性观念发展（李银河，2003）。青年人不再认为"恋爱—结婚—性行为"的时序模式是必须遵守的，"恋爱—性行为—结婚"的新模式盛行，甚至恋爱、结婚、性行为三者出现了明显分离（吴鲁平，1999）。在转化过程中，性观念的多元化趋势明显、异质性尤为突出。在本报告中，主要从"对婚前性行为的看法"这一问题透视低收入家庭女大学生的两性交往态度。

在低收入家庭女生群体对自身婚前性行为的看法方面，调查数据显示：高校四个群体对自身婚前性行为的看法具有显著差异。27.56%的低收入家庭女生认为自身在婚前的任何情况下都应保持贞洁，相比之下，普通女生认为在婚前的任何情况下都应保持贞洁的比例略低，为23.22%。高校男生对婚前性行为的包容度更高，分别只有15.15%和12.99%的高校男生认为在婚前的任何情况下都应保持贞洁。相对应地，只有0.73%的低收入家庭女生认为婚前性行为有无感情都可以发生，其他三个群体认为有无感情都可以发生婚前性行为的比例显著高于低收入家庭女生，分别为2.41%、2.51%、4.31%。

低收入家庭女生对伴侣婚前性行为的看法与对自身婚前性行为的看法同样严格，22.60%的低收入家庭女生不接受伴侣有过婚前性行为，为高校四个群体中最高；22.35%的低收入家庭女生接受伴侣有过婚前性行为，为高校四个群体中最低。这体现了低收入家庭女生在两性交往方面是较为保守的，这种保守不仅体现在对自己的要求上，也体现在对伴侣的要求上。

另外，在对于自己以及伴侣的婚前性行为态度方面，高校学生内部具有显著的性别差异。高校女生对于自己的婚前性行为相较于对于伴侣的婚前性行为态度更为保守，在对自己的婚前性行为态度方面，27.56%的低收入家庭女生和23.22%的普通女生认为在两性交往中不管任何情况都应保持贞洁，而对于伴侣的婚前性行为，有22.60%的低收入家庭女生和17.65%的普通女生不接受伴侣有过婚前性行为；高校男生对于自己的婚前性行为相较于对于伴侣的婚前性行为态度更为开放，在对自己的婚前性行为态度方面，15.15%的低收入家庭男生和12.99%的普通男生认为在两性交往中不管任何情况都应保持贞洁，而对于伴侣的婚前性行为，有22.46%的低收入家庭男生和20.12%的普通男生不接受伴侣有过婚前性行为。这表明高校男生与高校女生都具有不同程度的"双标"，女生"严于律己，宽以待人"，而男生则相反。

低收入家庭女生对两性交往的保守态度也体现在了行为上。如图5所示，在交往过的男（女）朋友数量方面，低收入家庭女生交往过的男（女）朋友数量最少，均值为2.11个，低收入家庭男生、普通女生、普通男生交往过的男（女）朋友数量都略高于低收入家庭女生。

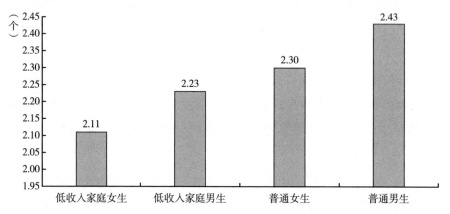

图5　低收入家庭女生与其他群体交往过的男（女）朋友数量比较

继续解读表6我们发现，低收入家庭女生与普通女生有过婚前性行为的概率较低，均不足1/10，低收入家庭男生和普通男生有过婚前性行为的概率较高，接近20%。具体来说，90.57%的低收入家庭女生不曾有过婚前性行为，90.75%的普通女生不曾有过婚前性行为，77.84%的低收入家庭男生不曾有过婚前性行为，80.86%的普通男生不曾有过婚前性行为。

另外，我们还关注了高校学生对不正当性行为（性骚扰、性侵犯等）的了解。数据显示，低收入家庭女生对不正当性行为的了解程度较低。5.66%的低收入家庭女生对不正当性行为完全不了解，只有16.08%以及2.07%的低收入家庭女生对不正当性行为比较了解以及非常了解。而低收入家庭男生、普通女生、普通男生对不正当性行为比较了解的比例分别为18.05%、20.65%、20.70%，非常了解的比例分别为3.53%、3.78%、5.15%。我们认为，低收入家庭女大学生对不正当性行为的了解程度较低可能会造成其在面对不正当性行为时处于非常弱势的境地，这是特别值得注意的。

（五）低收入家庭女大学生的态度与价值观

低收入家庭女大学生的价值观较为积极，具体表现在公共事件参与率高、对于社会流动持乐观态度上。但是低收入家庭女生的公共事件参与方式较为保守和温和，相较于普通女生对性污名的敏感程度较低，自我外形认知较低。

1. 公共事件参与率较高，但更倾向于温和方式

曾几何时，女性被隔离在公共领域之外，然而最近越来越多的女性参与公共事件。女性的公共事件参与状况是衡量女性是否拥有平等的社会权利和是否主动争取平等的社会权利的重要标准。高校女生群体是女性最具活力的一部分，应该是公共事件参与能力和意愿最强烈的一个群体。如表7所示，从总体上来看，低收入家庭女生参与公共事件的比例在高校四个群体之中是最高的，有78.81%的低收入家庭女生在过去的12个月里参与了公共事件，相对应地，普通女生、低收入家庭男生、普通男生公共事件参与的比例分别为76.98%、75.89%、70.69%。

当我们将参与公共事件的种类分开来看，可以发现非常有趣的现象。在以下几种公共事件参与形式中，低收入家庭女生参与的比例在高校四个群体中最高，包括主动地阅读或搜索政治、社会类新闻报道，自发地参与社会公益或志愿者活动，自愿地为社会事件捐助过财物。这与总体公共事件参与状况是一致的。

然而，在以下几种参与方式中，低收入家庭女生参与的比例在高校四个群体中最低，分别是转发转述或与亲朋讨论别人对公共事务的言论撰写对公共事务的评论或参与讨论，参加过任何集会、示威、抗议、罢工等任意一项

或几项活动。我们可以发现，在公众事件的参与中，低收入家庭女生比较倾向于"温和"的参与方式，而在一些比较"激烈"的参与方式中，她们的存在感较弱。也就是说，低收入家庭女生虽然总体上对公共事件的参与度较高，但是却趋向于保守，这种保守不仅体现在与普通女生群体的比较中，也体现在与低收入家庭男生群体的比较中。

表7　低收入家庭女生与其他群体公共事件参与比较

单位：%

	低收入家庭女生	低收入家庭男生	普通女生	普通男生
转发转述或与亲朋讨论别人对公共事务的言论	19.37	20.12	22.74	19.91
主动地阅读或搜索政治、社会类新闻报道	51.38	46.95	50.47	45.98
撰写过对公共事务的评论或参与讨论	8.51	10.55	9.81	9.65
自发地参与社会公益或志愿者活动	45.07	36.02	37.99	30.43
自愿地为社会事件捐助过财物	35.03	25.55	30.15	24.41
因政治或社会原因，抵制或不购买某种产品	12.37	10.70	14.10	10.61
参加过任何集会、示威、抗议、罢工等任意一项或几项活动	0.92	1.36	0.97	1.33
曾参与过以上活动	78.81	75.89	76.98	70.69

注：$p < 0.01$。

2. 对于社会流动持乐观态度

对"现在只要个人足够努力，仍然有较大的机会在工作中出人头地、获得成功"这一说法，持否定态度的低收入家庭女生比例为15.43%，为四个群体中最低，对这一说法持支持态度的低收入家庭女生比例为84.57%，为四个群体中最高（见表8）。相较于其他三个群体，低收入家庭女生对个人发展与社会流动态度更为乐观积极。

表 8　低收入家庭女生与其他群体对社会流动看法比较

单位：%

	低收入家庭女生	低收入家庭男生	普通女生	普通男生
不同意	3.12	3.84	2.43	3.96
不大同意	12.31	15.98	13.34	14.43
比较同意	55.97	47.10	56.70	51.08
同意	28.60	33.08	27.53	30.52

注：$p < 0.01$。

3. 对性污名的敏感程度较低

我们使用的数据包括高校学生对以下四种观点的态度：女性对性骚扰、性侵犯的指控往往很多是无聊轻率的；女性之所以遭受性骚扰、性侵犯是因为女性的言行举止、衣着发出了邀请的性暗示；有时候女性会为了得到好处而编造性骚扰、性侵犯控告；一旦女性被发现与同学、老师等学校相关人员有染，她们有时会声称是自己遭受了性骚扰、性侵犯。很显然，这些观点隐含对女性的污名化，将遭受不正当性关系的错误归咎于女性。从"非常同意"到"非常不同意"的答案选项分别赋值 1~4 分，将受访者对这四种观点的态度得分进行加总，得分最大值为 16 分，最小值为 4 分，得分越高代表越不同意以上四种观点，即反对对女性的性污名。

我们从统计分析中可以发现，关于对女性的性污名，高校学生内部具有明显的性别差异，女性得分更高，对这个问题更敏感。在高校女生内部，低收入家庭女生的得分低于普通女生（见图 6），即低收入家庭女生相较于普通女生而言，对性污名的敏感程度更低。这些都是高校进行性别平等教育需要注意的点。

4. 外形认知较低

如今"容貌焦虑"愈演愈烈，外形认知是高校学生自我认知的重要部分。在 PSCUS 2018 中，高校学生对自己的"颜值"进行打分，1 分最低，10 分最高。我们从图 7 中可以发现，高校学生对自身的外形认知有性别差异，男生普遍对自己的外形认知较高，而女生对自己的外形认知较低，低收入家庭女生的外形认知得分与普通女生的外形认知得分相差无几。

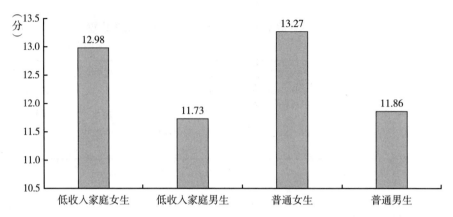

图 6　低收入家庭女生与其他群体对不正当性关系的看法比较

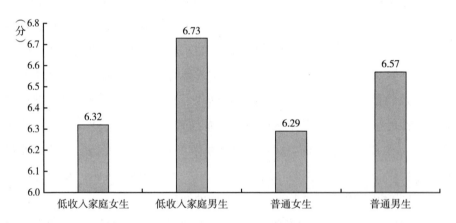

图 7　低收入家庭女生与其他群体外形认知比较

（六）其他：党员比例较高、饮食支出低、接触网络时间晚

根据《中国共产党章程》，年满十八岁的中国工人、农民、军人、知识分子和其他社会阶层的先进分子，承认党的纲领和章程，愿意参加党的一个组织并在其中积极工作、执行党的决议和按期交纳党费的，可以申请加入中国共产党。在高校，加入中国共产党在一定程度上体现了高校学生的综合素质以及政治参与意愿。数据分析结果显示，高校低收入家庭学生相较于高校普通学生来说，其入党意愿更为强烈，但是在低收入家庭学生内部，低收入

家庭女生入党比例却大大低于低收入家庭男生，这在一定程度上表明，低收入家庭女生政治参与意愿以及政治敏感度显著低于低收入家庭男生。

表 9　低收入家庭女生与其他群体其他情况比较

	低收入家庭女生	低收入家庭男生	普通女生	普通男生
政治面貌(%)				
党员	6.15	9.10	4.34	3.70
非党员	93.85	90.90	95.66	96.30
饮食支出(元)	772.23	959.61	936.56	1070.35
接触网络时间(年份)	2010.35	2009.63	2008.95	2008.25

注：$p<0.01$。

在饮食支出方面，高校四个群体具有显著差异。家庭收入水平显然是影响学生饮食支出的重要因素。

在首次接触网络的时间方面，低收入家庭学生接触网络的时间显著晚于普通学生。普通男生与普通女生首次接触网络的时间均值为 2008~2009 年，而低收入家庭男生首次接触网络时间均值为 2009~2010 年，低收入家庭女生首次接触网络时间则最晚，均值为 2010~2011 年。我们认为，低收入家庭女生首次接触网络的时间较晚可能导致其对网络设备的熟悉度不够高，这会造成个人竞争力的减弱。

四　低收入家庭女大学生发展的群体异质性

低收入家庭女大学生是一个庞大的群体，内部异质性明显，为了深入了解和理解这一特殊群体的实际学习、生活和发展状况，我们探究了低收入家庭女生群体内部的差异性。调查资料表明，农村低收入家庭女生在外语水平、期望学历、期望收入方面差于城市低收入家庭女生；政治面貌为党员的低收入家庭女生比非党员在学业、干部经历、公共事件参与、期望收入、社会交往方面表现更好；家庭情况更差的低收入家庭女生在学业、就业、身心

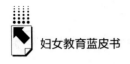
发展以及社会交往方面体现出更大的劣势；外貌水平高的低收入家庭女生在各方面表现优于外貌水平一般的低收入家庭女生。

（一）城市优势明显

城乡二元结构是中国社会的重要特征之一，城市与乡村两类社区的居民在经济收入、政治地位、受教育程度和发展机会等方面存在很大的差异。因此，我们关注不同户口的低收入家庭女大学生在学习、生活以及就业方面的差异。

我们通过统计分析发现，在学习成绩方面，虽然农业户口与非农户口的低收入家庭女生在综合学习成绩排名上没有显著差异，但非农户口的低收入家庭女生的外语水平却显著高于农业户口的低收入家庭女生，外语水平较好和很好的农业户口低收入家庭女生的比例为25.52%，而外语水平较好和很好的非农户口的低收入家庭女生的比例为42.77%。另外，在期望获得的最高学历上面，非农户口的低收入家庭女生比农业户口的低收入家庭女生显然有更高的学历追求，农业户口的低收入家庭女生期望达到研究生学历的比例为54.42%，而非农户口的低收入家庭女生期望达到研究生学历的比例则高达73.19%。在未来第一份工作的期望收入上，农业户口与非农户口的低收入家庭女生也有显著差异，具体来说，农业户口的低收入家庭女生的期望收入均值为4540元，非农户口的低收入家庭女生的期望收入为5628元（见表10）。

表10　分户口看低收入家庭女生发展

	农业户口	非农户口
外语水平(%)		
很好	1.69	4.22
较好	23.83	38.55
一般	50.42	44.28
不太好	18.68	10.24
很不好	5.38	2.71

	农业户口	非农户口
期望最高学历(%)		
博士研究生	22.83	28.31
硕士研究生	31.59	44.88
大学本科	43.04	24.70
大专及以下	2.54	2.11
期望收入(元)	4540	5628

注：$p<0.01$。

总体来说，在低收入家庭女大学生内部，农业户口与非农户口的低收入家庭女生在一些方面有较大差异，在外语水平、期望最高学历、期望收入方面，非农户口的低收入家庭女生状况要优于农业户口的低收入家庭女生状况。

（二）党员身份加成

是否为党员是高校学生很重要的政治身份，我们关注了不同政治面貌的低收入家庭女生的发展状况。在学习方面，我们发现政治面貌为党员的低收入家庭女生相比非党员的低收入家庭女生状况更好。具体来说，在综合成绩排名方面，综合成绩排名前25%的党员低收入家庭女生占比大大高于非党员低收入家庭女生。在外语水平方面，党员也体现出了同样的优势，我们发现外语水平较好及以上的党员低收入家庭女生占比高于非党员低收入家庭女生；外语水平较差的党员低收入家庭女生占比低于非党员低收入家庭女生（见表11）。另外，党员低收入家庭女生的期望学历要高于非党员低收入家庭女生，期望达到研究生学历的党员比例显著高于非党员比例。显然，低收入家庭女大学生中，党员比非党员在学业方面的表现更好，追求也更高。

妇女教育蓝皮书

表11　分政治面貌看低收入家庭女生发展

	党员	非党员
综合成绩排名(%)		
排名前10%	33.00	15.98
排名前10%~25%	36.00	25.64
排名25%~50%	22.00	31.12
排名50%~75%	8.00	20.29
排名75%~90%	1.00	4.96
排名后10%	0.00	2.02
外语水平(%)		
很好	3.00	2.15
较好	41.00	25.90
一般	45.00	49.45
不太好	9.00	17.48
很不好	2.00	5.02
期望学历(%)		
博士研究生	24.00	23.94
硕士研究生	47.00	33.46
大学本科	29.00	39.99
大专及以下	0.00	2.61
学生干部经历(%)		
有	96.00	79.65
无	4.00	20.35
公共事件参与(%)		
有	90.00	78.08
无	10.00	21.92
期望收入(元)	5928	4685
社会交往(分)	63.76	60.67

注：$p < 0.01$。

在学生干部经历方面，低收入家庭女生中的党员群体更是体现了绝对性的优势，高达96.00%的党员曾经担任过学生干部，仅有4.00%的党员没有担任过学生干部，而相对应地，79.65%的非党员曾经担任过学生干部，20.35%的党员没有担任过学生干部。

在公共事件参与方面，党员女生相比非党员女生来讲也更加积极。高达

90%的党员女生曾经参与过公共事件，只有10%的非党员女生没有参与过公共事件，而非党员参与公共事件的比例虽然也较高，但是相比党员还是差许多。

另外，我们还发现，在低收入家庭女生中，党员群体的期望收入为5928元，显著高于非党员女生，党员群体的社会交往分数为63.76分，也显著高于非党员女生。

我们从统计分析中可以看出，在低收入家庭女大学生群体中，党员比非党员的综合发展情况更好，但是我们不确定是党员身份促使低收入家庭女生各方面情况更好，还是在入党过程中，低收入家庭女生的各方面综合素质更高使其入党的可能性增大，抑或两者皆有。

（三）经济困难劣势

本报告中的低收入家庭女大学生，虽然同样接受国家和学校的资助，但是他们的家庭经济条件并不完全相同，我们将对"与周围同学相比，您的家庭经济条件是"这一问题作答为"一般""不太好""很不好"的低收入家庭女生分为三个家庭经济条件不同的群体，探究内部的群体差异。

在学业方面，我们发现，经济条件越差的低收入家庭女生似乎两极分化越严重。家庭经济条件很不好的女生，综合成绩排名前10%的比例及综合成绩排名后10%的比例，都高于家庭经济条件一般与家庭经济条件不太好的低收入家庭女生。另外，我们发现经济条件越差，期望获得研究生学历的比例就越高，家庭经济条件很不好的低收入家庭女生期望获得研究生学历的占比为64.75%，为三个群体中最高（见表12）。

表 12　分经济条件看低收入家庭女生发展情况

	一般	不太好	很不好
学习成绩排名（%）			
排名前10%	17.34	16.25	18.59
排名前10%~25%	26.21	26.61	25.64
排名25%~50%	29.82	32.35	25.00
排名50%~75%	19.97	18.49	23.08

续表

	一般	不太好	很不好
排名75%~90%	4.85	5.04	2.56
排名后10%	1.80	1.26	5.13
期望最高学历（%）			
博士研究生	22.88	23.95	29.49
硕士研究生	28.99	38.24	35.26
大学本科	45.21	35.57	33.33
大专及以下	2.91	2.24	1.92
就业信心（%）			
充满信心	20.11	13.87	19.23
有一点信心	36.75	35.71	28.21
一般	33.70	36.69	28.21
有一点没信心	7.63	10.50	10.90
几乎没信心	1.80	3.22	13.46
期望收入（元）	4463	4861	5496
身体状况（分）	66.54	65.80	63.12
心理状况（分）	56.48	54.61	53.17
社会交往（分）	62.41	59.54	58.77

注：$p < 0.01$。

在第一份工作的期望收入方面，家庭经济条件越差，期望收入则越高。而与此非常矛盾的是，家庭经济条件越差的低收入家庭女生对于找工作越没有信心，表示"几乎没有信心"的比例达13.46%，远远高于另两个群体。

我们还发现，家庭经济条件越差的女生身体健康状况越不佳，具体表现为，家庭状况一般、家庭状况不太好、家庭状况很不好的女生身体健康得分分别为66.54分、65.80分与63.12分。另外，低收入家庭女生的心理健康状况与社会交往状况也呈现了一样的趋势。家庭经济条件越差，心理健康状况与社会交往状况也越堪忧。

（四）美貌效应

外貌通常指个人的相貌、身高、身材等外在形象。作为个人禀赋和人际交往的媒介，外貌能够潜移默化地影响个人的学习、工作和生活。一系列研究表明，外貌存在刻板印象（Ramsey et al.，2004），这种刻板印象形成"巴特·辛普森效应"和自我实现预言。美丽的人更具吸引力，会拥有更理想的属性，例如自信心和良好的社交能力。而自我实现预言则会引发"皮格马利翁效应"，美丽的人更受人们青睐和认可，这使得他们进行社交的边际成本更小，从而获得更多的社交机会和自信心，有助于提升其综合能力。因此，我们关注了不同外貌条件的低收入家庭女大学生的发展状况。

我们根据高校学生对"从脸型和五官来看，您给自己的'颜值'打几分？"这一问题的回答，将低收入家庭女生分为三个群体，分别是自评1~4分的"普通"、5~7分的"良好"，以及8~10分的"优秀"。我们发现外貌条件越不错的低收入家庭女生的发展状况越好。

在学业方面，外貌优秀的低收入家庭女生外语水平好的比例为22.23%，均高于外貌良好与外貌普通的低收入家庭女生。另外，我们发现外貌条件越好，曾经有过学生干部经历的比例就越高，对于找工作的信心也越大（见表13）。

表13　分外貌条件看低收入家庭女生发展

	普通	良好	优秀
外语水平(%)			
很好	0.56	1.52	4.91
较好	21.67	27.30	27.52
一般	47.22	50.43	46.93
不太好	20.00	16.21	17.44
很不好	10.56	4.55	3.19
学生干部经历(%)			
无	22.41	20.85	14.51
有	77.59	79.15	85.49
工作信心(%)			
充满信心	12.07	13.29	30.05
有一点信心	22.99	36.95	37.05
一般	39.08	36.86	26.17

	普通	良好	优秀
有一点没信心	18.39	9.60	4.15
几乎没信心	7.47	3.30	2.59
身体状况(分)	58.67	65.71	69.55
心理状况(分)	50.20	55.01	58.45
社会交往(分)	53.57	60.49	64.74

注: $p < 0.01$。

外貌条件越好的低收入家庭女生,其身心状态越好。具体来说,外貌优秀的低收入家庭女生身体状况得分以及心理状况得分分别为 69.55 分、58.45 分,皆显著优于其他两个群体。在社会交往方面,外貌条件优秀的低收入家庭女生的得分也高于外貌良好与外貌普通的低收入家庭女生。

五　总结与建议

(一)总结:需要特别关注的低收入家庭女大学生

1.总体状况:低收入家庭女大学生在多方面呈弱势地位

在学校层面,首先,低收入家庭女大学生的学习成绩优秀,但在实践性科目(如外语水平)上普遍不如其他三个高校学生群体。其次,在校内实践方面,低收入家庭女生担任学生干部、参加校内社团都较为普遍,但是在校内组织中担任组织者、骨干或积极分子较少。最后,低收入家庭女生对高学历的追求意愿普遍不足,追求博士学位意愿的比例最低。

在就业层面,低收入家庭女大学生普遍曾有过兼职或实习经历,但是对于找到满意工作的信心却普遍不足,毕业后首份工作的期望收入较低,倾向于在中小城市工作的比例更高,也是低收入家庭女生就业的特点。

在身心健康层面,低收入家庭女生的身体素质状况在高校四个群体中最差,身体健康得分显著低于高校其他三个群体,存在一定程度的身体健康问题，值得我们关注。

在社会交往层面，从总体上来讲，低收入家庭女生相较于高校其他三个群体社会交往状况最差，可以预见，她们所获得的社会支持状况也不会太好。在与家人沟通方面，低收入家庭女生与家人沟通状况优于男生，但是逊于普通女生，不容乐观。在两性交往方面，尽管低收入家庭女生在是否有过男朋友上与其他三个群体并无显著差异，但是交往过的男朋友数量却较少。另外，低收入家庭女生无论是对待自己还是对待伴侣，两性交往的态度都较为保守，对不正当性行为的了解程度较低。

在态度与价值观层面，低收入家庭女生参与公共事件总体来讲较为积极，但多选择较为温和的参与方式。另外低收入家庭女生对于个人发展与社会流动持乐观态度，她们倾向于认为"现在只要个人足够努力，仍然有较大的机会在工作中出人头地、获得成功"。另外，与普通女生相比，低收入家庭女生对性污名的敏感程度较低，在面对性骚扰等不当性行为时，处于弱势境地。

我们还发现，低收入家庭女生的党员比例较高，但低于低收入家庭男生党员比例。在消费方面，低收入家庭女生的饮食支出显著低于其他群体，饮食支出相差较大。在接触网络时间方面，低收入家庭女生首次接触网络的时间较晚。

简言之，相对于普通男生、低收入家庭男生、普通女生，低收入家庭女生在多个方面均处于弱势地位，因此这个群体的处境及未来，均需要我们特别关注。

2. 低收入家庭女大学生的内部差异：劣势累积效应

低收入家庭女大学生的发展状况具有群体性差异，不同户口、政治面貌、经济条件、外貌条件的低收入家庭女生发展状况不同。总体而言，非农户口的低收入家庭女生在外语水平、期望学历、期望收入方面比农业户口的低收入家庭女生更好；政治面貌为党员的低收入家庭女生在学习成绩、外语水平、学生干部经历、期望学历、期望收入、社会交往状况、公共事件参与上都优于非党员的低收入家庭女生；经济条件更差的低收入家庭女生在学习

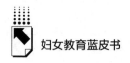

成绩上似乎两极分化较为严重，对第一份工作的期望收入较高，但是对于找工作的信心却不足，身心健康状况、社会交往状况也相对较差；外貌条件越好的低收入家庭女生的发展状况较外貌条件一般的好，体现在外语水平、学生干部经历、工作信心、身心状况、社会交往状况上面。

综上所述，我们认为低收入家庭女大学生的发展可能存在一定程度的劣势累积效应。"劣势累积"是"马太效应"的重要表现形式之一，这个概念于1968年由默顿提出，用来解释群体内部和群体之间随着时间的推移日益加剧的不平等现象（Merton，1968）。也就是说，个体的劣势若长期没有得到有效改善，会使自己的不足逐渐累积，致使个体发展状态越来越差（赵颖等，2021）。

很显然，农业户口、非党员身份、外貌条件一般且家庭经济条件特别差的女生，由于劣势的叠加和累积，其处境会更为艰难。本报告没能去揭示这种劣势累积的起点或关键因素，但我们认为，更重要的是特别关注这一现象，花精力去缓解高校学生的困境，以避免更为严重的劣势累积，这对于性别平等、高校女生发展以及社会和谐都是至关重要的。

（二）对策建议

根据本报告的一系列发现，我们针对低收入家庭女大学生群体提出如下建议。

第一，叠加经济与性别因素，低收入家庭女大学生往往处于复合弱势境地。这一群体在身心健康、人际交往、就业信心等方面均处于不利地位。因此，各级政府部门应积极制定、落实解决低收入家庭学生问题的配套政策，从制度上保证低收入家庭学生入学与完成学业。特别是要针对不同学生的情况和需求，明确区分"奖""助"制度，扩大低收入家庭学生资助范围，加大资助力度。并在此基础上，考虑对女生的政策性倾斜保护。

第二，高校应积极建立扶助低收入家庭学生的有效机制，细化低收入家庭学生等级认定办法，针对不同经济条件的学生实行不同的资助策略。完善勤工助学政策，针对学校的具体情况设置助学岗位，使低收入家庭学生能够用自己的劳动换取资助，并在劳动中提升自身综合素质。这些做法同样应该特别考虑女生的独特需求，保证女生获得扶助的比例。

第三，应关注低收入家庭女大学生的心理健康状况，加强心理健康教育。在进行困难认定时，要注重个人隐私，避免低收入家庭女生产生不适的心理感受；借助高校心理工作运行及心理安全干预机制，加强对低收入家庭学生的关注，定期举办心理健康讲座，拓宽传播心理健康知识的渠道。特别要注意进行性别平等以及提升女生性别意识的相关教育，培养其针对性污名的敏感性，提高其自我保护能力。

第四，建立和完善高校就业信息库。我国的就业信息市场处于分割状态，就业信息的沟通与分享做得不到位，对于各地的招聘信息与职位空缺信息也没有统一的共享平台。高校应建立信息筛选库，将和低收入家庭女生需求相关的信息第一时间提供给需求者，达到供需平衡。

第五，在条件允许的情况下，发展党员时优先考虑低收入家庭女生群体。我们发现，党员身份可以在一定程度上促进低收入家庭女生发展，党员身份意味着更高的要求、更大的责任、更强的能力，在一定程度上可以激励低收入家庭女生更好发展。

第六，需要特别注意城乡、政治身份、阶层等因素在低收入家庭女大学生身上出现劣势累积效应，避免其处于更大的困境，更好地促进高校中的性别平等与低收入家庭女生的发展，维护社会稳定与和谐。

参考文献

董迅石：《媒介素养视域下的贫困女大学生思想政治教育探究》，《大学教育》2014年第1期。

高莎莎：《高校贫困女大学生消费心理研究——以山东省某高校为例》，《山东工会论坛》2016年第1期。

卡罗尔·吉利根：《不同的声音——心理学理论与妇女发展》，肖巍译，中央编译出版社，1999。

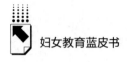
姬咏华、杜咏梅：《贫困女大学生就业心理问题探析》，《长春师范大学学报》2016年第7期。

李洁、石彤：《高校贫困女生上向流动的限制与突破》，《云南民族大学学报》（哲学社会科学版）2014年第2期。

李丽、沈艳梅：《提升贫困女大学生就业能力研究——以理工科高校为例》，《知与行》2016年第3期。

李美英：《贫困女大学生心理健康状况初探》，《中国农业大学学报（社会科学版）》2004年第2期。

李银河：《性文化研究报告》，江苏人民出版社，2003。

刘梦阳、石彤：《高校贫困女生的整合式社会支持体系研究》，《中华女子学院学报》2019年第6期。

庞丽娟、胡福贞、韩小雨：《关注高校贫困生：问题、原因与对策》，《北京大学教育评论》2004年第2期。

亓迪：《论贫困女大学生的心理援助——辅导员工作实例分析》，《长春理工大学学报》2013年第1期。

沈华、沈红：《女性参与高等教育：未来收益回报与贫困女大学生现实的矛盾》，《现代教育科学》2005年第1期。

宋秀岩主编《新时期中国妇女社会地位调查研究》（下卷），中国妇女出版社，2013。

谭敏：《社会支持理论在教育研究中的应用》，《教育评论》2019年第3期。

谭雪晴：《贫困女大学生孤独感特点及其与人格、社会支持的关系研究》，《中国特殊教育》2008年第11期。

滕悦：《经济学视角探讨贫困女大学生的就业困境及对策》，《现代经济（现代物业下半月刊）》2007年第5期。

吴鲁平：《当代中国青年婚恋、家庭与性观念的变动特点与未来趋势》，《青年研究》1999年第12期。

向红、刘丽平：《地方院校贫困女大学生宿舍人际关系探微》，《教育教学论坛》2014年第17期。

肖慧欣、林修全、黄萌等：《高等医学院校贫困女大学生社会支持状况调查及干预》，《南京医科大学学报》（社会科学版）2013年第3期。

肖群鹰、刘慧君、班理：《贫困女大学生社会支持网络调查分析》，《高教探索》2007年第5期。

杨珺：《贫困女大学生心理压力、应付方式与心理健康的研究》，《山东师范大学学报》（人文社会科学版）2006年第5期。

赵颖、石智雷、鲁元平：《公共政策如何改变个体累积劣势—基于教育扶贫的视角》，《财经研究》2021年第2期。

朱楠、王硕鹏：《贫困女大学生宿舍人际矛盾关系问题及成因》，《品牌》2014年第

8 期。

Merton, R. K. 1968. "The Matthew Effect in Science." *Science*, (159): 56-63.

Ramsey, J., Langlois, J. H., Hoss, R., Rubenstein, A., & Griffin, A. 2004. "Origins of Stereotype: Categorization of Facial Attractiveness by 6-month Old Infants." *Developmental Science*, 7 (2): 201-211.

Abstract

Since the 18th CPC National Congress, China has entered a new era of socialism with Chinese characteristics. Over the past ten years, the Party has led the Chinese people to achieve great achievements in building the socialism with Chinese characteristics for a new era, and the cause of women's development has made new progress. In 2022, the 20th CPC National Congress was successfully held, sounding the call to embark on a new journey of building a modern socialist country in all respects and striving for the second centenary goal, and pinpointing the way forward for promoting gender equality and the all-round development of women. Guided by Xi Jinping Thought on Socialism with Chinese Characteristics for a New Era and based on the new era and new development stage, carrying out the new development concept, adhering to the basic national policy of gender equality, this report analyzes the growth and development of female college students in the new era from a gender perspective according to the implementation status of the main goals and strategies of the Outline of Women's Development in China (2021–2030) in various fields.

The report primarily studies the development trajectory and current status of female college students from a gender perspective, integrating the gender perspective into the field of education to guide the development-related issues of female college students with the concept and methodology of gender perspective. In terms of research methods, we base ourselves on the Marxist women's view and draw on the gender perspective, using questionnaires, quantitative and qualitative research, case analysis, etc. to study the learning experience and gains, leadership cognition and application, media literacy, physical and mental health, gender concepts and career choices, employment quality, and the development of low-income female students.

In the study of female college students' development, we first sort out the development logic and status quo of female college students from a gender perspective: the number of female college students with higher education enrollment opportunities and educational levels has increased, but there are still some challenges. Secondly, the report also analyzes the real situation faced by female college students in the new journey, pointing out that female college students still face some issues in receiving higher education, access to education in urban and rural areas, subject and major selection, employment, and media literacy, etc. , which need to be addressed from multiple levels, such as laws, decision-making, practice, research, culture, and individuals to jointly facilitate the development of female college students.

This report has been compiled by experts and scholars from universities and research institutes under the direction of the Research Department and the Research Institute for Women's Development at the China Women's University (the ACWF Executive Leadership Academy).

Keywords: Gender Perspective; Female College Students; Gender Equality Education

Contents

I General Report

   Abstract: With the rapid increase in the number of female college students receiving higher education, the development of this group has attracted increasing attention. Empowering education with gender and the rise of gender studies in higher education have provided ideas and methodological guidance for the research on the development of female college students. China has always attached great importance to women's education and taken effective measures to protect it, which has effectively promoted the increase of female higher education enrollment opportunities and the promotion of educational levels. However, female college students still face some challenges in different aspects such as receiving high-level education, difference between urban and rural enrollment opportunities, choice of discipline and major, employment and media literacy. We need to work together from law, decision-making, practice, research, culture, individual and other aspects to jointly promote the development of female college students.
   Keywords: Female College Students; Gender Education; Higher Education

II　Special Reports

B.2　Learning Experience and Harvest of Chinese Female
　　　College Students in the Stage of Higher Education
　　　　　Shi Jinghuan, Cao Xuemeng, Zhou Lu, Xie Wanyi and Ba Yin / 039

Abstract: Since the 21st century, the global higher education has gradually entered the stage of universal development, and the issue of fairness and quality of higher education has attracted more and more attention. The gender equity and quality in the field of higher education shown by female college students have also been discussed in a lot of academic and policy aspects. In 2019, higher education was popularized in China, and remarkable achievements have been made in implementing gender equity in higher education, but there are still specific problems worth attention and institutional policies that need to be improved. This report using tsinghua university " Chinese College Students' Learning and Development Tracking Research" (CCSS) project for many years to investigate the cumulative data of the national college students, with the help of the project to build comprehensive diagnosis, education diagnosis, learning diagnosis, important indicators in the system, specific describe the current Chinese university female college students learning experience and self report education, harvest, mining internal heterogeneous group between men and women and female college students, on the basis of the analysis of the problem related causes and influencing factors, and put forward improvement Suggestions for the problem.

Keywords: Female College Students; Learning Experience; Learning Harvest; Higher Education Popularization; CCSS

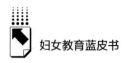

妇女教育蓝皮书

B.3 Current Situation, Characteristics and Problems of
Female College Students' Leadership Cognition and
Application

Zhang Jingjie / 077

Abstract: The promotion of women's leadership is one of the action goals actively advocated by UNESCO and one of the priorities of the Party and state. This report conducted a survey of female students in 161 universities across the country, investigated the respondents' cognition and practice of female leadership, as well as the respondents' cognition and application level of their own leadership, summarized the current characteristics of female college students' cognition and practice of leadership in China, and summarized the existing problems. On the basis of studying and judging the development trend, the corresponding policy suggestions are put forward.

Keywords: Female College Students; Leadership; Cognition and Application

B.4 Research on the Media Literacy and Growth of Female
College Students in the Advent of the "Smart Media"

Long Yun / 127

Abstract: In the era of smart media, the current situation of female college students' media literacy does not match their growth and development needs. In view of this issue, this study adopts a combination of quantitative and qualitative research methods. Starting from two dimensions of technology and environment, this study explores the current Internet participation and use behaviors of female college students, and discusses the growth and development problems and promotion paths of female college students in combination with the characteristics of social background and environment. Through the study of female college students' media contact, media use and media literacy education, it is found that there are problems of information protection, information quality and information noise in female college students' media use in the age of smart media. At present, the promotion of female college students' media literacy is an issue that cannot be ignored and urgently needs to be responded to. It is not only necessary to consider the technical basis and material conditions of the promotion path of female college students' media literacy from the perspective of top-level design, but also to have an overall grasp of its construction direction from the perspective of values and ethics.

Keywords: Smart Media; Female College Students; Media Literacy

B.5   Research on Physical and Mental Health Status, Needs and
         Social Work Intervention of Female College Students

Wang Xianmi / 168

Abstract: In order to explore the physical and mental health status, needs and interfering factors of female college students, this study took female college students as the Research Object and adopted the quantitative research method, data were collected by questionnaires. Through a questionnaire survey of 2400 female college students, it was found that 99.8% of the female college students had health problems in the past year, including poor skin condition, lack of sleep, hair loss, menstrual problems and obesity. 32.5% of female college students had the above health problems for more than six months. The diseases of female college students were mainly gastrointestinal disease and skin diseases. 98.3% of the female college students had mental health problems in the past year, mainly manifested in academic pressure, career planning, peer group interpersonal relationships, character of self-confidence and worrying about professional prospects. 25.8% of female college students had the above psychological problems for more than six months. There was a significant difference between the students with health problems and their grade. The proportion of the students with health problems increased with the grade. Sophomore, graduate and above students were under increasing pressure because of the professional prospects of concern. Female College students need to change their life style, health concept and improve their

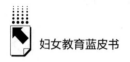

health level in physical and mental health. According to the physical and mental health needs of female college students, through adjusting their coping styles, the Social Work Group intervention program was designed based on the KAP theory, which affected the belief and belief change behavior. In order to provide female college students with physical and mental health knowledge, academic stress relief and intimate relationship management, group work intervention were serviced. In order to improve the physical and mental health of female college students, they should learn the knowledge of physical and mental health, change their belief of health management and promote healthy behavior.

Keywords: Physical and Mental Health; Female College Students; Social Work Intervention

B.6 Social Gender Concept and College Students' Major Choice, Academic Performance and Career Achievement Motivation

Chen Binli, Ma Zixiu / 217

Abstract: Traditional social gender norms and discipline gender stereotypes are everywhere, but few studies in China focus on how they affect individuals' educational experience and career choice. Based on the data of college students in the third survey of Women's social status, this study examined the influence of subject gender stereotypes on their professional choice, academic performance and social gender concept on their career expectations and motivation for career achievement. research finding, Whether in primary school or college, Both boys and girls are in an environment with by subject gender stereotypes; The gender stereotypes of important subjects such as teachers and parents inhibit girls' choice of science and engineering majors; The perceived scientific gender stereotype at the university level did not affect the self-academic concept and academic performance of women majoring in science and engineering; The academic achievement advantage of girls in science and engineering is largely related to their more time investment in study and research; Compared with the boys majoring in science and engineering, Science and engineering girls have a lower motivation for career achievement, More likely to expect to be a talent in the field related to STEM; Traditional gender attitudes in both the family and the girls' motivation for career achievement. Therefore, gender-friendly education and the creation of family environment are necessary to carry out "de-stereotyped" intervention for important others in the process of children's gender socialization. In addition, it is necessary to set a curriculum related to gender equality in the general education of higher education to reduce the adverse effects of traditional gender attitudes in career choice and career attitudes among contemporary college students.

Keywords: Gender Division; Subject Gender Stereotype; Social Gender Attitude; Gender Equality; Education Equality

B.7   Research on the Employment Quality of Female College Students: 2009-2019

Jiang Cheng, Chen Qiran / 256

Abstract: The employment of college students is related to the national economy and people's livelihood, especially the employment of female college students has a profound impact on the social fairness and stability. This paper based on the recent decade of 2009 – 2019 national college graduates survey data for quantitative analysis, first from the female college graduates, employment preference and the employment results three aspects to grasp the overall situation of female university employment, followed from the employment of female college students employment quality, and the satisfaction through transverse contrast employment, a comprehensive analysis of female graduates in the labor market situation and employment quality. The study found that: 1. The graduation direction of female college students is mainly a diversified trend, and their willingness to enter a higher school and start a business is gradually prominent. 2. Female college students expect their starting salary fluctuation to rise, and their preference of unit type is

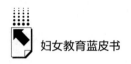
妇女教育蓝皮书

stable. 3. The actual employment is mainly the enterprise type, and the industry selection is concentrated in the education and financial industries. 4. The starting salary of female college students varies greatly between urban and rural areas, the employment satisfaction continues to increase, the educational background matching degree is high, and the professional matching degree is low. 5. In the past ten years, the starting salary of boys has been significantly higher than that of girls, and the difference in employment satisfaction between the two is small.

Keywords: Female College Students; Employment Quality; Starting Salary; Satisfaction

B.8 Struggle in Difficulties: The Development of Poor Girls in Colleges and Universities and Their Group Differences

Shi Tong, Liu Xiaomin / 287

Abstract: Female college students from low-income families are a special group who face more complex circumstances and restricted opportunities than impoverished male students or other university students. Through the statistical analysis of the Chinese College Students Tracking Survey (PSCUS) in 2018, this paper found that Female college students from low-income families are in a vulnerable situation in terms of learning, employment, physical and mental development, social communication, and participation in public events. In addition, there are significant group differences among Female college students from low-income families. Female college students from low-income families with rural household registration, high poverty level and average physical appearance are more restricted in their development than girls with urban household registration, average poverty level and good physical appearance. It is necessary for the joint efforts of the state, universities and society to promote the development of Female college students from low-income families.

Keywords: Female College Students from Low-income Families; Vulnerable Situation; Group Differences; Disadvantages Cumulative Effect

社会科学文献出版社

皮 书

智库成果出版与传播平台

❖ 皮书定义 ❖

皮书是对中国与世界发展状况和热点问题进行年度监测，以专业的角度、专家的视野和实证研究方法，针对某一领域或区域现状与发展态势展开分析和预测，具备前沿性、原创性、实证性、连续性、时效性等特点的公开出版物，由一系列权威研究报告组成。

❖ 皮书作者 ❖

皮书系列报告作者以国内外一流研究机构、知名高校等重点智库的研究人员为主，多为相关领域一流专家学者，他们的观点代表了当下学界对中国与世界的现实和未来最高水平的解读与分析。

❖ 皮书荣誉 ❖

皮书作为中国社会科学院基础理论研究与应用对策研究融合发展的代表性成果，不仅是哲学社会科学工作者服务中国特色社会主义现代化建设的重要成果，更是助力中国特色新型智库建设、构建中国特色哲学社会科学"三大体系"的重要平台。皮书系列先后被列入"十二五""十三五""十四五"时期国家重点出版物出版专项规划项目；自2013年起，重点皮书被列入中国社会科学院国家哲学社会科学创新工程项目。

皮书网

（网址：www.pishu.cn）

发布皮书研创资讯，传播皮书精彩内容
引领皮书出版潮流，打造皮书服务平台

栏目设置

◆ 关于皮书

何谓皮书、皮书分类、皮书大事记、
皮书荣誉、皮书出版第一人、皮书编辑部

◆ 最新资讯

通知公告、新闻动态、媒体聚焦、
网站专题、视频直播、下载专区

◆ 皮书研创

皮书规范、皮书出版、
皮书研究、研创团队

◆ 皮书评奖评价

指标体系、皮书评价、皮书评奖

所获荣誉

◆ 2008 年、2011 年、2014 年，皮书网均
在全国新闻出版业网站荣誉评选中获得
"最具商业价值网站"称号；
◆ 2012 年，获得"出版业网站百强"称号。

网库合一

2014 年，皮书网与皮书数据库端口合
一，实现资源共享，搭建智库成果融合创
新平台。

皮书网

"皮书说"
微信公众号

权威报告·连续出版·独家资源

皮书数据库
ANNUAL REPORT(YEARBOOK)
DATABASE

分析解读当下中国发展变迁的高端智库平台

所获荣誉

- 2022年，入选技术赋能"新闻+"推荐案例
- 2020年，入选全国新闻出版深度融合发展创新案例
- 2019年，入选国家新闻出版署数字出版精品遴选推荐计划
- 2016年，入选"十三五"国家重点电子出版物出版规划骨干工程
- 2013年，荣获"中国出版政府奖·网络出版物奖"提名奖

皮书数据库

"社科数托邦"
微信公众号

成为用户

　　登录网址www.pishu.com.cn访问皮书数据库网站或下载皮书数据库APP，通过手机号码验证或邮箱验证即可成为皮书数据库用户。

用户福利

- 已注册用户购书后可免费获赠100元皮书数据库充值卡。刮开充值卡涂层获取充值密码，登录并进入"会员中心"—"在线充值"—"充值卡充值"，充值成功即可购买和查看数据库内容。
- 用户福利最终解释权归社会科学文献出版社所有。

数据库服务热线：010-59367265
数据库服务QQ：2475522410
数据库服务邮箱：database@ssap.cn
图书销售热线：010-59367070/7028
图书服务QQ：1265056568
图书服务邮箱：duzhe@ssap.cn

社会科学文献出版社　皮书系列
SOCIAL SCIENCES ACADEMIC PRESS (CHINA)

卡号：281795979139
密码：

基本子库
SUB DATABASE

中国社会发展数据库（下设 12 个专题子库）

紧扣人口、政治、外交、法律、教育、医疗卫生、资源环境等 12 个社会发展领域的前沿和热点，全面整合专业著作、智库报告、学术资讯、调研数据等类型资源，帮助用户追踪中国社会发展动态、研究社会发展战略与政策、了解社会热点问题、分析社会发展趋势。

中国经济发展数据库（下设 12 专题子库）

内容涵盖宏观经济、产业经济、工业经济、农业经济、财政金融、房地产经济、城市经济、商业贸易等 12 个重点经济领域，为把握经济运行态势、洞察经济发展规律、研判经济发展趋势、进行经济调控决策提供参考和依据。

中国行业发展数据库（下设 17 个专题子库）

以中国国民经济行业分类为依据，覆盖金融业、旅游业、交通运输业、能源矿产业、制造业等 100 多个行业，跟踪分析国民经济相关行业市场运行状况和政策导向，汇集行业发展前沿资讯，为投资、从业及各种经济决策提供理论支撑和实践指导。

中国区域发展数据库（下设 4 个专题子库）

对中国特定区域内的经济、社会、文化等领域现状与发展情况进行深度分析和预测，涉及省级行政区、城市群、城市、农村等不同维度，研究层级至县及县以下行政区，为学者研究地方经济社会宏观态势、经验模式、发展案例提供支撑，为地方政府决策提供参考。

中国文化传媒数据库（下设 18 个专题子库）

内容覆盖文化产业、新闻传播、电影娱乐、文学艺术、群众文化、图书情报等 18 个重点研究领域，聚焦文化传媒领域发展前沿、热点话题、行业实践，服务用户的教学科研、文化投资、企业规划等需要。

世界经济与国际关系数据库（下设 6 个专题子库）

整合世界经济、国际政治、世界文化与科技、全球性问题、国际组织与国际法、区域研究 6 大领域研究成果，对世界经济形势、国际形势进行连续性深度分析，对年度热点问题进行专题解读，为研判全球发展趋势提供事实和数据支持。

法律声明

"皮书系列"（含蓝皮书、绿皮书、黄皮书）之品牌由社会科学文献出版社最早使用并持续至今，现已被中国图书行业所熟知。"皮书系列"的相关商标已在国家商标管理部门商标局注册，包括但不限于LOGO（▧）、皮书、Pishu、经济蓝皮书、社会蓝皮书等。"皮书系列"图书的注册商标专用权及封面设计、版式设计的著作权均为社会科学文献出版社所有。未经社会科学文献出版社书面授权许可，任何使用与"皮书系列"图书注册商标、封面设计、版式设计相同或者近似的文字、图形或其组合的行为均系侵权行为。

经作者授权，本书的专有出版权及信息网络传播权等为社会科学文献出版社享有。未经社会科学文献出版社书面授权许可，任何就本书内容的复制、发行或以数字形式进行网络传播的行为均系侵权行为。

社会科学文献出版社将通过法律途径追究上述侵权行为的法律责任，维护自身合法权益。

欢迎社会各界人士对侵犯社会科学文献出版社上述权利的侵权行为进行举报。电话：010-59367121，电子邮箱：fawubu@ssap.cn。

社会科学文献出版社